LA FORTUNE
DERRIÈRE LA FORTUNE

Lévis Bouchard

La fortune derrière la fortune

Roman

Éditions Persée

Ce livre est une œuvre de fiction. Les noms, les personnages et les événements sont le fruit de l'imagination de l'auteur et toute ressemblance avec des personnes vivantes ou ayant existé serait pure coïncidence.

Consultez notre site internet

Pour tout contact :
Éditions Persée – Centre Chester Carlson
ZAC du Moulin des Landes – 2 rue Gutenberg,
44980 Sainte-Luce-sur-Loire
www.editions-persee.fr

Si la fortune t'a procuré la fortune,
sache la distribuer à bon escient.

CHAPITRE 1

Je fus un homme chanceux.
Est-ce que je fus un homme heureux ?

Ce matin du 25 juin 2015, en vérifiant mes billets de Loto Max, je vis que j'avais un numéro gagnant. En effet, j'avais raflé le gros lot de soixante millions de dollars. Je fus quelque peu surpris, mais la réaction épidermique est venue quelques minutes plus tard. Ça bouillonnait dans ma petite cervelle et j'eus une montée de pression.

Je ne dis mot à personne. J'attendis quelques jours avant de communiquer avec la Société des loteries pour signifier mon intention d'aller récupérer le magot. Ces quelques jours de silence me parurent fort longs et parfois pénibles. Bien des obsessions me trottaient dans la tête. Mais je fis comme s'il ne fut rien arrivé de spécial dans ma vie.

Le 30 juin en après-midi, je me rendis tout de go aux bureaux de Loto-Québec recueillir le chèque et me fis promettre qu'on ne révélât pas mon nom en tant que gagnant. On m'en fit la promesse à la condition que Loto-Québec pût le dévoiler quelques semaines plus tard. Le retour à la maison se fit dans la discrétion et je cachai le chèque dans mon petit coffre-fort. Angoissé, méfiant, je surveillai les entrées et les sorties de ma demeure. C'était fou comme devenir riche pouvait rendre dingue. Et je me mis à spéculer.

Que vais-je faire avec un pareil montant d'argent ? Comment le mettre à l'abri des requins de la finance ? Comment le dépenser sans perdre la boule ? Comment l'investir sans prendre des risques inutiles ? Toutes ces questions me turlupinaient dans la tête. Bien que je connusse quelque peu les principes de la finance et du placement, me vint l'idée d'en investir une partie dans un projet qui m'emballerait et qui aiderait, ma foi, la société de mon pays.

Me séduisit l'idée de créer une fondation privée dont le fonds et les profits seraient distribués aux différents organismes communautaires de mon milieu. Après mûres réflexions, j'y renonçai : je craignais de me faire avaler tout rond par les sociétés de placement. Hélas ! la panique ou l'incertitude m'obsédait sans cesse. Je ne savais plus comment gérer tout ce stress qui s'accumulait dans ma petite tête. J'ai alors dit non à la création d'une fondation. Je remis le tout à plus tard.

Me vint l'idée de placer le montant dans des fonds communs de placement sécuritaires et de laisser le magot gonfler avec le temps. Mais j'avançais en âge et je me voyais mal passer des jours, des mois et des années à ne rien foutre et à surveiller le cumul des intérêts sur mon petit écran. Je renonçai à cette formule **pépère.**

Émana évidemment l'idée d'en parler à mon entourage personnel. Ma femme et mes filles ignoraient que j'avais fait sauter la banque de la Loto. Pendant quelques jours, je jonglai avec cette idée de ne pas leur en parler, mais mon devoir de mari et de père commandait le contraire. Je leur ai alors donné rendez-vous dans un des restaurants le plus coté de la ville. Ce qui devait arriver arriva : je ne dis mot pendant quelques jours. Mais, à un moment donné, il fallait dévoiler ce secret qui m'empêchait de dormir et qui me rendait très instable. Et ce que je fis.

Le mardi 2 juillet, je réservai un coin intimiste au restaurant **L'Initiale**. J'étais nerveux : mon clan sentait ma fébrilité et ne savait pas à quoi s'attendre. Les filles s'interrogèrent longtemps : pourquoi cette invitation si confidentielle de papa, et ce, en plein début d'une semaine ? Elles spéculèrent longtemps, les petites ! Hélène me surveillait du coin de l'œil. Elle aussi nageait dans l'incertitude.

Arrivés au restaurant **l'Initiale**, nous fûmes confinés dans une petite salle fermée : j'avais exigé la confidentialité totale.

Je commandai une bouteille de champagne Carbon Bugatti EB01. Le sommelier me le fit goûter. J'ai apprécié sans plus. Ma connaissance des champagnes n'était pas haut cotée ! Mais tout le clan sembla l'apprécier. Je percevais des points d'interrogation dans les yeux des filles et d'Hélène. Toutes voulaient élucider le mystère, mais je n'en fis rien : c'était au dessert que le brouillard serait dissipé. J'avais peine à garder mon calme. Était-ce que je pourrais tenir le coup jusqu'à la fin du repas ? L'arrivée de l'entrée me sauva. Elle fut servie.

La discussion allait bon train.

Puis, le plat de résistance fut consommé tout en nourrissant la discussion sur divers sujets. Évidemment, les femmes parlèrent de tout et de rien. Ce qui me permit de me détendre quelque peu. En finale, nous dégustâmes le dessert en sirotant un bon vin quelque peu sucré. Les digestifs suivirent et mirent fin à un repas à la fois fort copieux et délicieux.

Pendant que les filles et leur mère discutaient allégrement du choix de l'endroit où nous irions en vacances, je retirai de ma poche le chèque de soixante millions de dollars et le déposai au centre de la table, sans dire un mot. Quand elles virent le chèque, leurs yeux devinrent plus gros qu'un trente sous, comme le disait souvent mon vieux père. Je ne dis mot ; elles restèrent bouche bée, pétries de silence et d'incrédulité. Si j'avais apporté ma caméra, j'aurais pu pérenniser en images leur paralysie silencieuse. Elles avaient l'air à ne pas y croire. Chacune fixait le chèque ; chacune ne dit mot ; chacune me regarda, incrédule.

— Papa, ce n'est pas vrai ! C'est une farce ! Si c'est véridique, nous sommes riches comme Crésus, clamèrent les filles en chœur.

Hélène, mon épouse, avait la larme à l'œil : elle, elle savait tout ce que signifiait une telle possibilité de richesse.

Je leur répondis qu'en effet nous étions multimillionnaires. La chance nous souriait.

— Hélène et les filles, j'ignore ce que nous allons faire de tout ce pécule. Venez à mon secours. J'attends de votre part quelques suggestions. Pour le moment, je suis encore sous le choc. Il n'y a que vous qui êtes au courant. Je n'ai rencontré ni conseiller financier, ni banquier, ni courtier. Demain, je m'en vais rencontrer mon planificateur financier et déposer le chèque dans mon compte. Le tout sera fait dans le plus grand secret. À partir de maintenant, il faudra élaborer des plans pour administrer ce pactole. Je vous avoue bien humblement que je me sens complètement dépassé. Si vous le voulez bien, rentrons à la maison, laissons la pression décroître et, demain, il nous faudra échafauder un plan pour investir cette fortune.

Nous quittâmes **l'Initiale** calmement. Les filles pleuraient; Hélène me serra très fort le bras gauche, trahissant son désarroi. Moi, j'avais le tournis et un léger mal de bloc! Le retour se fit dans un silence total. En arrivant à la maison, je leur demandai de n'en parler à personne, car je ne voulais pas qu'une pluie d'appels nous tombât dessus. Une pareille fortune appâterait les requins qui le plus vite possible rôderaient autour et viendraient nous harceler avec leurs multiples propositions aussi alléchantes les unes que les autres. Rendu à la maison, je me réfugiai dans mon bureau, fixai le mur et pris alors conscience que ma vie venait de prendre une tournure pour le moins imprévisible.

Je m'imaginai qu'un bon sommeil réparateur me rendrait plus zen. Enfin, je l'espérais. Et le sommeil du juste se réalisa tard dans la nuit, parsemé ici et là de rêves où tous les requins du monde de la finance me poursuivaient!

Le lendemain matin, ce fut Hélène qui me réveilla. Et les questions fusèrent.

— Pierre Lachance, que vas-tu faire de ce magot? fut la première question d'Hélène.

— Eh bien ! je vais réfléchir encore quelques jours. Après, on verra, lui répartis-je calmement.

— Comment comptes-tu exploiter ou faire fructifier ce magot ? Moi, je n'en ai aucune idée, dit-elle d'une voix chevrotante.

— Hélène, le temps arrangera les choses. Il n'y a pas de presse : laissons mûrir le tout, lui dis-je calmement.

— Pierre, tu connais un peu le monde de la finance puisque c'est toi qui administres nos avoirs, mais il faut absolument prévoir et établir une planification financière. Je te fais la suggestion suivante : pourquoi ne pas investir dans un projet qui aiderait économiquement le milieu dans lequel on vit ?

— Tu penses à quoi quand tu lances pareille suggestion ? lui demandai-je calmement. Pendant une partie de la nuit, j'ai échafaudé une multitude de plans, mais je fus incapable de me fixer sur une idée que je jugeais intéressante. Par contre, fonder une entreprise qui aiderait notre communauté ne m'est jamais venue à l'esprit. Eh bien ! quelle est ta proposition ?

— Pourquoi ne pas construire une immense serre pour faire la culture des fruits et légumes, laquelle permettrait de fournir les marchés lors des saisons froides. Tu le sais bien qu'au Québec on droit importer une gigantesque quantité de fruits et légumes, et ce, surtout en hiver. As-tu pensé qu'en produisant ici, chez nous, on économiserait en frais de toutes sortes ? Il est grand temps de nous départir de cette dépendance qui coûte une fortune. Nous pourrions alimenter cette serre en énergies éolienne et électrique, énergies propres qu'on produirait toute l'année durant.

— Excellente suggestion, Hélène, mais ce projet va coûter des millions. Je n'ai ni la science infuse ni les capacités de gestion pour mener à bien pareille entreprise. Il va me falloir consulter des dizaines de personnes et m'entourer d'un personnel expérimenté qui connaît le milieu des serres. Ce sera un projet gigantesque, pharaonique. J'en ai la chair de poule !

— Écoute, Pierre, tu renonces ou tu fonces. La chance t'a souri. Eh bien! profites-en. Des milliers de gens aimeraient sûrement être à ta place et réaliseraient de multiples projets. Tu as toujours rêvé de te lancer en affaires si la chance te souriait. Voilà, elle t'a tout donné, à toi de lui retourner la balle.

— Les filles, elles, nous les invitons à participer à notre projet. À moins qu'elles aient un autre plan en tête, avançai-je

— Je sais qu'Élise m'a parlé de quitter son emploi chez Énergie solaire et de monter un projet qui l'emballe depuis fort longtemps, soit créer une fondation. Je lui ai dit que je n'étais pas tout à fait d'accord avec elle. Je la trouve jeune pour piloter pareil dossier. Bref, il faudra revenir sur le propos lors d'une prochaine rencontre familiale. Ce qui ne devrait pas tarder, n'est-ce pas?

— Hélène, oublions tout pour le moment. Cette discussion m'a donné une faim de loup. Que penses-tu d'un bon déjeuner composé de crêpes garnies de fraises, en attendant que nous dégustions celles que notre serre produira dans un an ou deux? lui susurrai-je à l'oreille.

Je sautai hors du lit, filai prendre une douche et m'habillai légèrement. Quand j'entrai dans la cuisine, l'odeur du café flottait dans la pièce. Hélène, excellente cuisinière, s'apprêtait à faire cuire les crêpes. Et le tout fut servi avec sirop d'érable. Je dégustai et bus lentement. Il me sembla que je n'avais jamais mangé un déjeuner aussi délicieux et copieux à la fois. Le tout se déroula dans un silence presque religieux. Mais, le fait d'avoir gagné 60 000 000 de dollars à la loto m'obnubilait. Ce qui m'arrivait n'avait pas de sens: parfois la réalité dépassait la fiction.

J'allai finir de siroter mon café sous le patio. J'observais l'érable de Norvège et j'y voyais des feuilles laminées d'or; le saule pleurait des pépites d'or. Seigneur! j'avais la berlue ou je devenais cinglé! Je fermai les yeux et vis alors des piles de billets verts entassées dans le coin du jardin. C'était fou comme devenir soudainement riche pouvait transformer un homme en obsédé.

Je rentrai dans mon bureau, pris un grand respire et me calmai. Il fallait que je revinsse sur terre. J'optai pour la situation la plus aisée : j'allais ce jour même déposer le chèque.

Je pris rendez-vous avec mon courtier qui m'attendrait vers la fin de l'avant-midi. Quand il m'accueillit dans son bureau, il me dévisagea et me demanda si tout allait bien. Je lui répondis oui. Évidemment qu'il ne me croyait pas : quand on était mal à l'aise, un observateur averti s'en rendait compte sur-le-champ. Je pris place en face de lui, ne dis mot, fouillai dans ma poche droite de mon blouson et lui tendis le chèque.

Il le cueillit de sa main droite, le scruta et me regarda sans dire un mot. Puis, reprenant ses esprits, il me demanda si c'était un faux chèque. Je crus même qu'il n'entendait pas à rire. Julien était un homme de la finance, un vieux de la vieille dans ce domaine. Il en avait vu d'autres, mais ce qu'il voyait était bien un vrai chèque en bonne et due forme. Il s'en rendit compte et se mit à sourire. Le vieux malin spéculait déjà sur les propositions qu'il allait me faire.

— Ouais, as-tu signé un pacte avec la chance, cher Pierre ?

— Non, c'est elle qui est venue à moi. Je n'ai rien fait de spécial : j'ai acheté un billet comme d'habitude. Et puis voilà, je suis devenu un richard sans avoir levé le petit doigt. Maintenant, c'est toi qui vas mener la barque à bon port. J'ai un urgent besoin de tes conseils, sinon je vais devenir cinglé. Maintenant, il faut que ce magot profite aux miens et à la société dans laquelle je vis. Il n'est pas question de faire fructifier cet argent dans des comptes fermés. Je veux monter des projets. Qu'en penses-tu, Julien ?

— Écoute, Pierre, il va falloir d'abord déposer le chèque dans un compte chèque et en placer une bonne partie dans un CPG à court terme. Par la suite, il est important que je sache ce que tu veux entreprendre. Avant toute chose, je veux savoir ce que tu comptes faire. Après, nous nous assoirons et nous planifierons. Aujourd'hui, je dépose le chèque et j'attends que tu me fasses signe. Disons que nous nous reverrons dans une semaine. Moi, de mon côté, je consulte mes partenaires pour connaître leur avis.

— Ça me va. Je vais en profiter pour consulter mes filles. Elles ont peut-être des projets en tête. Surtout Élise, la plus vieille : elle, elle a la bosse des affaires. Je suis curieux de l'entendre.

Je me levai, donnai la main à Julien et revins à la maison, la tête pleine d'idées. Le hamster roulait tellement vite dans ma tête ! Mais je me suis dit que j'avais été chanceux et qu'il fallait que je profitasse de cette heureuse fortune pour enfin réaliser le vieux rêve de mon père, celui de devenir un homme d'affaires.

À la maison, je me réfugiai dans mon bureau. J'étais attendu par mes deux filles. Elles me parurent être de connivence, j'en étais certain. Élise s'avança la première.

— Papa, que dirais-tu que Lise et moi créerions une fondation privée qui donnerait des bourses, des dons aux organismes communautaires et aussi des subventions à toutes celles et tous ceux qui nous proposeraient un ou des projets qui aideraient à l'avancement économique de notre pays ?

Et Lise d'ajouter :

— Dans notre milieu, tout près d'ici, des jeunes de tous âges, bien instruits et bien éduqués, veulent partir en affaires, mais ils n'ont pas un sou. Parfois, quelques milliers de dollars leur donneraient un coup de pouce. Il me semble impératif d'avoir une bonne base pour fonder un commerce, une petite usine de production, un chaîne de montage, etc. Les banques et les caisses font plus souvent qu'autrement la sourde oreille quand un jeune ambitieux veut un prêt pour démarrer son projet. Élise et moi serions prêtes à le soutenir. Qu'une jeune femme ou un jeune homme nous proposent un projet, nous l'analyserons à fond et nous le financerons si, bien sûr, leur plan d'affaires est réalisable.

— Créer une fondation exige patience et planification. Il vous faudra faire appel à un conseiller financier pour investir votre argent afin qu'il cumule des intérêts ou un rendement croissant et vous assurer un bon fonds de roulement. Vous êtes des filles sérieuses qui connaissez la valeur de l'argent. Vous avez aussi des qualités de gestionnaires puisque vous administrez très bien l'argent que vous économisez depuis que vous travaillez. C'est vrai, papa tombe en admiration devant ses filles, peut-être qu'il est un peu trop partial. En fait, en avez-vous parlé à votre mère ? Est-elle aussi enthousiaste que vous ? Est-elle plus prudente que je ne saurais l'être ?

Voyant la mimique peinée de mes deux filles, je leur signalai que je n'étais pas sérieux et que je leur faisais entièrement confiance.

Voilà que madame leur mère fit son entrée. J'étais certain qu'elle avait entendu toute notre conversation. Mes femmes adorées s'étaient consultées. J'allais donc subir une charge en règle !

— Pierre, le projet des filles est très sérieux. L'argent que nous avons gagné à la loto nous appartient, il n'y a rien à redire là-dessus, mais on doit une fière chandelle à la société qui nous a permis de nous enrichir. Des milliers de gens de chez nous ont tenté leur chance, mais ils n'ont pas été aussi chanceux que nous. Par conséquent, il est logique de faire fructifier une partie de ce magot et d'aider nos jeunes entrepreneurs et aussi nos étudiants les plus méritoires. Je suis donc totalement d'accord avec les filles : il faut créer une fondation. Maintenant, il s'agit de déterminer le montant à investir. Qu'en penses-tu ?

— Poser la question, c'est y répondre, dis-je.

S'ensuivit une longue discussion. La famille s'entendit pour investir vingt millions de dollars dans une fondation familiale dont l'objectif ultime serait de remettre des bouses, des dons aux organismes communautaires et des subventions aux candidats les plus méritants. Restait la démarche à entreprendre le plus tôt possible. Je soulignai aux filles et à Hélène qu'il faudrait à tout prix s'entourer de personnes de confiance et compétentes. J'ajoutai que les premiers pas seraient les plus difficiles.

Mais, à voir leur sourire de satisfaction, j'étais certain que le tout se déroulerait sans trop d'anicroches. Je me mis en train d'énumérer aux filles toutes les étapes à suivre et à respecter scrupuleusement.

La première étape serait la création juridique d'une fondation familiale. Les filles auraient à définir les objectifs et les caractéristiques de bienfaisance, soumettre une demande à l'Agence du revenu du Canada en démontrant que la fondation en création répondrait aux exigences relatives à l'émission des reçus pour fin de bienfaisance, constituer un conseil d'administration, doter la fondation d'une politique de placement qui garantirait la sécurité et la bonne gestion des placements. Le plus important serait d'assurer une saine gestion des fonds amassés, ainsi que de l'utilisation des sommes désignées pour des fins de bienfaisance et produire un rapport annuel à l'Agence du revenu du Canada.

Hélène, les filles et moi décidâmes d'un commun accord que la fondation porterait le nom de la famille Lachance. En outre, il faudrait déterminer le montant initial du don, la cause à appuyer, la croissance du fonds et le mode de distribution des revenus.

En dernier lieu, je leur annonçai que je ne m'occuperais pas de la Fondation. Ce serait Hélène et le filles qui l'administreraient.

— Moi, j'aurai d'autres chats à fouetter, leur dis-je.

Élise s'avança et décida de son propre chef d'annoncer qu'elle quitterait son poste d'ingénieur en chef chez Énergie solaire pour entreprendre les démarches essentielles au démarrage de la fondation familiale Lachance. Elle connaissait déjà une amie, gestionnaire à Énergie solaire, qui serait apte à l'appuyer. Elle lui en parlerait dans les jours à venir et lui ferait promettre de garder le tout secret. Lise, la plus jeune de mes filles, s'occuperait de toute l'administration cléricale de la boîte.

— Maman Hélène occupera le poste d'ambassadrice de la Fondation, ajouta-t-elle. Nous aurons besoin d'une personne posée et qui fera belle image partout où elle ira la représenter. Avant toute chose, papa, il faut que je quitte mon poste chez Énergie solaire en respectant les conventions. Je ne veux pas quitter des consœurs et confrères avec qui j'ai collaboré pendant des années et avec qui j'ai tissé des liens d'amitié très forts. Quand j'aurai fait le tour du jardin, je m'investirai à fond dans la création de la Fondation. Ensuite, j'entreprendrai des démarches pour respecter toutes les exigences légales. Je compte sur toi pour en parler à monsieur Julien aux fins de créer la Fondation dans les plus brefs délais, et ce, en attendant que le montant d'argent à définir soit déterminé. On a avancé 20 millions. Ce sera moins ou plus, on verra.

— Eh bien ! ma fille, tu te donnes déjà des allures de gestionnaire. Je ne m'attendais pas à moins de ta part. Je suis sûr que tu sauras gérer la Fondation avec compétence et clairvoyance. Tu aurais intérêt à contacter un connaisseur en la matière. Un bon comptable aussi te serait d'une aide précieuse.

Au moins se dessinait une esquisse de projet. Il me restait à aller rencontrer Julien pour lui en faire part. Peut-être me donnerait-il des conseils judicieux. Avoir une fortune entre les mains, c'était peut-être plus angoissant qu'agréable !

Je retournai dans mon bureau réfléchir, réfléchir, jusqu'à ce que le sommeil m'envahît. Et je rêvai à tous ces millionnaires et tous ces milliardaires qui brassaient des affaires sans arrêt dans le seul but de s'enrichir et de dominer le monde de la finance. Mes nuits ne seraient plus de tout repos et ma vie prendrait une tournure inattendue. Je me réveillerais en sursaut, je prendrais la lune pour le soleil, jusqu'à ce que je me rendisse compte qu'il n'était que 2 heures de la nuit. Je me réveillai soudainement en nage, conscient que je ne serais jamais un Warren Buffet ou un Bill Gates, mais un petit millionnaire à la recherche de tranquillité. Gérer soixante millions de dollars serait pas mal plus ardu que je l'espérais ! Je ferais appel à tous les dieux du ciel !

CHAPITRE 2

En fin d'après-midi, je sautai sur mon vélo et roulai pendant des kilomètres. Je m'enfermai dans ma bulle jusqu'au bord du fleuve et en profitai pour prendre quelques minutes de repos. Le soleil miroitait sur l'eau. Un couple de colverts pavanait dans les vaguelettes. Un surfeur glissait lentement et slalomait autour de témoins imaginaires. Tout lui semblait si facile. J'aurais aimé lui distribuer quelques millions pour savoir s'il aurait maintenu son équilibre physique et mental. Moi, je jonglais entre le réel et l'irréel. Comment assurer sa sérénité quand ta vie ressemblait à un grand manège qui tournait sans cesse! J'avais gagné des millions, j'avais gagné aussi le tournis. J'espérais que la vie reprendrait son cours normal dans les jours, les semaines et les mois qui viendraient. Je fis demi-tour et revins à la maison, la tête pleine de tout et de rien.

Hélène avait préparé le souper. Nous nous regroupâmes autour de la table comme d'habitude. Ce fut Lise qui entama la discussion:

— Papa, maman et Élise, je vous annonce que je veux continuer mes études en conception ou, si vous préférez, en design. Il me reste deux années à compléter et je veux le faire. Cependant, rien ne m'empêchera de travailler à l'occasion au bureau de la Fondation. Je laisse toute la place à Élise: elle possède toutes les qualités et toute la compétence pour administrer les affaires courantes. Quand j'aurai terminé mon bac, je serai disponible pour donner un coup de main. À ce moment, je pourrai m'engager à étudier certains dossiers présentés par des jeunes désireux de fonder une compagnie et ayant un besoin urgent de fonds pour lancer leur entreprise. Je ne toucherai pas aux autres départements de la Fondation : ce sera le rôle d'Élise de s'occuper de l'allocation des bourses et des dons. Donc, je vous donne rendez-vous dans deux ans. J'en ai parlé à maman ces dernières heures, et elle endosse ma décision. Toutefois, si Élise a besoin d'un coup de main à l'occasion, je serai toujours disponible. D'ici à ce que j'entre au bercail, c'est elle qui s'occupera de tout : bourses, dons et subventions. De toute façon, la création de la Fondation prendra des mois avant d'être en fonction. Maman et Élise auront du boulot pour un bon bout de temps.

Deux minutes de silence s'écoulèrent avant que je pusse parler : la décision de Lise fut toute une surprise. Mais je comprenais et je l'acceptais. Elle désirait terminer ses études avant de se lancer à corps perdu dans un monde exigeant.

— Eh bien ! Lise, je suis déçu mais je comprends ta position. Hélène et moi t'avons toujours encouragée à parfaire des études universitaires. Vas-y, continue ta scolarité et nous allons t'accueillir à bras ouverts dans deux ans.

Et Hélène de reprendre :

— Pierre, je vais en tout temps soutenir Élise. Elle aura besoin d'un support constant. D'ailleurs, il serait fort important d'engager d'autres femmes compétentes dans certains domaines pour assurer la bonne marche de la Fondation. Élise et moi nous sommes entendues pour ne nous entourer que de femmes. J'ai quitté mon travail pour prendre soin de la maisonnée et j'aurais dû revenir sur le marche du travail depuis fort longtemps. Je me suis quand même pleinement réalisée en veillant au bien-être de la maisonnée. Maintenant, je veux pérenniser mon rôle en m'impliquant à fond dans notre projet. Il est temps que tes femmes volent de leurs propres ailes et prennent des initiatives à leur manière. Nous pourrons toujours affirmer que la fortune nous permet tout, mais il faut savoir prévoir, planifier et administrer avec rigueur. Tes femmes d'aujourd'hui sont prêtes pour mener leur affaire tambour battant. Place aux femmes, Pierre !

— Eh bien ! je vous laisse toute la place. À vous de tout planifier. Mais un conseil : dénicher une femme compétente pour vous conseiller devient votre grande priorité. Sur ce, pourrais-je goûter à ton dessert, Hélène ?

Nous dégustâmes mon dessert préféré, un renversé aux pêches. Le clan féminin me fit remarquer que Lise avait concocté ce délicieux plat. Un bon café mit fin au repas et aux longues discussions.

Comme d'habitude après le souper, je me réfugiai dans mon bureau. Il me fallait mettre de l'ordre dans moult idées qui trottaient dans ma tête. D'abord, je fouillai dans Google pour puiser des informations sur les chasseurs de tête. Il faudrait bien un jour que je repêchasse des hommes et des femmes compétentes pour lancer mon projet, toujours pas encore défini. Je fis une liste exhaustive de bureaux spécialisés dans la recherche de personnes compétentes. Je me souvins tout à coup que Julien, mon planificateur financier, me conseillerait sur ce sujet. Ce qui me fournit l'occasion de fermer mon ordinateur.

Je revins au salon : les femmes étaient absentes. Je les retrouvai sur le patio en train de discuter de leur projet, j'imaginai. Je leur annonçai que j'allais prendre une marche pour me vider l'esprit. Soudainement, je me retrouvai seul, écrasé par cette lourde responsabilité de bien investir tous ces millions qui dormaient dans un compte ouvert. Je me souvins alors qu'Hélène avait avancé l'idée de construire une immense serre aux fins de cultiver des fruits et légumes durant les saisons mortes. J'avais déjà beaucoup lu sur le sujet et l'idée me séduisit. Pourquoi pas ? L'hiver, au pays, les fruits et les légumes provenaient du sud des États-Unis ou des pays de l'Amérique latine. Si on pouvait en cultiver une bonne partie ici, cela créerait de la richesse économique et de l'emploi. Mes quarante millions serviraient à enrichir et à faire travailler des hommes et des femmes d'ici. Je revins à la maison plein d'enthousiasme. J'allais pouvoir sommeiller profondément !

En effet, cette nuit-là, je dormis du sommeil profond du juste. Je ne fis ni cauchemar ni rêve. Je me réveillai en entendant le concert des oiseaux. Je me levai et j'humai l'air frais. On aurait dit que le soleil me saluait de ses rayons chaleureux. Je ne me sentais plus seul en cette belle matinée. À la salle à manger, une odeur de café filtre me titilla les narines. Une si belle matinée ferait ma journée !

Le déjeuner fut copieux : j'avalai un bol de céréales, trois rôties dorées et encore du café. J'étais bien préparé pour affronter les aléas de la journée qui s'annonçait chargée. Le dialogue avec Hélène et les filles s'avéra plein de promesses. De toute évidence, la famille savait où elle s'en allait. Du moins, je l'espérais de tout mon cœur ! La revue du journal quotidien me fit oublier tout le reste.

En milieu d'avant-midi, j'appelai Julien pour fixer une heure de rendez-vous. J'étais riche, je pouvais donc imposer ma loi. La rencontre aurait lieu à 13 h 30.

Je me présentai à son bureau à la minute près. Monsieur était pour le moins pointilleux sur la ponctualité. Je fus accueilli à bras ouverts par un gentleman qui savait où il s'en allait. Rien qu'en voyant sa physionomie, j'étais certain qu'il avait passé une bonne partie de son temps à évaluer comment gérer des millions soudainement largués par le hasard. L'homme avait sûrement pris conscience de ce qui se préparait. L'entretien débuta.

— Pierre, j'ai étudié toutes les possibilités pour placer tes millions qui d'ailleurs reposent en sécurité dans des placements ouverts dont tu pourras retirer des sommes pour lancer tes projets. Présentement, tes millions sont placés à un taux de 8 %. Si tu laisses courir les intérêts pendant un an, ils te rapporteront quatre millions huit cent mille dollars. Ce magot sera évidemment imposé à hauteur de 50 % en vertu des règles fiscales canadiennes et québécoises. Tout un pactole, mon Pierre. Je parie que tu seras incapable d'en dépenser le un dixième dans l'année qui vient. À moins que tu te débarrasses de ta vieille Cruze, que tu achètes une ou deux Telsa et que tu vendes ta modeste maison pour en acheter une plus luxueuse je ne sais où, à moins que…, à moins que tu m'en donnes une partie !

Je fis la moue et répliquai avec un petit sourire en coin :

— Julien, tu sais fort bien ce que je désire. Je suis profondément convaincu que tu peux administrer ces millions avec précaution et prudence. Mais ce que je veux de toi, c'est que tu gères le magot comme s'il t'appartenait. J'ai besoin de toi, je veux que tu sois mon bras droit. Je vais te rémunérer au rendement. Fais-moi une offre, et je l'accepte sur-le-champ. J'apporte ici une précision : ce ne seront pas 60 millions à gérer mais quarante millions de dollars. Les autres vingt millions appartiendront à Hélène et à mes filles. Elles vont créer une fondation familiale pour donner des bourses et des dons. Elles vont sûrement venir te voir pour que tu acceptes de gérer leur fonds. J'attends ta réponse.

— Pierre, bien sûr que j'accepte de t'épauler. Moi, je ne veux pas m'immiscer dans tes affaires. Je vais faire fructifier ton pactole et te demander 4 % du rendement possible. Tu sais, à la Bourse, un placement peut fluctuer. Je te conseille donc de placer dix millions de dollars en CPG et le reste à la Bourse dans des compagnies qui n'ont pas de dettes, qui ont un bailla de 10 à 15 fois les profits et qui distribuent un dividende annuel. Ainsi, tu joueras prudemment des deux côtés et tu pourras faire des retraits quand tu le désireras ou quand tu auras besoin d'argent frais. De plus, je te ferai rapport tous les trois mois afin que tu puisses mener ta barque diligemment. Donc dix millions de dollars dans un placement fermé et trente millions dans des placements ouverts. Qu'en penses-tu ?

— Ça va, Julien.

L'entente fut conclue par une vigoureuse poignée de main. Les deux comparses se regardèrent droit dans les yeux : ils savaient où ils s'en allaient.

— Julien, que penses-tu d'un projet qui rapporterait à ma communauté, sise près de chez moi ? J'ai la ferme intention de construire une serre qui permettrait de fournir les marchés en fruits et légumes durant les saisons mortes. Le jour même où j'ai su que j'avais gagné le gros lot de la Loto m'est venue cette idée. Depuis des années, au Québec, on se plaint de ne jamais manger des fruits et des légumes produits ici l'année durant. Eh bien ! en voilà l'occasion.

— Pierre, je te le répète, je suis ton planificateur financier, je ne veux pas en plus devenir ton contrôleur financier. Pour ce faire, fais appel à un chercheur de têtes qui te dénichera une femme ou un homme capables de te conseiller. Je veux que les rôles soient clairs et bien définis entre nous.

Je quittai le bureau en ayant l'esprit clair. Je me devais de faire appel à un chercheur de têtes pour me dénicher la perle rare. Au moins, cela était défini. Et je revins chez moi, bien rassuré : Julien savait clarifier les choses.

Quand j'arrivai à la maison, les filles et leur mère semblaient discuter fort. Je n'osai pas me mêler à leurs palabres et je filai à ma chambre enfiler mon cuissard, sortis de la maison, enfourchai ma bécane et décidai de rouler le long du fleuve. De blancs nuages habillaient le ciel. Des mouettes se laissaient bercer par un vent doux. Des vaguelettes léchaient les berges. Le soleil laminait de grands pans du fleuve de ses rayons chauds. Tout était beau, même dans ma tête.

Pendant que je roulais lentement, je pensai à mon père et à ma mère. Ils formèrent un couple tissé serré, mais ils durent bûcher pour assurer leur survie et celle de leur rejeton. Qu'est-ce que mon père aurait fait s'il avait gagné un gros lot ? Malheureusement, il n'était pas là pour me le dire. Mais il aurait su quoi faire, j'en avais la certitude. Et je me mis à rouler plus vite, encore plus vite. Ça roulait vite aussi dans ma tête. J'avais hâte que mon corps, mon cerveau et mon esprit s'habituassent à cette nouvelle vie qui grugerait tout mon temps. Je regrettai alors que mon père ne fût pas à mes côtés. J'aurais pu m'abreuver de sa sagesse à plus soif. Mais ma mère était toujours bien présente et saurait m'apaiser quand le trouble m'habiterait. Et je me mis à rouler encore plus vite, jusqu'à ce que je fusse en nage. Puis, je me suis arrêté pour reprendre mon souffle et donner un petit répit à mon cerveau en ébullition. Je fis demi-tour et retournai très lentement chez moi. Mon cerveau se mit aussi en pause.

Quand j'entrai dans ma demeure, les filles et leur mère étaient encore en cocus. Je remarquai qu'une jeune femme leur tenait compagnie. Je présumai que c'était la gestionnaire chez Énergie solaire qu'Élise voulait embaucher pour en faire son bras droit. Je m'avançai sur la pointe des pieds et saluai tout ce beau monde. Je me présentai à la jeune femme tout en m'excusant de ma tenue. J'eus droit à un large sourire et à une poignée de main vigoureuse. Elle me vrilla de son regard perçant. Elle s'appelait Maryline Beauregard. Je supposai aussi qu'Élise l'avait informée du fait que la famille avait gagné un gros lot à Lotto Max et qu'elle saurait garder le silence.

Je montai à toute vitesse dans ma chambre, me dégageai de mon cuissard et pris une douche à l'eau fraîche. Cela me fit grand bien. À ma tête aussi.

Pendant ce temps, les femmes étaient en pleine discussion. Élise avait, dans la nuit précédente, ébaucher un plan d'action pour les jours et les semaines à venir qu'elle exposait à Hélène et à son amie Maryline. Cette dernière semblait pleine d'entrain et fort intéressée par les propos d'Élise. J'aurais bien aimé m'immiscer dans la conversation, mais je me retins de le faire : il avait été entendu que seule Élise piloterait le dossier de la création de la fondation familiale. Maryline intervint :

— Élise, le plan semble à point, mais il nous faudra travailler presque jour et nuit pour tout mettre sur pied dans un laps de temps qui m'apparaît trop court. Je pense qu'il faut en premier lieu donner nos démissions à Énergie solaire. As-tu pensé qu'annoncer notre départ de la compagnie va causer toute une surprise ? Personne là-bas ne s'attend à ce que toutes les deux nous quittions. Le patron va en perdre la voix. Il faudra faire le saut avec diplomatie et spécifier que nous ne quitterons pas nos postes avant un certain laps de temps. Disons deux mois. Qu'en penses-tu ?

— Je suis d'accord avec toi, ajouta Élise. Quitter Énergie solaire sera un choc pour le président de la compagnie et tous les employés que j'ai en haute estime. J'imagine qu'il en est de même pour toi. Mais respecter un délai de deux mois avant de quitter m'apparaît trop long. Imagine le malaise que tout cela créera dans la bâtisse. Le patron ne pourra accepter de nous donner des dossiers à traiter, sachant que nous allons quitter la boîte. Si nous confirmons que nous démissionnons dans deux semaines, serais-tu d'accord ?

— Ce délai m'apparaît correct, entérina Maryline. L'étirer serait déraisonnable et engendrerait des malaises certains. Pensez-vous que le propriétaire d'Énergie solaire s'attend à ce que deux de ses piliers quittent pour toujours. Je me mets à sa place, le pauvre : il va en rêver pendant des lunes. Il va perdre deux de ses poteaux.

— Je ne voudrais pas être là quand vous allez lui annoncer votre décision de partir, répliqua Hélène.

— Madame, vous me voyez mal à l'aise. J'ai travaillé d'arrache-pied pour cette compagnie. Maintenant, je dois la quitter pour relever un immense défi. Je compte sur Élise et sur vous pour que tout aille bien. Je ne vous le cache pas, j'ai un profond malaise qui m'habite présentement. Je suis d'accord pour annoncer mon départ d'Énergie solaire, lequel prendra effet dans deux semaines. Il faut que je vous dise aussi que je me dois de jouer franc jeu avec mon patron. Je lui dirai que je quitte pour aider à la création d'une fondation familiale. Le tout sera tenu secret.

— Merci, Maryline, je te serai toujours reconnaissante et redevable d'avoir accepté de te joindre à ma mère et à moi. Nous formerons une équipe du tonnerre. Quand tu m'annonceras que tu as remis ta démission, je ferai de même quelques heures plus tard.

— Ça va, Élise, je pars et tu me suis. Il n'est pas question que nous restions dans la boîte une journée de plus après notre démission.

— Maryline, nous devrons nous rencontrer pendant ces deux semaines pour mettre au point quelques détails concernant ta fonction et ta rémunération. Moi, je dois aller rencontrer monsieur Julien pour parler argent et, par conséquent, placements. 20 millions ne se gèrent pas en criant ciseaux.

— Ça va, Élise, je suis prête à t'accorder quelques heures les fins de semaine. Tu le sais, j'ai deux jeunes enfants qui réclament la présence de leur maman jour après jour. Heureusement, j'ai un époux qui me choie. Cet homme est un puits d'affection et de compréhension. Quand je suis absente de la maison, André s'occupe de la marmaille avec attention. Dans les faits, c'est monsieur discipline, et Dieu sait qu'en ce domaine je suis nulle. Je suis plutôt mère poule, tandis qu'André est un peu père fouettard. Mes petits monstres se le tiennent pour dit : papa sait se faire écouter. Et, pendant tout le temps de la création de la fondation Lachance et de son évolution, j'aurai grand besoin d'appui à la maison. Heureuse femme que je suis ! Là-dessus, je te quitte : je m'en vais rejoindre mes bouts de chou et mon homme !

Maryline partie, Élise dit à sa mère qu'elle allait rencontrer monsieur Julien. Après un court appel, le rendez-vous fut fixé à 11h am le lendemain. Le reste de la journée fut consacrée à des activités routinières. Au souper, il ne fut ni question d'argent ni des projets en cours. Cet intermède permit à chaque membre de la famille de décompresser. Chacun put se détendre et renouer avec l'eau fraîche de la piscine familiale. Les jours précédents avaient apporté leur lot de préoccupations. Enfin, il était permis de respirer ! Mais, au souper, le naturel revint vite au galop. Ce fut Hélène qui nous fit part d'un certain malaise.

— Depuis qu'Élise m'a demandé d'être l'ambassadrice de la Fondation, j'ai eu quelques palpitations au cœur. Je me suis demandé plusieurs fois si j'aurais la capacité et surtout la volonté de parcourir le pays afin de dénicher des étudiants, ou si vous voulez des perles rares, à qui la Fondation accordera des bourses. En outre, je vais devoir rencontrer les gestionnaires des organismes communautaires pour leur faire part des intentions de la Fondation. Je vous avoue bien franchement que je ne pourrai remplir cette fonction toute seule : il me faudra une acolyte, une femme, je dis bien une femme, qui m'épaulera. Ainsi, nous pourrons nous partager le travail de représentation. Ne tombez pas de vos chaises : j'ai pensé à Élise pour me seconder de temps en temps. Qu'en pensez-vous ?

— Je crois que prendre la décision revient à Élise, répartis-je.

— Maman, quand la Fondation sera en marche, nous nous assoirons et nous planifierons le calendrier des représentations, et ce, pour chaque région. Ainsi, tu pourras travailler sans pression. Maryline, elle, va passer le plus clair de son temps au bureau. Juste voir au financement va lui prendre la plus grande partie de son temps. Une fois la Fondation en marche et le bureau enfin organisé, il sera temps de tout mettre en place, spécifia Élise.

Hélène opina du bonnet.

Lise arriva et servit le plat de résistance, une salade de goberges. Tous dégustèrent le mets avec appétit. Par la suite, Élise proposa comme dessert une tarte à la **farlouche** au sirop d'érable qu'elle avait cuisinée, la tête pleine de plans pour la Fondation. Cette dernière était quand même succulente. À la fin du repas, le digestif fut siroté avec agrément.

Le souper s'étant étiré, chacun se retira dans son coin préféré. Hélène reprit la lecture d'un roman d'Elena Ferrante, **L'Amie prodigieuse.** Lise s'engouffra dans sa chambre : elle avait un travail à remettre à un de ses professeurs tandis qu'Élise disparut au sous-sol. Je la soupçonnai de communiquer avec Maryline. Quant à moi, je me réfugiai dans mon bureau. J'entrepris des recherches sur le Web, car je voulais en savoir plus sur les placements bancaires ou boursiers. Quoique j'eusse acquis une connaissance de base du sujet de la finance, je ne voulais pas passer pour un ignare quand j'irais revoir Julien, mon planificateur financier. Entre placer quelques milliers de dollars dans un CPG et administrer des dizaines de millions, il y avait toute une marge.

Mais Julien saurait procéder avec prudence : je lui faisais entièrement confiance.

Vers 21h, je me détendis. J'eus soudainement le goût d'écouter de la musique classique. Mes réflexions furent emportés par **Les quatre saisons** de Vivaldi. Et je sombrai petit à petit dans les bras de Morphée. Quand je me réveillai, la noirceur avait envahi mon bureau. Quelqu'une avait éteint la lumière ! Ma nuit de sommeil serait sans doute très courte, à moins que les millions arrêtassent de danser dans ma tête. Être riche ne serait pas de tout repos. Et je montai dans ma chambre me coller à ma chère épouse qui dormait du sommeil des justes, elle.

Le lendemain matin, Hélène m'attendait pour le déjeuner. Je lui demandai où étaient les filles. Elle me répondit qu'elles étaient déjà parties. Lise, pour remettre son travail, Élise pour son rendez-vous chez Julien. Le déjeuner terminé, je dis à Hélène que, demain, je devais aller rencontrer un chasseur de têtes à Montréal, lequel m'avait été recommandé par Julien lors de notre dernière rencontre. Je partirais pour une bonne partie de la journée. Petit baiser sur le front de ma douce et me voilà envolé.

CHAPITRE 3

Élise arriva au bureau de Julien à 9 h 30. Monsieur avait tout préparé et se montra attentif aux questions d'Élise.

— Monsieur Julien, mon père vous a sûrement entretenu du projet que je m'apprête à lancer, soit créer une fondation familiale.

— Oui, Élise, ton père m'a demandé de placer à ton nom 20 millions de dollars. D'ailleurs, le montant fut placé dans un compte chèque. Voici les documents que tu dois signer sur-le-champ pour légaliser le tout.

Élise signa les copies du contrat de sa plus belle écriture, sans s'apercevoir que monsieur Julien admirait autant son écriture que sa beauté toute naturelle. Mais il prit sur lui-même et demanda à Élise :

— As-tu l'intention de placer tout cet argent dans le fonds de la Fondation ? D'ailleurs, connais-tu bien ce qu'est une fondation ? Sais-tu que, quand on y dépose de l'argent, on ne peut plus le retirer ?

— Oui, Monsieur, j'ai fait des recherches approfondies. Je sais qu'il faut communiquer avec l'Agence de revenu du Canada et Revenu Québec. Quand le tout sera accepté, je pourrai disposer et créer la fondation familiale.

— Bon, voilà que tout est clair pour toi. As-tu déjà choisi ton ou ta gestionnaire qui va te seconder ?

— Oui, c'est fait. Elle entrera en fonction dans environ deux semaines, soit en même temps que moi. Je veux faire diligence. Il faudra louer ou acheter un endroit où établir le bureau, engager le personnel et composer un calendrier pour remettre les bourses et les dons dès le printemps 2016. Tout cela en attendant la réponse du fédéral et du provincial. Ce qui ne devrait pas tarder.

— As-tu déterminé le montant que tu déposeras dans le fonds de la Fondation ?

— Papa a gagné le pactole. Il souhaite qu'une partie de cet argent serve au bien-être de notre société. Si mon père est devenu super riche, c'est sans aucun doute que des milliers de citoyens ont acheté des billets espérant remporter la cagnotte, mais ils n'ont pas été chanceux. Cet argent-là, il doit revenir en totalité à la société dans laquelle ma mère, mon père et ma sœur vivent heureux. La famille a décidé que 20 millions seraient investis dans une fondation familiale. Donc, ses avoirs seront de 20 millions. Si le tout est bien administré, je vais avoir des cheveux blancs quand il sera épuisé, ou même décédée.

— Tu es bien déterminée, Élise. Je te recommande ceci : sois prudente et choisis bien tes relations. Dans notre société courent des requins qui ne voudront que piger dans le fonds de la Fondation en passant par des demandes de dons pour n'importe quelle raison. Il faudra que, dans les statuts de la Fondation, tout soit bien précisé par des clauses fermées.

— Je suis convaincue que je saurai bien gérer le fonds. D'ailleurs, j'ai une entière confiance en la gestionnaire qui m'épaulera. Ah ! oui, j'allais oublier de vous demander si vous accepteriez de faire partie du conseil d'administration de la Fondation.

— Comme ce ne sera pas moi qui vais gérer l'argent de la Fondation, il me fera plaisir de faire partie de son conseil d'administration. En attendant que le tout soit en place, je laisse l'argent dans un compte chèque ou je le place dans un placement à court terme. Un mois, deux mois ? Qu'en penses-tu, Élise ?

— Placez-le dans un CPG à échéance de deux mois. Toutefois, laissez 200 000 dollars à mon nom dans un compte chèque. J'aurai besoin d'un peu de liquidité pour entreprendre quelques démarches, dont la location ou l'achat d'un endroit pour baser notre bureau, un milieu bien disposé et bien éclairé.

Sur ce, monsieur Julien se leva, tendit la main à Élise : l'entente était conclue. Cette dernière quitta le bureau. Une première étape était franchie.

Élise s'en retourna à la maison familiale. Elle retournerait au bureau d'Énergie solaire dans l'après-midi. Monsieur Bellehumeur, le patron de la compagnie, avait instauré, avec le temps, un horaire flexible de travail. Selon ses dires, les employés s'acquittaient bien de leur fonction quand ils pouvaient vaquer à leurs occupations personnelles de temps en temps. Personne au bureau n'avait abusé de ce privilège. Bref, tout le monde était heureux et très productif. Ce fut ce qui chicotait un peu Élise, à savoir quitter un travail qui lui permettait de respirer à l'occasion. Aurait-elle ce même avantage quand elle verrait à la bonne marche de la Fondation ? Elle le constaterait au fur et à mesure dans le temps.

Elle arriva chez elle, parqua son auto derrière celle de sa mère. Celle de son père n'était plus là. Elle aurait tellement voulu jaser avec son paternel. Elle aurait aimé lui demander quelques conseils. Bien des choses la chicotaient. Mais sa mère saurait bien la rassurer.

Elle entra dans la maison. Hélène écoutait la neuvième symphonie de Beethoven. Elle aussi se posait des questions. Elle devait ruminer depuis la fin de l'avant-midi. Quand elle vit Élise, elle sourit et la questionna :

— Comment s'est déroulée ta rencontre avec monsieur Julien ? T'a-t-il rassurée ? Es-tu revenue la tête pleine de conseils avisés ?

— Maman, le jour où je serai entièrement satisfaite de moi est loin d'être venu. J'ai à peine pris quelques décisions que je ne suis pas certaine qu'elles sont correctes. J'ai placé près de 20 millions de dollars dans un dépôt à court terme à échéance de deux mois et j'ai fait déposer dans mon compte chèque un montant de deux cent mille dollars pour parer aux imprévus qui surviendront bien tôt ou tard. Dès maintenant, il faut prévoir louer ou acheter un local pour que les employées et nous puissions nous installer d'ici deux semaines. J'ai dit à monsieur Julien que la Fondation donnera des dons et des bourses dès le printemps 2016. Ah ! oui, j'allais oublier de te dire que ce dernier a accepté d'être un membre du conseil d'administration de la fondation familiale Lachance. Maman, est-ce que tu accepterais de visiter des bureaux vacants dans les prochains jours ?

— Élise, j'accepte avec plaisir. Cet après-midi, je vais consulter le Web et faire une liste d'endroits prêts à nous accueillir. D'ici là, je veux me reposer, me détendre : j'ai un mal de tête lancinant. C'est bien la première fois que cela m'arrive. Devenir riche sur le coup m'a comme chamboulée. Je te ferai le compte rendu de mes recherches en soirée.

— Je suis contente, maman. Tu sais que je compte sur toi pour m'épauler et me permettre d'éviter des faux pas.

Sa mère, son poteau, Élise l'embrassa sur le front. Elle grignota un sandwich aux œufs et fila au bureau où Maryline l'attendait pour peaufiner leur rencontre avec monsieur Bellehumeur.

À son arrivée à Énergie solaire, Élise salua tout son monde. Elle s'engouffra dans son bureau. Une pile d'enveloppes et de messages électroniques l'attendaient. Elle en fit une brève lecture, puis décacheta les missives qui, heureusement, ne renfermaient aucun contenu de nature importante.

Maryline entra en coup de vent et souffla à Élise :

— Monsieur Bellehumeur veut de toute urgence nous voir toutes les deux. Il semblerait qu'il y ait un problème de gérance à l'usine de construction des éoliennes. Lui annoncer notre démission sur-le-champ pour la mi-juillet va l'estomaquer. Il me semble que partir aussi vite va le prendre au dépourvu. Y as-tu pensé, Élise, sa gestionnaire et son ingénieure senior quittent sa boîte dans peu de temps ? Que faisons-nous ? Nous fonçons et nous mettons cartes sur table.

Élise fut d'accord. Elles entrèrent toutes les deux dans le bureau de monsieur Bellehumeur. Il les accueillit avec bonne humeur. Ce qui les surprit fortement. Il y avait anguille sous roche. Il les aborda en ces termes :

— Élise et Maryline, je vous souhaite la meilleure chance dans votre nouvel emploi. Je sais que vous serez à la hauteur. Toi, Élise, la chance t'a souri et je te souhaite de tout cœur que la fondation que tu vas créer va répandre la joie autour de toi et permettre à des centaines de jeunes de profiter des bourses de la fondation que tu crées avec les membres de ta famille. Quant à toi, Maryline, saute sur cette occasion en or pour devenir une vraie pro de la finance. Tu as toutes les qualités pour atteindre le sommet.

Monsieur Bellehumeur avait toujours ce petit sourire en coin qui les intriguait. Voyant qu'elles semblaient interloquées, il ajouta :

— Élise, j'ai su par la bande que ton père avait dévalisé Loto-Québec en gagnant un gros lot de soixante millions de dollars. Ne me demande pas qui a vendu la mèche aujourd'hui, c'est motus et bouche cousue. Mais tu finiras bien par connaître celle ou celui qui m'a refilé la nouvelle, et j'ai promis à cette personne que je n'en parlerai jamais à quiconque. Monsieur avait toujours ce regard pétillant.

Les deux filles restèrent bouche bée. Elles se regardèrent brièvement. La surprise se lisait dans leurs yeux. Monsieur Bellehumeur savait déjà qu'elles venaient le voir pour annoncer leur démission.

— Monsieur, vous connaissiez déjà mon intention de démissionner. Et vous l'acceptez sans broncher ni ronchonner. Ma foi, vous faites preuve d'une grande ouverture d'esprit, enfila Maryline en souriant.

Et Élise d'ajouter tout d'un trait :

— Monsieur, je vous saurai toujours gré de me laisser partir pour accomplir la plus grande mission de ma vie. Je vous serai toujours reconnaissante pour tout ce que vous avez fait pour moi. Si je suis ce que je suis devenue aujourd'hui, c'est en grande partie grâce à vous. Vous savez, je quitte Énergie solaire qui m'a mise au monde. C'est ici que j'ai perfectionné mon savoir en tant qu'ingénieure. J'ai acquis une expérience de vie on ne peut plus enrichissante. Vous avez orienté mon savoir professionnel dans la bonne direction. Maintenant, je m'en vais servir la société qui m'a tout donné par l'entremise de mon père que vous connaissez très bien d'ailleurs, tout en souriant. En guise de remerciement, accepteriez-vous de faire partie du conseil d'administration de la fondation que ma famille va créer ?

— Est-ce ton père qui t'a suggéré mon nom ou l'initiative vient de toi ?

Et monsieur Bellehumeur se mit à rire.

— Bien sûr que j'accepte. J'aurai encore l'occasion de travailler avec toi.

Sa réaction venait de confirmer ce dont Élise se doutait : elle savait que son père avait vendu la mèche.

— Écoutez, les filles, pendant les quelques jours qui suivront, je veux que vous aidiez celles qui vous remplaceront. Dans notre équipe de gestion, deux filles se sont montrées intéressées à occuper vos postes. Il faut les aider à prendre la relève dans l'harmonie la plus totale. Il y aura moult dossiers à fermer. C'est à vous deux de faire en sorte que la compagnie puisse poursuivre sur la bonne voie. Les deux jeunes filles ont besoin de votre appui et de vos précieux conseils. Souvenez-vous du premier jour où vous êtes devenues gestionnaires d'Énergie solaire, quelqu'un vous a aidées, vous a conseillées et vous a guidées. Vous êtes ainsi devenues de brillantes **manageures**. Faites en sorte qu'elles aussi le deviennent. Sur ce, au travail, les filles.

Maryline et Élise quittèrent Énergie solaire tard dans la soirée. Élise entra à la maison, épuisée et affamée.

— Élise, tu arrives bien tard, lui reprocha Hélène. Quelque chose a cloché dans ta démarche avec monsieur Bellehumeur. Nous t'attendions pour le souper. J'ai conservé un peu de saumon au chaud que tu peux avaler sur-le-champ. Un bon morceau de gâteau aux fruits cuisiné par Lise t'attend au fourneau. Mange et, par la suite, va rencontrer ton père dans son bureau. Plus tard, je te rendrai compte de mes recherches au sujet des bureaux à louer dans le secteur commercial de la ville. Il me semble que tu es épuisée. Je ne veux pas faire un jeu de mots, mais monsieur Bellhumeur était-il de mauvaise humeur quand Maryline et toi l'avez avisé de votre départ d'Énergie solaire ?

— Non, maman. Monsieur Bellehumeur a bien accepté notre départ. D'ailleurs, je m'interroge encore sur le fait qu'il savait dès notre entrée dans son bureau que Maryline et moi allions lui remettre notre démission. Il nous a fait promettre de tenir le fort jusqu'à notre départ le 20 juillet. Mon petit doigt me dit qu'il avait déjà rencontré quelqu'un qui lui a tout dit. En effet, bien étrange est cette situation !

Hélène ne dit mot et continua de lire son roman. D'ailleurs, Élise ne releva chez sa mère aucune réaction qui eût pu faire voir qu'elle était au courant de cette énigme qui commençait drôlement à la chatouiller. Elle dégusta le saumon et la portion de gâteau aux fruits, remercia sa mère et alla voir son paternel. Avant d'ouvrir la porte du bureau, sa mère lui signifia de ne pas oublier leur petit conciliabule à venir.

— Bonsoir, Élise, lui dis-je en souriant. Comment s'est déroulée ta rencontre avec monsieur Bellehumeur ? Il a dû être surpris et pas trop de bonne humeur. Il n'a sûrement pas dû faire honneur à son nom !

— Papa, ne fais pas l'innocent. C'est toi qui l'as prévenu. Non, monsieur Bellehumeur nous a accueillies, Maryline et moi, en déployant sa plus belle humeur pour calquer ton jeu de mot. D'ailleurs, il était par trop affable. Je présume que tu lui as proposé un pacte en lui faisant promettre de ne pas trop nous démolir. Aurais-tu par hasard fait entente avec lui pour amoindrir sa réaction ? Le monsieur avait l'air au-dessus de ses affaires. Serais-je que mon papa est un homme rusé et parfois **ratoureux** ?

— Élise, ne m'en tiens pas rigueur. Il est vrai que je suis allé rencontrer monsieur Bellehumeur pendant que tu étais au bureau de Julien. Pour ne pas qu'il s'emportât lors de votre rencontre, je lui ai fait une demande, à savoir vendre deux ou quatre éoliennes à la serre pour la fournir en énergie. Cette proposition s'est conclue par une entente en bonne et due forme. J'avais gagné mon pari et je vous ai épargné tout un sermon. C'est la réalité, non !

Sur ce, Élise sourit à son père, le remercia en lui appliquant un bécot sur le front et alla rejoindre sa mère dans le grand salon.

Cette dernière semblait méditer, les yeux fermés et la tête bien appuyée. Elle avait remisé son roman sur la table basse. Élise l'aborda tout doucement.

— Maman, je suis là. Tu m'as demandé de revenir te voir pour être mise au courant de tes recherches.

Sa mère se redressa, cueillit le dossier et l'ouvrit.

— Élise, j'ai fait des recherches comme tu me l'avais demandé. Voici la liste des bureaux que la Fondation pourrait possiblement louer. Tu sais, ici, nous ne sommes pas à Montréal : les choix sont plutôt restreints. À mon avis, il m'apparaît passablement difficile de dénicher un bureau qui fera l'affaire. Pour chaque adresse, j'ai contacté le propriétaire et cueilli quelques renseignements préliminaires. Les prix sont exagérément chers, ils m'apparaissent dans certains cas vraiment inabordables.

Élise feuilleta l'ensemble du dossier. En effet, aucun endroit ne lui convenait, vu que le prix de location était exagéré, voire carrément abusif.

— Non, jamais je ne succomberai à ce délire ! C'est carrément vouloir abuser des gens ! Je comprends maintenant pourquoi ces bureaux locatifs sont vides. Non, non, non, il faut penser à une autre solution. Toi, maman, as-tu une idée, une proposition ? s'écria Élise

— Ma chère Élise, j'ai remis le dossier à ton père qui a lui aussi trouvé le tout exagéré. Il m'a dit que la meilleure façon d'y voir clair était d'aller visiter les locaux qui pourraient être aménageables. Nous nous sommes rendus sur les lieux et sommes revenus bredouilles. Résultat : des locaux trop petits, peu éclairés et non convenables pour accueillir ton projet.

— Donc les livres sont fermés. Je me retrouve gros jean comme devant, soupira Élise. Et si j'allais installer la Fondation à Montréal, maman ?

— Non, c'est non négociable pour ton père, pour moi, pour Lise et, surtout, pour notre ville et notre entourage. Notre immense fortune doit servir les gens d'ici. Pardonne-moi cet élan de franchise, mais la richesse que nous possédons doit avoir pour mission d'aider notre région. La Fondation va créer quelques emplois à bon salaire et Dieu sait que les gens d'ici en ont besoin. Pensons d'abord à nous et à ceux qui sont nos voisins, soit ceux qui vivent dans notre ville. Quand la serre sera en fonction, et la Fondation aussi, cela procurera des centaines d'emplois. Nous le devons à la population du coin. La région souffre d'un taux de chômage élevé depuis des années. Alors, il est temps que nous soyons solidaires des gens qui nous entourent.

— Alors, quelle est ta solution de rechange, maman ?

— Ton père a eu une idée de génie : pourquoi ne pas acheter un édifice qui loue déjà des locaux commerciaux et dans lequel un studio est vide. Ainsi, nous ferions d'une pierre deux coups : payer l'hypothèque avec les revenus des espaces déjà loués et installer la Fondation dans un local inoccupé. Elle est là la solution, Élise.

— Mais c'est génial ! Papa a toujours des idées de génie. Je ne serais pas surprise que tu aies mis les mains à la pâte, toi aussi. Mais, j'y pense, y a-t-il un édifice de deux ou trois étages à vendre en ville ?

— Bien sûr, Élise. Un bâtiment a été mis en vente, sis près de l'église. Il comprend trois étages et ses pièces sont immenses. Si tu veux le visiter, libre à toi d'y aller quand tu en auras la disponibilité. Mais ne tarde pas trop longtemps.

— Merci pour toutes ces recherches et cette proposition de visite. Je veux être claire avec papa et toi : c'est à moi de faire toutes les démarches légales pour la création de la Fondation. Ce que vous avez fait, papa et toi, avait sa pertinence, voire sa nécessité. Maintenant, je me dois de tout prendre en main. Samedi, Maryline et moi allons remplir les formulaires pour respecter les conditions de l'Agence de revenu du Canada et de Revenu Québec. J'espère que le tout ne prendra pas un temps interminable. D'ici à samedi, je vais lire et relire tous ces documents des gouvernements fédéral et provincial. Je vais me frotter à la fonction publique pour la première fois et j'espère que je ne deviendrai pas une victime comme Astérix et Obélix quand ils se sont perdus dans les dédales de la fonction publique gauloise !

Sur ce, Élise se retira dans sa chambre.

Je quittai mon bureau et rejoignis Hélène dans le salon. Elle se reposait, son roman collé à son ventre. Je la regardai avec tendresse. Son visage trahissait un peu de fatigue. Soudainement, je pris conscience que nous deux étions sur le point d'atteindre la cinquantaine. Je caressai ses cheveux, et un sourire illumina son visage angélique. Elle était toujours très belle. Je lui susurrai à l'oreille d'aller se coucher, mais elle refusa. Elle voulait me parler.

— Pierre, j'ai eu une franche discussion avec Élise. À partir de maintenant, elle tient mordicus à gérer elle-même la création de la Fondation. Pour elle, c'est primordial qu'elle prenne les choses en main, il en va de sa survie. Je crois fermement que nous devons tous les deux lui laisser la voie libre. Elle a prouvé chez Énergie solaire qu'elle était devenue une gestionnaire efficace. De plus, elle aura comme bras droit une des meilleures dans son domaine, la belle Maryline. Je te le répète : nous ne devons plus nous mettre le nez dans ce projet. Moi, je sais à quoi m'en tenir : je dois planifier mes visites dans les écoles et les cégeps des régions éloignées tandis que celle qui me secondera s'occupera surtout de la région métropolitaine de Montréal. Je ne pense pas qu'Élise va me contredire à ce sujet.

— Bon, si tu penses que tout va bien aller, laissons Élise tracer son chemin toute seule. Moi, j'en ai au moins pour une année à planifier la construction de la serre et sa production. D'ailleurs, demain je vais rencontrer un chasseur de têtes. Engager un bon gestionnaire urge. Il me faut un homme de tête, un planificateur avisé pour mener à bien cette entreprise. Je vais partir tôt à l'aurore. Je m'en vais me coucher.

Hélène me souhaita bonne nuit. Elle n'avait pas sommeil. Je sentais chez elle une quelconque inquiétude que je n'arrivais pas à détecter. Tout ce qui venait de nous arriver avait chamboulé nos vies. Bien des raisons de ruminer et de ressasser moult idées nous taraudaient depuis le jour où les millions plurent.

Aussitôt couché, je sombrai dans les bras de Morphée. Je me réveillai très tôt au son du réveille-matin. Les oiseaux pépiaient déjà. Le soleil se pointait au-dessus des collines. La journée serait ensoleillée. Était-ce annonciateur de réussite dans les démarches que j'allais entreprendre pour dénicher un gestionnaire de haut niveau ? Je ne pouvais le cacher, il me fallait à tout prix engager un homme de tête capable de voir à tout et de tout planifier. Moi, j'étais un enseignant qui venait de prendre sa retraite et qui envisageais de voyager et de prendre du bon temps. Mais la fortune avait chamboulé mes plans. J'avais toujours dit à mes collègues que, si je gagnais un gros lot, je ferais absolument tout pour que ma société en profitât au maximum. Promesse serait tenue.

CHAPITRE 4

Le lendemain matin, je me levai tôt, pris une douche, avalai deux rôties et un café chaud et m'engageai sur l'autoroute en direction de Montréal. En arrivant au tunnel Louis-Hyppolite-Lafontaine, je fus happé par une circulation intense. Les klaxons m'étourdirent de leur cacophonie. Les autos et les camions avançaient lentement, trop lentement. Puis, j'arrivai au complexe Desjardins et me trouvai un stationnement. Mon contact m'attendait autour de 8 h 30. J'entrai dans la bâtisse, pris l'ascenseur et me rendis à son bureau. Monsieur Taillefer m'accueillit par une poignée de main ferme.

Après les salutations d'usage, j'allai droit au but. Je lui énumérai de nouveau toutes mes demandes et mes exigences. Monsieur Taillefer avait de toute évidence préparé une dossier volumineux. Il m'apprit qu'il avait rencontré en entrevue une bonne dizaine de candidats, dont l'un en particulier qui avait des connaissances du domaine de l'agriculture en serre. Selon ses explications, ce jeune homme administrait une serre en Abitibi. Il avait donc un bagage de connaissances dans ce domaine. Les autres postulants pourraient être de bons seconds. Ils avaient tous de l'expérience en gestion mais dans des domaines autres.

Je coupai court à ses explications et lui demandai :

— Monsieur, quel âge à ce garçon ? D'où vient-il ? Qui est-il ?

— Il a 35 ans. C'est un Sénégalais qui a immigré ici il y a une dizaine d'années. Il a fait des études en agronomie. Il connaît donc le monde agricole d'ici. En Abitibi, il gère une serre de 4 hectares. On y cultive des fraises et des légumes. C'est lui qui a fait l'étude de marché. Je crois que c'est l'homme qu'il vous faut. Il désire venir s'établir plus au sud.

— Quand puis-je le rencontrer, ce jeune homme parfait, selon vos dires ? Je n'ai pas envie de prendre l'avion et de me rendre là-bas. Vous lui avez parlé ou il a pris la peine de venir à Montréal pour une entrevue avec vous.

— C'est bien ça. D'ailleurs, je lui ai demandé de venir vous voir dès cet avant-midi. Il attend mon appel à son hôtel tout près d'ici. Il est impatient de vous rencontrer. Je vous jure, il a toute une personnalité. Je suis convaincu qu'il va vous en mettre pleine la vue. Je l'appelle et il vient nous rejoindre. Ça vous va ?

Monsieur Taillefer appela le candidat, puis se campa dans son fauteuil. En attendant, nous nous flanquâmes devant la baie vitrée et admirâmes le Montréal des affaires. Ça bouillait en dedans de moi. Jamais je n'aurais imaginé ce que je vivais à ce moment. J'allais mettre une partie de ma fortune entre les mains d'un illustre inconnu. J'aurais sûrement besoin des bons conseils de monsieur Julien. Et surtout le support d'Hélène !

— Eh bien ! je suis impatient de le rencontrer. En ce qui concerne les autres postulants, je laisse à notre jeune homme le loisir de faire ses proches recherches. Je compte sur vous pour lui remettre les dossiers de chacun. Si c'est possible, bien entendu, proposai-je.

Vers 10h, le postulant fit son entrée dans le bureau. C'était un grand homme bien habillé, bien planté et qui dégageait une belle assurance. La poignée de main fut franche. Il s'appelait Saka Aminou. Cela annonçait bien. Nous nous assîmes tous les trois et je m'avançai le premier.

— Merci d'avoir accepté de me rencontrer. Monsieur Taillefer ne m'a dit que du bien de vous. Selon ses recherches et l'analyse qu'il a faite de votre dossier, vous seriez le candidat parfait pour implanter une serre dans ma région. Vous ne me connaissez pas, je ne vous connais pas, mais il se dégage de vous une belle assurance. Au départ, vous me faites bonne figure. Je vous invite à dîner avec moi : nous pourrons alors mieux nous connaître. Si vous acceptez, bien entendu. Nous nous donnâmes rendez-vous au restaurant de l'hôtel Hilton, sis à l'intérieur même du complexe Desjardins.

Monsieur Saka Aminou parti, monsieur Taillefer et moi nous entendîmes sur le montant des honoraires. Je lui demandai si je pourrais une autre fois le contacter pour effectuer d'autres recherches. Je lui rappelai s'il était toujours possible de remettre l'ensemble des dossiers des postulants à monsieur Aminou pour qu'il pût les examiner. Monsieur Taillefer acquiesça à ma demande et me les remit. Nous nous quittâmes en nous serrant la main.

Je m'arrêtai en cours de route, entrai dans l'hôtel et relis le curriculum vitae de monsieur Saka Aminou. Il y avait trois pleines pages bien tassées que je lues avec grand intérêt. En effet, ce postulant avait tous les atouts pour mener à terme mon projet. J'allai le rejoindre au restaurant de l'hôtel. Monsieur m'attendait, lisant **Le Devoir.** J'allai le rejoindre. Rapidement, il replia le journal et me souhaita la bienvenue.

Nous discutâmes tout le repas durant. Je remarquai que monsieur refusa de boire du vin et qu'il mangea un plat composé de légumes et de salade verte. Je demeurai discret et ne cherchai pas à poser des questions qui auraient pu paraître importunes. Pendant deux heures, nous échangeâmes sur tout : ma famille, sa famille, son travail en Abitibi et son désir de revenir vivre plus au sud. Je lui fis part de la rémunération qu'il obtiendrait comme gestionnaire en chef de la serre. Il accepta sans conditions préalables. Je lui confirmai qu'il aurait tous les fonds à sa disposition pour mener à bien le projet. Monsieur Aminou m'a demandé de lui accorder un délai d'un mois avant de quitter son travail à la serre **Amishk.** Je compris qu'il ne voulait pas quitter l'entreprise sans avoir complété certaines tâches et aidé à la préparation d'un gestionnaire qui prendrait sa place. Il voulait aussi que je lui dénichasse une maison assez grande pour y loger sa petite famille. J'acquiesçai à sa demande.

Je lui dis que je lui enverrais des photos d'au moins trois maisons que je visiterais dès la première semaine. Nous scellâmes notre entente par une poignée de main. Chacun prit un chemin différent.

Quand je suis revenu à la maison, je ne croisai pas Hélène. J'allai droit vers le patio : elle n'était pas là ; je ne la vis pas non plus au salon. J'ouvris discrètement la porte de notre chambre. Hélène dormait d'une sommeil qui m'apparut profond. Ce n'était pas dans ses habitudes de roupiller durant le jour. Je n'en fis pas grand cas et écartai toute inquiétude.

Le soleil inondait de ses rayons toute la nature environnante. Je décidai d'enfourcher ma bécane et de rouler en direction du fleuve. Ses eaux, pour une fois, n'étaient pas agitées. Seul un cargo glissait lentement en direction ouest. Quelques centaines de mètres plus loin, les vaguelettes léchaient la rive. Je me retrouvai environ dix kilomètres plus loin sans que je susse pourquoi j'en étais arrivé là. Pour une fois, j'avais fait le vide. Enfin, se pourrait-il que le hamster se calma de temps en temps ! Je fis une halte. J'avais besoin de revenir sur terre. Je revins sur ma rencontre avec monsieur Saka Aminou. J'étais certain d'avoir trouvé la perle rare. J'en aurais bien besoin. Construire une serre demanderait beaucoup de planification, et il me faudrait faire entièrement confiance à celui qui m'avait été conseillé par monsieur Taillefer. J'avais quand même du pif, et cela me rassura. Je fis demi-tour et rentrai en accélérant la cadence. Une petite brise me donna un coup de pouce.

Arrivé à la maison, je rangeai mon vélo, courus revêtir mon maillot de bain et plongeai dans l'eau fraîche de la piscine. Une surprise m'attendait : Hélène vint me rejoindre et plongea. Elle avait retrouvé fière allure. Ce qui atténua mon inquiétude. Je lui demandai où étaient les filles. Elle me répondit qu'Élise n'était pas de retour de son travail, que Lise souperait chez une amie et qu'elle reviendrait tard dans la soirée puisque les deux avaient à compléter une recherche. La baignade me fit grand bien ; à Hélène aussi. Je sortis de la piscine et lui demandai si elle voulait boire un verre de vin ou une bière.

— Je préfère un verre de vin blanc, répondit-elle.

Quand je revins au bord de la piscine, Hélène s'était entourée d'une grande serviette rouge et avait pris place dans sa belle chaise en osier. J'en fis autant et lui offris son verre de vin. Moi, j'avais opté pour une **Deus vobis cum**, une bière typique de la région de Charlevoix. Je la savourai lentement. Hélène fit de même avec son vin blanc. Je lui racontai ma rencontre avec le monsieur qui deviendrait le gestionnaire de la serre, soit monsieur Saka Aminou. Hélène parut surprise et je sentis de l'inquiétude dans sa voix.

— Pierre, tu as choisi quelqu'un qui vient de l'extérieur de la région ! s'exclama-t-elle. Qu'est-ce que les gens d'ici vont dire ? Tu t'étais fixé comme but ultime d'embaucher des gestionnaires de notre milieu.

— Ils diront ce qu'ils voudront, Hélène. Il m'a été fortement recommandé parce qu'il a toutes les compétences et les qualités de meneur pour faire le job. Tu ignores qu'il gère présentement en Abitibi la serre **Amishk**, qui veut dire **castor** en langue cri ou innu. Il est ici au pays depuis 15 ans ; il est agronome et possède une maîtrise en gestion des affaires. Hélène, c'est l'homme qu'il me faut. D'ailleurs, il sera ici dans un mois, le temps qu'il finalise des dossiers et qu'il soit remplacé par un nouveau gestionnaire. Dans les prochains jours, je me mets à la recherche d'une maison pour accueillir la famille Aminou. Dès la semaine prochaine, toi et moi irons visiter quelques demeures et, par la suite, en choisir une qui conviendra et qui répondra aux besoins de madame Aminou. Vous, les femmes, avez du flair pour dénicher la maison qui vous convient. Moi, je suis nul dans ce domaine. D'ailleurs, c'est toi qui as choisi notre demeure, et Dieu sait qu'elle est à ton goût. Nous prendrons des clichés de l'extérieur et de l'intérieur des maisons que nous, ajoutai-je, enverrons à madame Aminou pour qu'elle fasse un choix. J'ai même pensé l'inviter à venir choisir elle-même la propriété qui répondrait à ses goûts. Qu'en penses-tu ?

— Va pour quelques visites, mais ne me demande pas de choisir une demeure parmi celles que nous visiterons. Que madame Aminou vienne la choisir elle-même, sa demeure. Si elle est d'accord, tu lui paies son billet d'avion et tu vas la cueillir à l'aéroport. Elle sera notre invitée pour quelques jours. Tout cela est non négociable, mon cher Pierre.

J'opinai du bonnet.

— C'est en plein ce que je mijotais depuis que j'avais quitté monsieur Aminou à l'hôtel Hilton, au complexe Desjardins.

Cette répartie d'Hélène me fit un petit velours !

Le soir même, j'appelai en Abitibi. Quelle surprise ! Ce fut madame Aminou qui répondit. Je me présentai. Elle ne parut pas surprise d'entendre ma voix. Je lui proposai de venir chez moi pour qu'elle pût visiter des maisons et choisir celle qui correspondrait aux besoins de sa famille. Elle sembla fort heureuse de cette invitation. Son époux l'avait assurément mise au courant de mes intentions concernant l'achat d'une maison ou la location d'un logement temporaire. Elle prendrait l'avion dans deux jours. Je l'attendrais à son arrivée à l'aéroport de Montréal. Il était entendu que je payais son billet d'avion et que mon épouse la guiderait dans ses recherches d'un logis qui lui plairait à elle et à son petit monde.

CHAPITRE 5

Je demeurai quelques instants dans le grand salon, espérant que les filles reviendraient plus tôt. Je les attendis en vain. Vers 23h, le sommeil me gagna et je m'enrobai dans ma douillette. Cette nuit-là, je rêvai que j'avais dilapidé ma fortune en devenant un joueur compulsif. J'étais toujours rendu au casino et je tentais de battre le croupier à coups de mises de mille dollars, et ce, au jeu du 21. Mon défunt père me grondait. Hélène me sermonnait chaque fois, mais je retournais toujours au casino en espérant faire sauter la banque. Et je me réveillai, trempé comme une navette. Ouf ! j'étais bel et bien dans ma chambre ! Quel cauchemar ! Et je me rendormis jusqu'à l'aurore.

Au petit matin, les petits vachers piaillaient ; les tourterelles roucoulaient. Bref, la nature entière assistait au concert matinal. Je me levai, pris une douche et allai m'asseoir sur le patio. Quelques minutes plus tard, je retournai à mon bureau. J'en profitai pour cueillir quelques informations sur les démarches à entreprendre pour lancer le projet de la serre Lachance. Il fallait faire immatriculer mon entreprise auprès du Registraire des entreprises ; l'inscrire à certains fichiers de Revenu Québec ; obtenir un permis, une vignette ou un certificat d'inscription ; faire des démarches auprès d'autres organismes. Le boulot ne manquerait pas ! Au fil de mes recherches, je me rendis compte que je serais presque un pionnier dans ce domaine. Au Canada, ici et là, quelques serres cultivaient seulement des légumes. Mais une serre qui se lancerait dans la culture des petits fruits et des légumes, c'était plutôt rare.

On cogna à la porte : c'était le signal que le déjeuner était prêt. Une odeur de café me taquina les narines. La mère et les filles dégustaient des rôties dorées nappées de sirop d'érable. Elles pigeaient parfois dans des plats de petits fruits. Ce qui aiguisa mon appétit. Je fis plaisir à mon estomac qui arrêta de gargouiller. On me fit remarquer que ce délicieux déjeuner avait été cuisiné par Élise. Je la remerciai d'un beau grand sourire. Je cassai la belle entente par la question du jour :

— Que faites-vous aujourd'hui, les filles ?

— Papa, je vais remettre ma recherche à l'université, répondit Lise.

— Je vais encore m'esquinter à Énergie solaire. Monsieur Bellehumeur nous en met plein les bras à moi et Maryline, se plaignit Élise. Il ne nous reste qu'une dizaine de jours pour placer tous les morceaux du casse-tête. Dire que je n'ai pas hâte de quitter la boîte est un euphémisme. Le patron met de la pression. Malgré tout, quand nous partirons, Énergie solaire sera entre bonnes mains. Puis, il faut que j'achète un édifice comprenant un local fonctionnel pour la fondation Lachance. Cette démarche accaparera quelques jours de mon temps. Il faut que le tout soit prêt d'ici quelques semaines. En fin de semaine, Maryline et moi compléterons les formulaires de l'Agence de revenu du Canada et de Revenu Québec aux fins de faire la demande officielle pour le montage de la Fondation.

— Si je lis entre les lignes, Élise, tu vas acheter l'édifice en ton nom dans le but avoué d'en devenir la propriétaire. Ainsi, la Fondation devra payer un loyer à ton édifice. Je ne pensais pas que tu avais la bosse des affaires, ma fille. Je soupçonne un quidam de t'avoir soufflé ce conseil, ajoutai-je.

— Eh bien ! Pierre, l'idée vient d'Élise elle-même. Elle m'en avait parlé il y a quelques jours. Tu penses si j'ai trouvé son idée géniale, trancha Hélène.

Le déjeuner prit fin. Chacun alla reprendre ses activités. Élise partit en coup de vent pour Énergie solaire ; Lise en fit autant et fila à l'université. Hélène et moi décidâmes de siroter une deuxième tasse de café. Après une pause un peu longue, Hélène se leva et me dit :

— Pierre, je vais consulter le répertoire des agences immobilières pour faire la liste des maisons qui sont en vente et qui sont situées dans les quartiers environnants ou dans ceux de la rive sud. Quand madame Aminou sera parmi nous, je pourrai la guider dans sa recherche.

— Excellente idée ! D'ailleurs, je compte sur toi pour mener à bien cette mission. Madame Aminou aussi.

Hélène me jeta un regard inquisiteur et m'accula au pied du mur par la question à laquelle je ne m'attendais pas :

— Pierre, as-tu idée où tu vas installer la serre Lachance ? J'espère que ce sera dans les environs. Permets-moi de te signaler que de belles terres situées sur la rive sud près d'ici peuvent accueillir ton projet. J'espère qu'il n'est pas question d'aller réaliser ton rêve dans un coin perdu de la Beauce ou de Bellechasse. Tu te souviens que, quand nous étions en amour, nous allions nous balader sur la rive sud dans le coin de Saint-Nicolas. Il t'arrivait même de perdre le contrôle de ton auto, voire de perdre la boule. Ah ! quelle folie l'amour peut provoquer, mon beau Pierre ! À ces moments-là, étais-tu seulement obnubilé par la beauté des paysages ou par autre chose ?

Je souris et laissai Hélène en blanc. Elle avait un sixième sens, cette femme-là. J'y avais pensé à installer la serre sur la rive sud, et le faire à Saint-Nicolas, pourquoi pas ? Tout le monde vivrait à proximité des lieux. Cependant, il me faudrait convaincre une agricultrice ou un agriculteur de me vendre sa terre. Je pourrais même en faire une ou un copropriétaire. L'idée était loin d'être farfelue. Je dis à Hélène que j'allais sur-le-champ refaire la route que nous empruntions pour nos balades en auto du dimanche. J'en profiterais pour examiner les lieux, prendre quelques photos et m'informer auprès de certaines gens du milieu. Peut-être que j'arriverais à glaner quelques informations qui me mettraient la puce à l'oreille. Hélène, elle, m'apprit qu'elle allait rencontrer un courtier pour planifier la démarche à suivre et établir un calendrier de rendez-vous. Madame Aminou arriverait dans deux jours. Il fallait que son séjour lui donnât satisfaction. Je quittai la maison, traversai le vieux pont de Québec, tournai à gauche et roulai lentement. Je fus surpris de découvrir des grands jardins de légumes, des champs de fraises et des fermes tout le long de la route. Je me rendis jusqu'au **trécarré** pour me rendre au village de Sainte-Croix. Je fis demi-tour et m'arrêtai devant l'entrée d'un champ de fraises. Je rencontrai la propriétaire. Nous palabrâmes de tout et de rien, puis je me hasardai à lui demander si une terre était à vendre dans le coin. La propriétaire de la fraisière me regarda droit dans les yeux et me dit :

— Monsieur, si vous vous êtes arrêté pour vous renseigner, c'est que vous avez une idée derrière la tête. Avez-vous l'intention de devenir fermier ou de cultiver les fraises ou les framboises ? Moi, Monsieur, j'en suis à ma dernière année de production. Il en coûte trop cher en main d'œuvre pour arriver à la fin de la récolte avec un maigre profit. Et puis, les bons employés ne courent pas les rues. Chaque printemps amène sa misère. Je ne connais pas vos intentions mais, si vous vous êtes donné la peine d'arrêter et de jaser, c'est que vous avez une idée, un plan derrière la caboche.

La dame me jeta un regard interrogateur. Et je lui répondis du tac au tac :

— Oui, Madame, j'envisage de construire une serre pour cultiver des petits fruits et des légumes. Je cherche une terre ou un lopin de terre qui pourrait en accueillir une. Je lorgne de ce côté-ci du fleuve et je constate que votre lot pourrait peut-être convenir à sa construction. Du moins, je le pense. Si vous le voulez bien, j'aimerais inspecter votre propriété, surtout faire le tour de votre domaine.

— Je vous donne la permission, Monsieur. Mais je vous accompagne.

Et nous voilà tous les deux en train d'arpenter la propriété. Je constatai de visu qu'il y avait de la place pour implanter une serre de belle grandeur. Je remarquai que tout était en bon ordre : la ferme, la grange, le hangar. Cependant, moi, ce qui me plut davantage, ce fut la grandeur de la terre. On pourrait y aménager une serre d'au moins 5 acres. La maison ancestrale était en bon ordre. Madame m'informa qu'elle contenait au moins dix pièces. Bref, tout me plaisait. Je rêvais déjà. Mais la vieille dame intervint :

— Écoutez, Monsieur, ce domaine fait partie du patrimoine du village. Il y a deux siècles, mes arrière-arrière-parents s'y établirent. Si vous voulez l'acheter, la mairie va sûrement poser ses conditions. C'est bien beau le modernisme, mais on ne tasse pas le passé en criant ciseaux. Moi, je suis **parlable**, comme disait mon père. Vous savez, Monsieur, je vieillis et mes enfants ne sont pas intéressés à perpétuer l'héritage. Si vous êtes d'accord, laissez-moi du temps pour en discuter avec ma progéniture. Je vous ferai signe dans quelques jours afin de vous faire connaître mes intentions. Je vous le dis tout de suite, si vous lorgnez quelque autre domaine du coin, vous allez vous heurter à une fin de non-recevoir. Mes voisins ne sont pas du tout intéressés à vendre leur bien, surtout à des urbains.

Et elle me fit un grand sourire.

— Madame, je comprends que les agriculteurs du coin veuillent demeurer propriétaires de leurs biens à la vie à la mort. C'est si beau ici. Ah ! oui, je vous remets ma carte d'affaires. Me donneriez-vous aussi votre numéro de téléphone ? Ah ! oui, quel est votre nom déjà ?

— Monsieur, lisez la carte que je vous tends, me dit-elle en souriant.

Là-dessus, nous nous quittâmes sur une franche poignée de main. Je repris le chemin du retour. J'avais comme l'impression que j'étais béni par les dieux de la chance. À ma première rencontre tout à fait fortuite, toutes les étoiles s'alignaient dans le sens que je l'avais toujours pressenti. Se put-il que la fortune fût de mon bord ? J'avais la nette impression que oui. Je rentrai à la maison, impatient de tout raconter à Hélène.

J'entrai dans la maison : il n'y avait personne. Je supposai qu'Hélène était encore en entrevue avec un courtier. Je m'enfouis dans mon bureau. J'appelai Air-Canada, réservai un billet aller-retour pour madame Aminou. Aussitôt le billet reçu par le Web, je le lui renvoyai. Elle n'aurait qu'à l'imprimer et le faire valider à l'aéroport. Soudain, la porte claqua et Hélène de s'écrier :

— Pierre, tu es là.

— Oui, oui, je suis là, lui répondis-je en haussant la voix.

Elle ouvrit la porte de mon bureau et prit place juste en face de moi. Elle avait le sourire aux lèvres, signe que sa démarche avait porté fruit.

— Eh bien ! tu parles d'une surprise. Imagine-toi, Pierre, que madame Aminou pourra visiter trois maisons. L'une des trois saura sûrement lui plaire.

Soudain, mon cellulaire bipa. C'était une employée de Loto-Québec qui m'annonçait que le temps était venu de dévoiler publiquement le nom du gagnant du gros lot du 25 juin 2015. Je restai sans voix quelques secondes. J'avais oublié que l'identité de ce dernier serait révélée un jour, mais je n'avais pas anticipé que cet événement se produirait si vite. La dame me dit que la cérémonie se déroulerait le vendredi 15 juillet, soit dans une semaine. Une bouffée de chaleur m'envahit. Je fis mes salutations à la dame, fixai Hélène et lui appris la nouvelle.

— Pierre, prépare-toi. Tu vas endurer ces prochains jours tous les irritants de celui ou de celle qui gagne un si gros lot. Les vautours, les requins comme tu les appelles, vont t'inonder d'appels. Ta belle bouille va paraître dans tous les journaux et dans tous les téléjournaux. On va venir cogner à ta porte et prendre la photo de la maison du gagnant. Tu ne pourras pas éviter toute la publicité que se fera Loto-Québec en exploitant ton image. Bienvenue dans le monde de la folie publicitaire !

— Hélène, va me chercher la bouteille de Tylénol : quelques pilules m'aideront à combattre un mal de tête qui se voudra lancinant dans quelques minutes. Et madame Aminou qui s'amène pour visiter des maisons. Et monsieur Aminou qui va apprendre par la bande que son patron est devenu millionnaire. Préparons-nous à tout un feu d'artifice !

Au souper, Hélène et moi annonçâmes aux filles que le grand gagnant de Lotto Max serait dévoilé le 15 juillet. Bien que le dessert fût délicieux, les dernières bouchées eurent un arrière-goût. Élise fut la première à parler.

— Papa, je n'irai pas avec maman et toi aux bureaux de la Société des loteries. Je n'ai pas envie d'aller parader et de me faire photographier. Je sais fort bien ce qui m'attendra au bureau d'Énergie solaire : on va me taquiner, on va me harceler et je vais devoir expliquer à tout le monde la vraie raison de ma démission. On va m'envier, on va me jalouser. Il faut que Maryline le sache. Il faut tirer cela au clair avec elle, et le plus vite possible. Elle aussi va passer dans le tordeur. Élise était rouge comme une tomate. Lise ne savait quoi dire. Hélène, sûre d'elle-même, prit la parole :

— Bon, ce qui nous est arrivé ne peut pas être tassé du revers de la main. À ce que je sache, nous sommes tous interpellés par cet événement qui nous trouble. Nous sommes devenus millionnaires et nous devons l'assumer entièrement. Quand ton père va dévoiler nos projets en conférence de presse au bureau de Loto-Québec, les gens vont comprendre et probablement être contents pour nous. Pourquoi nous cacherions-nous ? Nous n'avons pas à nous excuser pour le fait que la fortune nous a souri. Je veux que vous vous rappeliez tous les jours que vous serez au service de la société en investissant cette fortune pour la rendre plus heureuse. Des centaines de gens vont profiter de notre générosité. Soyons optimistes. Et elle goûta au dernier morceau du renversé aux pêches.

Une telle harangue apaisa les esprits. Hélène avait raison : nous devions faire face à la réalité et continuer à vivre comme si rien n'était arrivé. Hélas ! il était advenu quelque chose qui changerait le cours de notre vie. Il valait mieux nous y faire et affûter nos couteaux.

Élise nous avisa encore une fois qu'elle serait absente lors de la conférence de presse. Lise, qui s'était abstenue de donner son opinion, fut directe :

— Moi, je vais y aller à la rencontre. J'estime très important que tous les membres de la famille soient présents.

Elle regarda Élise droit dans les yeux et la supplia :

— Élise, tu ne peux pas t'absenter. Il faut que tu sois présente à la conférence du seul fait que papa va devoir parler aux journalistes et, à ce moment-là, il va annoncer que maman et toi allez créer une fondation familiale qui va accorder des bourses à des étudiants méritants et distribuer des dons aux différents organismes communautaires. Je t'en prie, reviens sur ta décision : tous les membres de la famille doivent être présents cette journée-là. Tu seras la gestionnaire en chef de la Fondation et tu te permettrais d'être absente quand papa en fera l'annonce officielle. Élise, tu dois dire quelques mots si papa le veut bien.

— Élise, la proposition de Lise arrive à point. Il est certain que, quand je vais prononcer mon petit laïus, je veux que tu sois à mes côtés et je t'inviterai alors à annoncer la création de la fondation Lachance. Comme ça, tu joueras ton rôle, insistai-je calmement.

Hélène approuva du chef. Personne ne reprit la parole. Et je lançai :

— Comme ça, tout le monde est d'accord.

Élise se leva et dit :

— Je vais tout de même appeler Marylène pour l'avertir de l'orage qui s'en vient. Ce que propose Lise a plein de sens. Il m'apparaît tout à fait pertinent, voire primordial, que j'annonce moi-même la création de la Fondation. Mais je veux que maman soit à mes côtés. C'est non négociable.

Le dessert avait refroidi. La tension avait diminué. Quand Élise **bourrassait**, tout le monde était sur les nerfs. L'harmonie étant revenue, chacun sirota un bon café noir corsé.

Hélène et moi nous retirâmes dans le grand salon. Lise nous apprit qu'elle allait chez une amie. Je vis qu'Élise parlait au téléphone. Quelques minutes plus tard, elle nous annonça qu'elle courait chez Maryline pour atténuer l'effet de surprise. Et surprise il y eut et il y aurait quand le grand jour serait arrivé. Hélène se plongea dans la lecture de son roman. Moi, je lus le journal et me mis à rêver du jour où ma photo apparaîtrait en première page. Quand j'étais jeune, il m'arrivait de jouer à la vedette, de me voir à la télévision et de pouvoir admirer ma **binette** dans les journaux. Eh bien ! mon rêve de petit gars se réaliserait.

J'allai me carrer dans mon bureau. J'appelai madame Aminou pour savoir si elle avait bien en main son billet d'avion. Elle me dit qu'elle débarquerait à l'aéroport de Montréal vers 16 h 30. Je profitai de l'occasion pour parler à monsieur Aminou. Il m'informa qu'il avait entrepris les démarches pour s'assurer que son départ serait fait dans les règles. Il m'avoua avec un trémolo dans la voix que le patron de la serre **Amishk** avait beaucoup de peine de le voir partir mais qu'il comprenait qu'il voulût orienter sa carrière. Je l'assurai qu'il ne serait pas déçu de venir travailler pour moi et que le milieu l'accueillerait à bras ouverts. Sur ce, je lui avouai que ma famille était impatiente d'accueillir sa dame et qu'elle en prendrait bien soin.

Je retournai dans le grand salon. Hélène se reposait, tout en me paraissant songeuse. Je lui demandai si elle avait quelque tracas, mais elle me fit un signe négatif de la tête. Je la remerciai pour sa longue intervention de tout à l'heure qui avait semblé calmer les esprits de tout le monde. Elle me dit :

— Pierre, je n'ai fait que mon devoir de mère. J'ai adoré l'intervention de Lise qui a fait comprendre à tous que nous devions paraître unis et que nous avions tous intérêt à participer aux projets. Dans deux ans,

Lise viendra nous seconder. Son intervention allait droit en ce sens. Un pour tous, tous pour un. Tu connais la devise des mousquetaires. Eh bien, comme elle s'applique en tout point à nous quatre !

— Hélène, j'allais oublier que madame Aminou arrive demain pour un séjour de quelques jours. Inutile de te demander si tu lui as préparé la chambre des visiteurs. Je la cueillerai à l'aéroport en fin d'après-midi et elle sera ici pour le souper. J'espère que nous la mettrons à l'aise dès son arrivée. Je veux que nous fassions bonne impression. Tu sais, Hélène, derrière un homme, il y a toujours une femme. Si elle se sent bien accueillie ici, elle ne tardera pas à en parler à son mari. Ce qui lui fera un petit velours. Un homme satisfait est toujours un plus.

Je regardai l'horloge grand-père : il était déjà 21 h 30. Un peu de Mozart me détendrait et m'aiderait à oublier toutes les **bibittes** qui turlupinaient dans mon cerveau. J'écoutai **La symphonie parisienne** qui me fit grand bien. Je retournai au salon.

Élise arriva sur ces entrefaites. Elle me parut de bonne humeur. Et avoir repris ses esprits. Elle s'approcha et me confia :

— Papa, j'ai tout révélé à Maryline. Qu'elle fut fort surprise ne devrait pas te surprendre. Tout en discutant avec elle, l'idée me vint de lui proposer qu'elle m'accompagnât lors de la conférence de presse aux bureaux de Loto-Québec. Qu'en penses-tu ?

— Si cela peut te rendre heureuse et te mettre à l'aise, pourquoi pas ? Si Maryline a décidé de te suivre dans cette aventure, elle mérite d'être à tes côtés ce jour-là. Mais je préfère que tu en glisses un mot à ta mère, ce sera gentil de ta part. Ainsi, vous vous côtoierez tous les trois lors de la conférence de presse.

Lise entra en coup de vent et, tout essoufflée, lança :

— Une amie qui travaille au **dépanneur** du coin m'a appris que la rumeur courait que le billet gagnant du Lotto Max avait été vendu au **dépanneur** du coin. J'ai alors perdu tous mes moyens et j'ai failli m'échapper. Heureusement, je lui dis que celle ou celui qui avait remporté le gros lot était bien chanceux. Sur ce, je suis sortie en coup de vent du **dépanneur**. Mon Dieu que j'ai eu chaud !

Je la calmai et lui spécifiai :

— Tout ce brouhaha prendra fin le 15 juillet. Entre temps, nous accueillerons madame Aminou qui sera occupée à dénicher une maison à son goût. Elle sera notre hôte pendant trois jours. Je compte sur vous pour rendre son séjour le plus aisé possible. Maintenant, les filles, je m'en vais faire dodo. La journée de demain sera bien occupée.

Le lendemain matin, je me levai tôt. Hélène roupillait encore quand je quittai le domicile. J'allai déjeuner à mon restaurant préféré. Je commandai comme d'habitude des crêpes nappées de sirop d'érable que la serveuse glissa tout doucement devant moi. Elle me regarda dans les yeux et m'informa que la gros lot du Lotto Max avait été gagné par quelqu'une ou quelqu'un du coin. Un employé du **dépanneur** lui avait mis la puce à l'oreille. Je n'en fis point cas et sirotai mon café tout en lisant le journal. À la page 10, la nouvelle était bel et bien là, écrite en caractères noirs. Le journaliste était aux trousses de l'heureuse gagnante ou de l'heureux gagnant, toujours dans l'anonymat. Moi, je payai l'addition et déguerpis : je craignis que ma bouille me trahît. Dire que ce supplice allait durer encore quelques jours !

En retournant à mon auto, mon cellulaire bipa : c'était ma mère qui m'appelait. Elle demeurait dans une résidence pour personnes âgées en banlieue de la ville. Elle aussi avait lu l'article du journal. Elle était tout excitée et me lança à brûle pourpoint que la rumeur courait à sa résidence que c'était moi le grand gagnant.

— Maman, m'impatientai-je, cette nouvelle n'a aucun fondement. Une rumeur demeure une rumeur. Qu'est-ce qui vous fait dire que je serais l'heureux élu ? Ça ne tient pas debout, cette histoire-là. Ce n'est pas parce que le billet gagnant a été acheté au **dépanneur** du coin près de chez moi que j'en serais l'heureux détenteur.

— Mon garçon, ta mère a du pif. D'ailleurs, j'ai appris qu'Élise quittait son emploi chez Énergie solaire. On ne démissionne pas d'un poste aussi important pour rien. Il y a anguille sous roche. Mon septième sens me donnera raison, mon fils. En outre, j'ai appris que tu accueillais aujourd'hui une dame qui demeurera quelques jours chez toi. Apparemment qu'elle viendrai visiter des maisons dans le but d'en acquérir une et de venir s'installer ici avec toute sa famille. Pierre, ta vieille mère n'est pas folle ! Sur ce, je te quitte. Bonne journée !

Je demeurai sidéré. Qui avait bien pu lancer pareille rumeur? Je retournai à la maison. Les femmes déjeunaient tout en discutant de tout et de rien. Je leur lançai en pleine face :

— Là, je **capote**. Imaginez-vous que la rumeur la plus folle court au sujet du billet gagnant : il aurait été acheté au **dépanneur** du coin. Et le mystérieux gagnant se terrerait ici, dans cette mystérieuse demeure ! Non, mais c'est pure spéculation. À moins que quelqu'un ait vendu la mèche sans s'en rendre compte. Et je dévisageai tout mon monde.

Et Hélène répliqua :

— Pierre, une rumeur est une rumeur. Pourquoi t'en faire avec les bavardages de tous et chacun ? Maintenant qu'on sait dans tout le quartier que c'est quelqu'un du coin qui a remporté le gros lot, on peut spéculer sans arrêt et inventer n'importe quelle chimère. Tu crois ces balivernes, toi. Voyons, un peu de sérieux.

Et Lise enchaîna :

— Papa, ce n'est pas toi qui es le chanceux, c'est le père Albert Lavigne. Aux dires de certaines de mes amies, le vieux se serait livré à des dépenses coûteuses ces derniers jours. Alors, si ce n'est pas toi, c'est lui. Ah ! les ouï-dire !

Et Élise ajouta :

— Moi, je me suis laissé dire que c'était un résident de la résidence pour personnes âgées qui avait remporté le gros lot. Au **dépanneur**, une préposée qui travaille là-bas aurait su qu'un monsieur de la place avait eu la chance de sa vie. Papa, les rumeurs s'accumulent et je suis convaincu que personne ne croit que tu as gagné la cagnotte de Loto-Québec. Ce ne sont que de pures spéculations. Alors, papa, tu peux dormir sur tes deux oreilles. Je te laisse le loisir d'en rêver !

Penaud, je me réfugiai dans mon bureau. Décidément, la fortune jouait avec mes nerfs. Les gens spéculaient jusqu'à plus soif. L'avant-midi se déroula dans la tranquillité.

Il fut bientôt 13h. J'engloutis un petit goûter, saluai Hélène qui, roupillant dans son fauteuil, ne dit mot. Je pris la route et filai lentement vers Montréal. J'arrivai à l'aéroport Trudeau plus tôt que je le pensais. Je me stationnai et entrai dans le hall d'attente. Avant de partir de chez moi, j'avais pris la peine d'envoyer une photo de moi à madame Aminou. Ainsi, elle pourrait aisément m'identifier.

Une demi-heure plus tard, je vis arriver en face de moi une belle grande femme toute vêtue de blanc. Elle traînait une valise rouge et supportait à son épaule une sacoche en peau de serpent. Elle se présenta à moi comme si elle me connaissait depuis toujours. Elle me fit la remarque que la photo l'avait aidée à m'identifier mais que, même sans son aide, elle aurait pu le faire sans problème. Le compliment me fit un petit velours. J'avais oublié que mon charme et ma prestance pouvaient encore séduire. Je la conduisis jusqu'à mon auto, une Cruze vieille de quelques mois. Ce qui fit tiquer madame, espérant faire route dans une Mercédès classe A.

Tout le long du parcours, nous discutâmes de tout et de rien, jusqu'à ce que madame Aminou, un peu intriguée, osa me poser la question qui tue :

— Au fait, Monsieur, pourquoi avez-vous engagé mon mari pour devenir le gestionnaire en chef d'une serre que vous voulez construire dans votre patelin ou tout près ?

— Madame, vous en connaîtrez le véritable motif dans dix jours. Présentement, je me dois de ne rien vous déclarer. Même votre mari ne sait rien. Il me fait confiance ; je lui fais confiance. Ce qui l'a convaincu de venir travailler avec moi, ce sont deux raisons : le fait qu'il maîtrise tout ce qui touche à l'administration d'une serre et, évidemment, les émoluments qui tiennent compte de son expérience et de ses compétences. Il m'a d'ailleurs avoué que, si l'occasion de revenir plus au sud du pays se présentait, il n'hésiterait pas à l'accepter. De plus, il m'a fait comprendre, lors de l'entrevue, qu'il refuserait le poste si vous, Madame, refusiez de quitter l'Abitibi. J'ai prié les dieux pour que vous acceptiez. Vous le savez mieux que moi, l'Abitibi est une région où les gens sont accueillants et affables. Vous acceptez de venir vous établir ici, je vous en remercie.

Madame Aminou me sourit et son silence acquiesçait.

Nous arrivâmes à la maison vers 18h. Hélène nous attendait dans le hall d'entrée. Elle accueillit madame Aminou les bras ouverts et la complimenta. Élise et Lise suivirent leur mère, elles aussi tout sourire. Ce qui sembla détendre madame. Toutes entrèrent dans la maison. Je me retrouvai, comme d'habitude, à faire le bagagiste, le groom. J'allai porter les bagages de madame dans la chambre des visiteurs, puis rejoignis le clan et mon invitée. Mes amours semblaient médusées par son élégance et sa beauté. Je m'en fis la remarque intérieure : « Mon Dieu que cette femme est belle et gracieuse ! »

Après quelques propos de circonstance, nous nous mîmes à table. Nous dégustâmes l'entrée, le potage, le plat de résistance et le dessert, le tout fort apprécié de madame Aminou. Le café fut siroté sur place, et nous lampâmes un cognac en son honneur. Puis, les nombreuses questions de madame au sujet des maisons à visiter occupèrent le reste de la soirée. Au fur et à mesure de la discussion, elles nous apprit qu'elle voulait habiter une résidence pas très loin d'un marché et d'un parc.

Madame conduisait occasionnellement une auto, mais elle préférait la marche ou prendre l'autobus pour effectuer ses déplacements journaliers. Elle priorisait la protection de l'environnement. Lise et Élise opinèrent du bonnet, en me jetant un coup d'œil narquois.

Sentant que le sommeil gagnait tout le monde, Hélène invita madame Aminou à rejoindre la chambre des visiteurs. Il serait toujours temps le lendemain matin d'établir l'ordre du jour. Je demandai aux filles de me suivre au patio. Je voulais être assuré de leur discrétion. Élise parut froissée.

— Papa, fais-nous confiance. Il ne nous est jamais venu à l'idée de faire allusion à quoi que ce fût concernant ton projet. Ton petit côté contrôlant m'agace parfois.

Et elle fila dans sa chambre. Lise avait le sourire aux lèvres et lança :

— Papa, tu ne trouves pas qu'Élise te ressemble. Elle, il ne faut pas la piquer au vif, elle se regimbe contre tout ce qui la fait tiquer. La génétique, papa, la génétique !

Je lui tournai le dos et me retirai dans mon bureau pour lire quelques dossiers concernant l'achat d'une terre agricole : demande auprès de la Commission de la protection du territoire agricole, lois concernant les municipalités rurales, papiers légaux à signer devant notaire, etc. Je sourcillai quand je lus qu'une demande auprès de la Commission pouvait prendre de six à huit mois. Demain, il fallait coûte que coûte consulter un fonctionnaire pour connaître le fin fond des choses. Sur ce, j'allai prendre une douche et sombrai par la suite dans un sommeil profond. Quelques rêves fous vinrent me hanter et, quand je me réveillai le lendemain matin, j'avais tout oublié. Au moins, j'avais pu dormir pendant une nuit complète. Je lambinai quelques minutes, enrobé dans ma douillette. Quand j'humai l'odeur de café, je sautai hors de mon lit, filai à la chambre de bains et me refis une image de gars parfait !

En entrant dans la cuisine, Hélène et madame Aminou avaient déjà avalé leur déjeuner. Elles observaient leur agenda du jour.

— La journée sera fort occupée, Madame, dit Hélène. Le courtier nous attend à 9h pile. Nous allons visiter deux maisons, sises tout près d'ici. Par la suite, nous traverserons le pont Pierre-Laporte, direction Saint-Antoine-deTilly, le plus beau village de la région. Tout est harmonieux là-bas, Madame.

Je ne dis mot, supputant déjà que je serais fort surpris que madame Aminou acceptât d'aller s'établir à demeure sur la rive sud. Je pris place, mangeai quelque peu, sirotai un café noir et filai à mon bureau faire quelques appels téléphoniques.

Quelques minutes plus tard, les dames quittèrent la maison, en route vers la première maison à visiter où les attendait le courtier. Après une courte visite des lieux, on s'amena vers la deuxième. Là encore, on n'y demeura pas très longtemps. Tout de même, l'avant-midi tirait à sa fin, et le courtier invita Hélène et madame Aminou pour une légère collation dans un bistrot du coin.

Madame Aminou ne dit rien sur son évaluation des deux maisons. Hélène n'intervint point en ce sens, la dame ne laissant filtrer aucune impression. Il ne restait que la demeure de Saint-Antoine-deTilly à visiter. Quand elle entra dans la grande maison ancestrale, son regard s'éclaira ; son visage s'illumina. On aurait dit qu'elle se sentait comme chez elle. Elle examina chaque pièce, prit quelques notes et quelques photos. Ce manège intrigua Hélène au plus point. La réponse lui vint quelques minutes plus tard au retour de la visite.

— Hélène, j'adore cette maison. La raison est bien simple : en Abitibi, ma famille habite une vieille demeure semblable en tout point à celle que nous venons de visiter. Mon mari et moi adorons les vieilles maisons ancestrales. Vraiment, nous serions privilégiés de pendre la crémaillère à cet endroit. Au village, j'imagine qu'on peut se procurer tous les produits de consommation de base. La ville est aussi toute proche. J'envoie tout de suite les photos à mon mari. Il lui tarde de les voir.

— Je suis heureuse que vous pensiez avoir trouvé la maison dans laquelle votre famille trouvera la paix et la tranquillité, enchaîna Hélène.

— De plus. Hélène, cette maison est située en campagne. En Abitibi, nous avions élu domicile en dehors de la ville. C'était ma première exigence. Quand nous sommes arrivés à Montréal, la vie urbaine m'indisposait. Le bruit constant des klaxons et des sirènes m'affectait. Alors, quand Saka a obtenu son poste en Abitibi, j'étais contente que nous fuyions le milieu urbain qui m'assommait. Heureux les gens qui habitent la campagne ! Remarquez, Madame, je n'ai rien contre les urbains. Grand bien leur fasse s'ils apprécient la grande ville, déclina tout d'un trait madame Aminou.

Pendant que les dames visitaient les maisons, j'en profitai pour appeler à la Commission de protection du territoire agricole. J'eus rapidement un fonctionnaire au bout du fil à qui j'exposai mon projet. Comme je m'y attendais, ce dernier me défila mot à mot ce que j'avais lu sur le Web. À croire qu'ils apprenaient tout par cœur, ces fonctionnaires ! Après quelques bribes de conversation, il fut entendu que je pouvais acheter une terre agricole, et ce, en procédant de gré à gré avec le vendeur et en respectant la loi de la protection du territoire agricole. J'appris que ma demande serait traitée rapidement, surtout que j'achetais un domaine agricole pour le cultiver. J'apportai la précision suivante :

— Monsieur, j'ai l'intention de construire une serre hydroponique sur une partie de cette terre, tout en m'engageant à cultiver la partie non occupée par la serre.

— Monsieur Lachance, reprit le fonctionnaire, vous ne pouvez d'aucune façon changer le rôle de la terre que vous achèterez, mais y construire une serre hydroponique n'altère en rien sa fonction première. Vous allez y cultiver des fruits ou des légumes. Cela y ajoutera même une plus-value. Surtout que le ministre encourage les agriculteurs à enrichir le réseau des serres hydroponiques au Québec. C'est tout à votre honneur, monsieur Lachance.

Sur ce, je le remerciai pour son écoute et fermai mon téléphone intelligent. Si j'avais été en présence du fonctionnaire, je lui aurais fait le plus grand des sourires. Mais on ne sourit pas à un fantôme !

Les femmes arrivèrent sur ces entrefaites. Je les entendis discuter à voix haute. Elles furent surprises quand elles me virent.

— Comment se sont déroulées vos visites, Mesdames ? les interrogeai-je, impatient de connaître le choix de madame Aminou.

Hélène me regarda d'un air surpris.

— Pierre, tu ne le croiras pas : une de nos visites a déjà porté fruit. Madame Aminou a eu le coup de cœur pour la demeure, sise à Saint-Antoine-de-Tilly. Il va de soi qu'elle préférerait vivre en campagne non loin de la ville. Là-bas, en Abitibi, elle y vit et elle veut de toute évidence continuer ici, me dit Hélène sans sourciller.

— Est-ce que la maison est libre ? Est-ce qu'elle est en bon ordre ? m'inquiétai-je. Maintenant, il faut la faire inspecter pour relever les défauts de construction et d'entretien, s'il y en a. Je vais m'en occuper dans les plus brefs délais. Dans quelques jours, il faudra que le contrat d'achat vous soit envoyé et retourné au notaire le plus rapidement possible.

— Monsieur Pierre, Il a été entendu avec mon mari que c'était moi qui verrais à tout durant mon séjour. Selon le courtier, si je fais une offre demain, je signerai le contrat d'achat au plus tard dans deux jours. Quant à l'inspection de la maison, le vendeur avait en main le relevé prouvant qu'elle avait bel et bien été inspectée il y a quelques jours à peine. Le courtier m'a assuré que tout avait été fait dans l'ordre. Chez moi, en Afrique, une poignée de main confirme l'intégralité et la légalité de tout contrat. C'est fait, j'achète la maison. Il ne reste qu'à aller signer le contrat chez le notaire. Monsieur, ne vous tracassez pas les méninges pour rien. Madame, je vous remercie de m'avoir accompagnée dans cette démarche et pour avoir choisi un courtier des plus honnête et très affable. Mon mari et moi, nous serons toujours reconnaissants de votre support. Quant au montant de la mise de fonds et de l'hypothèque à venir, Saka a tout prévu avec Desjardins. Tout cela étant conditionnel à la promesse d'achat d'une maison dans la région de Québec. Le notaire a tout en main. Dans trois jours, je retourne en Abitibi pour préparer le grand déménagement.

Chaque jour que le bon dieu amenait arrivait un événement heureux. Dans deux jours, je pourrais biffer une autre priorité de la liste encore trop longue. Les Aminou savaient mener leur barque. J'en étais très heureux. Et je me mis à penser que la Serre serait administrée de main de maître. Je regardai Hélène, lui souris et elle fit de même. « Tout est au mieux dans le meilleur des mondes », comme disait Candide dans un conte de Voltaire.

Deux jours plus tard, tout était finalisé. Les Aminou étaient propriétaires de leur résidence dans un des plus beaux villages du Québec. Avant de quitter la maison, madame remercia Hélène pour cet accueil chaleureux et pour les services rendus pendant son séjour. J'allai la reconduire à l'aéroport de Québec puisqu'elle pouvait prendre l'avion pour l'Abitibi moyennant un léger surplus. Nous nous dîmes au revoir. Encore une fois, elle me remercia pour mes bons services.

Je retournai à la maison le cœur léger. Décidément, les dieux étaient du côté de la famille Lachance. Quand je suis entré, Hélène était au téléphone. Je crus percevoir qu'elle jasait avec sa mère, mais je n'en étais point sûr. Son appel terminé, elle me dit qu'elle venait de s'entretenir avec une amie qui accepterait apparemment d'être son bras droit dans sa recherche de jeunes talents à qui la fondation Lachance accorderait des bourses pour excellence dans leurs études. Elles devraient se rencontrer dans les prochains jours pour établir un calendrier. Bon, me dis-je, je peux rayer une autre priorité de ma liste. Décidément, tout marchait comme sur des roulettes.

CHAPITRE 6

Enfin, le 15 juillet arriva. Le rendez-vous au bureau de Loto-Québec était prévu pour 11h. Tout le clan Lachance, accompagné de Maryline, avait des fourmis dans les jambes. Qui eût cru qu'un jour la fortune nous sourirait. Tout le monde s'était vêtu simplement et sans fla-fla. Il n'était pas question de nous exposer dans des vêtements des couturiers Denis Gagnon ou Philippe Dubuc. Dans mon cas, blouson court et pantalon en lin feraient l'affaire ; les femmes, elles, s'en tinrent à peu de bijoux, portant robes colorées et ajustées.

À 11h pile, nous entrâmes dans les bureaux de Loto-Québec. Monsieur Yves Corbeil nous souhaita la bienvenue tout en nous mettant à l'aise. Dieu que nous en avions besoin ! Quand il nous invita à nous rendre dans la grande salle de conférence, nous vîmes un essaim de journalistes accompagnés de leurs cameramans et de leurs preneurs de son. Hélène me serra le bras doit, et cela voulait tout dire.

Nous vîmes alors une employée apporter l'immense reproduction d'un chèque au montant de soixante millions de dollars qu'elle plaça devant nous. Monsieur Corbeil fit son baratin rituel, puis il invita les journalistes à nous asséner leurs questions et leurs remarques habituelles. Comment vous sentez-vous ? Avez-vous réussi à dormir depuis le grand jour de chance ? Qu'allez-vous faire de ce magot ? Allez-vous partager le pactole ? Évidemment que je dus répondre à toutes ces insipides demandes. J'y répondis vaguement et c'était volontaire. Quand la source fut tarie, j'empoignai le micro et je déclarai aux journalistes que nous avions des annonces très importantes à faire.

— Mesdames et Messieurs, la famille Lachance a décidé de scinder le gros lot en deux entités : soit quarante et vingt millions. Les quarante millions serviront en partie à construire une serre hydroponique dans la région immédiate de Québec. Ce sont tous les acheteurs de billets de partout à travers le pays qui nous permettent de devenir à notre façon des mécènes. L'argent servira donc à aider, à donner du travail et à procurer de la richesse. Nous sommes convaincus, la famille et moi, que nous devons permettre à notre société de profiter de notre fortune. J'irais même plus loin : cet argent appartient aussi à la société dans laquelle nous sommes heureux de vivre. Maintenant, je cède la parole à ma fille Élise.

— Mesdames et Messieurs, permettez-moi de vous annoncer que vingt millions seront entièrement consacrés à la création d'une fondation familiale qui distribuera des bourses à des étudiants méritants de partout à travers le Québec et à faire des dons aux différents organismes communautaires de la région. Il se pourrait aussi que nous étendions cette initiative à travers le pays tout entier. Ma mère Hélène, ma sœur Lise et madame Maryline Ladouceur m'aideront dans cette tâche. Des centaines de jeunes et d'organismes communautaires doivent profiter de cette manne. Cette riche cagnotte servira à aider de jeunes étudiants méritoires qui vivent en région et qui ont souvent besoin d'un soutien pour terminer des études universitaires, voire compléter des maîtrises et des doctorats. Les bureaux de la fondation Lachance occuperont un édifice non loin d'ici. Chaque année, vous serez invités, Mesdames et Messieurs, à une grande soirée dont l'objectif ultime sera de présenter les heureux gagnants de bourses généreuses. Les responsables des organismes choisis pour des dons seront aussi présents. Je vous remercie de votre attention et je ne répondrai à aucune question.

Les flashs des caméras nous mitraillèrent. Nous fûmes victimes d'une bousculade. Nous étions loin de nous attendre à pareille mêlée. Le tout se calma tout doucement, et nous pûmes reprendre nos esprits. Par la suite, monsieur Corbeil nous lança le mot de cambronne : « Merde ! ». Cela voulait tout dire. Le retour à la maison se fit dans un silence total. Notre première présence à une conférence de presse ne fut pas de tout repos. J'espérai qu'elle serait aussi la dernière.

Le lendemain matin, nos photos s'étalaient en première page. Enfin, tout le monde connaissait les heureux gagnants. Des articles faisaient l'éloge de ces nouveaux bienfaiteurs qui investiraient tout cet avoir dans une fondation familiale et la création d'une serre hydroponique. On nous louangeait pour notre générosité. Mais on nous mettait aussi en garde contre les prédateurs qui sortiraient leurs crocs.

Au déjeuner, Élise pitonnait sur son téléphone intelligent et fouillait dans Facebook à la recherche de propos pas toujours **jojo**, selon ses dires. Lise en faisait autant. En voyant le manège de ses filles, Hélène hocha la tête.

— Les filles, si vous pensez que les trolls vont se montrer gentils avec vous, vous vous trompez royalement. Ces individus ne recherchent que la controverse. Je vous en prie, ne vous laissez pas entraîner dans cette spirale sans fin. Ne vous laissez pas toucher par leurs méchancetés. Facebook ne va que vous nourrir d'insinuations et de rumeurs folichonnes. Si vous voulez restez zen, c'est à vous d'en prendre les moyens.

Sur ce, mon cellulaire bipa. C'était monsieur Aminou. Je courus m'enfermer dans mon bureau.

— Monsieur Lachance, vous portez bien votre nom. Quelle surprise quand je vous ai vu vous et votre famille dans les bureaux de Loto-Québec ! Je ne peux que vous souhaitez bonne chance. Quand les millions pleuvent sans qu'on ait levé le petit doigt, c'est que les dieux nous ont favorisés. Vous avez bien dormi car, dans les prochains jours et les prochaines semaines, les requins seront à vos trousses pour vous détrousser. Excusez le jeu de mots !

— N'ayez crainte, Monsieur, l'argent est entre bonnes mains. Mon conseiller financier a tout planifié. Je compte sur vous pour mener à bien le projet de construction d'une serre et vous entourer de gens compétents. Quand pensez-vous nous rejoindre, vous et votre famille ? lui demandai-je.

— Si aucun impondérable ne vient contrer le cours des choses, nous aurons élu domicile à la mi-août. Ma femme doit communiquer avec votre dame pour qu'elle engage une firme afin de nettoyer la maison et de repeindre quelques pièces. Je compte sur elle pour ce faire. D'ailleurs, je suis impatient de la connaître ainsi que vos filles.

— Monsieur Aminou, vous pouvez avoir entière confiance en Hélène. La maison aura fière allure quand vous emménagerez. Soyez-en certain. Excusez-moi, mais je dois répondre de toute urgence à un autre appel. Je vous rappelle dans la journée.

Surprise, c'était la dame qui était intéressée à me vendre sa terre.

— Bonjour, madame Lemieux. Quelle surprise ! Comment allez-vous ?

— Je vais très bien, Monsieur.

— J'avais oublié que nous nous étions rencontrés il y a un quelques jours. Il était entendu que je devais vous rappeler mais, ces derniers temps, j'ai été fort occupé. Vous avez sûrement appris par la télévision ou les journaux que j'avais gagné le gros lot de Loto-Québec.

— Ah ! ça, Monsieur, je voudrais bien être à votre place, mais les dieux de la chance en ont décidé autrement. Je vous appelle pour vous rappeler notre entente verbale : avez-vous toujours l'intention d'acheter une terre ? Eh bien ! la mienne est à vendre. J'ai ruminé cette idée pendant quelques nuits, et j'en suis rendue là : tout est à vous, si vous avez toujours l'intention d'acheter une terre agricole.

— Madame Lemieux, je vous rejoins tout de suite. Je veux refaire le tour de la terre et revisiter les bâtiments avec vous.

Sur ce, je sautai dans mon auto, traversai le pont et, quelques minutes plus tard, je roulais sur la terre en motoquad avec madame Lemieux. Elle répondit à toutes mes questions avec force détails. La dame connaissait son domaine comme le fond de sa poche. À l'évidence, ce lot pouvait accueillir une serre d'une bonne superficie. Et la partie restante pourrait être transformée en grand jardin où on cultiverait des pommes de terre et autres légumes durant la saison estivale. Quant à la ferme, elle serait démolie, le grand hangar suffirait à entreposer l'équipement et les outils. Les éoliennes seraient érigées aux limites du lot, loin des maisons environnantes et les grands réservoirs emmagasinant l'eau de pluie seraient construits tout près de la serre. Enfin, je voyais mon rêve se réaliser. Une autre priorité à rayer de ma liste !

La visite terminée, madame Lemieux m'invita à visiter la maison. Une belle grande demeure qui servirait possiblement de domicile aux travailleurs venus d'ailleurs. Elle pourrait servir d'endroit de repos, pour se sustenter ou relaxer. Je pourrais aussi la mettre en location si nécessaire. Madame Lemieux m'offrit un thé chaud et quelques biscuits qu'elle avait elle-même cuisinés. Je lui fis part des démarches que je devais entreprendre pour respecter loi de la protection du territoire agricole. Je lui proposai aussi de lui donner un acompte en attendant de signer le contrat de vente officiel.

Madame Lemieux écarta cette proposition du revers de la main et insista :

— Monsieur, nous réglerons le tout devant le notaire. Inutile de nous presser. Quand votre demande sera acceptée par le ministère de l'Agriculture, nous prendrons rendez-vous pour la prise de possession.

— Madame, vous ajouterez au montant final le coût de l'arpentage pour obtenir un relevé de propriété officiel. Selon la loi, cette démarche est obligatoire ; on ne peut l'éviter, ajoutai-je

Madame acquiesça et me remercia.

Sur ce, je la quittai et repris le chemin de retour. Quand j'arrivai à la maison, Hélène et les filles étaient assises sous le patio. Me voyant, elles se turent. Je n'en fis point de cas et leur annonçai la grande nouvelle : j'étais sur le point d'acheter une terre où je pourrais construire ma serre hydroponique. La réaction d'Hélène ne se fit pas attendre.

— Pierre, as-tu fait la démarche auprès de la Commission de la protection du territoire agricole ? Les fonctionnaires sont renommés pour être tatillons. Tu vas devoir presser le citron, sinon ces derniers sont capables d'étirer les délais, débita-t-elle.

— Hélène, la démarche est en cours. Au début d'octobre, je pourrai passer devant le notaire et devenir un propriétaire terrien. D'ailleurs, demain, je retourne voir le fonctionnaire pour accélérer le processus. Si, par malheur, ce dernier veut **bretter**, je vais aller voir mon député pour qu'il fasse des pressions. Selon les documents que j'ai lus, je ne vois aucune entrave à venir. La situation est on ne peut plus claire : il s'agit d'une terre qui gardera sa fonction actuelle. Je continuerai à la cultiver dans son ensemble, mais j'y ajouterai une serre. Dans les faits, rien n'altère sa vocation.

— Ah ! oui, dites-moi donc pourquoi vous vous êtes tues quand je suis arrivé. Est-ce qu'il y aurait anguille sous roche ? Ce n'est pas gentil de cacher des choses à son mari ou à son paternel. Déballez, s'il vous plaît.

J'eus droit au silence absolu. Les femmes devinrent muettes comme des carpes. Quelques sourires narquois me firent bouillir.

J'allai me carrer dans mon bureau. J'appelai Julien et lui annonçai que j'allais acheter une terre agricole. Si tout se déroulait comme prévu, je serais propriétaire dans trois mois. Je renchéris en lui avouant que je m'étais entendu de gré à gré avec une agricultrice de Saint-Nicolas.

— Ouais, Pierre, tu vas vite en affaires. Quand ces trois mois se seront écoulés, ta fortune aura engrangé quelques centaines de milliers de beaux dollars de plus. La Bourse monte ces temps-si. Si le mouvement continue vers le haut, tu deviendras de plus en plus riche. Pierre, je surveille de près les mouvements à la hausse ou à la baisse. J'ai intérêt à ce que tes placements croissent, car j'en profite moi aussi. Trêve de plaisanterie, j'ai reçu la visite d'Élise cet avant-midi. Je te dis que ta fille a le pied sur l'accélérateur comme son père. Elle m'a informé qu'elle était sur le point d'acheter un édifice de trois étages. Une clinique dentaire occupe le premier étage ; un bureau de comptables, le deuxième. La Fondation familiale s'installerait au troisième. Elle est venue me consulter pour connaître mon avis, et ce, à titre de futur membre du conseil d'administration. Elle m'a expliqué sa stratégie, et je l'ai trouvée brillante. Je l'ai encouragée à procéder. J'espère que tu n'es pas froissé qu'elle m'ait demandé conseil.

— Non, Julien, elle m'en avait soufflé mot il y a quelques jours. Disons qu'encore une fois une priorité sera rayée de ma liste. Je trouve quand même que tout va vite. Si c'est ça faire des affaires, ça va devenir essoufflant en **bibitte** ! J'ai l'impression de courir un marathon. Julien, est-ce que le fait d'avoir été chanceux peut me tuer ? Le train a déjà sifflé plus de trois fois ! Je compte beaucoup sur toi pour faire fructifier ma fortune. J'ai réussi à embaucher un gestionnaire de haut niveau et qui connaît les rouages d'une serre. De plus, Élise sera appuyée par Maryline, une excellente gestionnaire elle aussi. Mais je sens que tout ça est lourd à porter.

— Non, Pierre, je te donne deux conseils : uno, tu dois faire confiance à ceux que tu as choisis pour t'appuyer. Tu ne peux pas tout prendre sur tes épaules, sinon tu vas te tuer. Pense toujours que ton équipe est derrière toi. Elle est là pour planifier, pour faire avancer ton entreprise et pour faire des profits. Tu n'as pas à t'ingérer dans l'administration de la Fondation qui sera dirigée par Élise, appuyée par ta femme Hélène. Tu en auras plein les bras avec la serre Lachance. Secundo, si Élise te demande d'être membre du conseil d'administration de la Fondation, refuse. Tu aurais trop d'ascendant sur elle. Monsieur Bellehumeur, ta femme, tes filles et moi en formerons le conseil d'administration.

Je mis fin à cette conversation. Julien avait raison : je me devais de ne plus vouloir tout contrôler. J'en aurais plein les bras avec l'administration de la serre Lachance.

Je retournai saluer les femmes qui m'accueillirent le sourire aux lèvres. Élise se leva et commença :

— Papa, sous les conseils de monsieur Julien, nous avons décidé d'un commun accord, ma mère, Lise et moi, que tu ne ferais pas partie du conseil d'administration de la Fondation. Moi, je ne veux pas que mon papa s'éparpille à gauche et à droite. Le seul fait que tu sois seul pour superviser toutes les tâches à la serre et sur la terre me donne des frissons. Tu seras le grand patron et monsieur Aminou sera le gestionnaire, sans compter toutes les démarches que tu devras entreprendre. Alors, je ne veux pas que tu sois indisposé par nos petits problèmes, s'il y en a.

— Je vous donne raison. Vous en aurez plein les bras vous aussi. Alors, je vous promets de n'imposer mon autorité à personne. Je vous laisse le champ libre. Au conseil d'administration, vous aurez deux personnes de grande expérience. Deux vieux sages qui sauront vous appuyer et vous conseiller. Peut-on fumer le calumet de paix maintenant ?

Toutes se mirent à rire. Je sentis que la tension s'était envolée. L'air était plus respirable. J'allai chercher un Chablis et trois verres que je tendis aux femmes. Nous allions trinquer à notre réussite familiale. J'étais revenu le bon père de famille qui se pensait le chef de la tribu. Je versai le vin blanc et les verres tintèrent. Hélène interrogea :

— Qu'est-ce que vous diriez d'aller dîner dans un bon restaurant du coin ?

Nous répondîmes oui tous en chœur. Le vin bu, nous décidâmes d'un commun accord d'aller manger au **Bistango**.

Quand nous entrâmes dans le restaurant, bien des têtes se tournèrent. L'hôtesse nous reconduisit à une table où nous pourrions déguster nos plats en toute tranquillité. Nous nous sentîmes quand même observer, ce qui me mit mal à l'aise. Est-ce que cela présageait de ce qui nous arriverait chaque fois que nous fréquenterions un endroit public ? Hélène craignait elle aussi. Quant aux filles, elles nageaient dans l'insouciance. Le repas fut délicieux, surtout le dessert qui fondit dans la bouche. Il était vrai que j'avais la dent sucrée ! Vers 14h, nous revînmes à la maison. L'eau fraîche de la piscine nous attendait. Nous y plongeâmes avec plaisir. En fin d'après-midi, le sommeil me gagna et j'allai roupiller au sous-sol plein de fraîcheur. Ce n'était pas dans mes habitudes de sombrer dans les bras de Morphée en plein jour. Continuellement penser, réfléchir et planifier grugeaient sans doute mon énergie. Il me faudrait mettre la pédale douce.

Je me réveillai vers 16h, tout ébaubi et la tête encore pleine. Je respirai calmement et repris mes esprits. Je montai au salon ; il n'y avait personne ; je bifurquai vers le patio ; les femmes roupillaient à l'ombre. Je retournai à l'intérieur et entrepris de lire le journal. Comme d'habitude, il contenait peu de nouvelles qui faisaient appel à l'intelligence. Je passai outre aux pages qui contenaient des textes écrits par des journalistes que je qualifierais de gérants d'estrade. Je continuai à le zyeuter et m'arrêtai aux pages économiques. Je constatai que la Bourse avait monté la veille. Et je me suis dit en moi-même que c'était bon pour mes placements. Pour Julien aussi ! Il me fallait bien admettre que la situation sociale au pays était désolante et qu'on accordait trop d'importance à tout ce qui était futile. Le contenu de notre journal quotidien laissait à désirer. Je connaissais trop bien le conglomérat économique qui dictait sa ligne éditoriale. Hélène vint me retrouver.

— Ce soir, Pierre, le lunch sera léger. Comme nous avons trop bouffé au dîner, tu devras te contenter de salade et de petits fours. Les filles sont d'accord ; par conséquent, toi aussi. Elle me fit la bise sur le front.

Cette minauderie me rappela que ma mère se comportait de la même manière avec mon père. Serait-ce que notre couple était la copie conforme de celui de mes parents ! J'allai rejoindre Hélène et les filles autour de la table bien garnie. J'en profitai pour lui demander si madame Aminou avait communiqué avec elle pour engager une firme qui ferait le grand ménage de la maison de Saint-Antoine-de-Tilly.

— Oui, Pierre, c'est fait. J'ai communiqué avec une entreprise qui fait de l'entretien ménager. D'ailleurs, je dois me rendre à la maison avec une employée pour évaluer le coût des travaux. Le propriétaire de la maison est au courant ; il nous attend pour nous remettre les clefs de la propriété. J'ai en main toutes les demandes et exigences de madame Aminou.

Je la félicitai d'avoir accepté cette tâche. La famille Aminou saurait bien l'en remercier.

Le léger gueuleton terminé, je disparus dans mon bureau. J'ouvris mon agenda et regardai la liste des priorités qu'il me restait à accomplir. Le boulot ne manquerait pas dans les semaines à venir. Les Aminou prendraient maison dans une semaine ; j'irais encore une fois faire le tour de la terre ; je me ferais un devoir de revoir le fonctionnaire de la Commission sans toutefois le harceler ; j'irais rencontrer le député du comté pour qu'il me donnât un coup de pouce ; monsieur Aminou arriverait sous peu, mais il n'y aurait pas de bureau pour l'accueillir. Ouf ! Ça se corsait ! J'allais devoir demander à monsieur Aminou d'établir un bureau temporaire dans sa maison ou de faire la même requête auprès d'Élise. Je me félicitai de cette brillante idée. Je sortis subito presto de mon bureau, accostai Élise pour savoir si elle serait d'accord.

— Papa, je suis d'accord. Mais il faudra que la serre Lachance paie un loyer pendant que monsieur Aminou occupera l'endroit, si tu n'y vois pas d'objection. Tu connais mon plan d'affaires : j'ai acheté l'édifice commercial et mon objectif à long terme est que les revenus de location paient entièrement la bâtisse. Alors, il n'est pas question que je fasse des exceptions, même pour mon papa.

— Chère Élise, je ne dis pas non à ta proposition, mais je me donne du temps pour y répondre. Ouais ! Comme tu es ferme en affaires ! Je ne sais pas de qui tu tiens, toi !

Je me mis à réfléchir : à l'évidence, il m'apparaissait peu logique que monsieur Aminou se fît un petit coin dans sa demeure pour planifier son travail. Il serait plus à l'aise de travailler dans un endroit plus convenable.

— Élise, je vais aller avec toi visiter ton édifice et voir quel pièce conviendrait le mieux pour équiper un bureau pour trois personnes. Si tu veux bien, demain matin, nous irons à ton immeuble. Quant au montant du loyer, j'espère que tu ne dépouilleras pas ton père.

Élise me fit un petit sourire taquin. Ce qui voulait dire qu'elle avait encore une fois mis son papa dans sa petite poche.

L'envie me prit d'aller rouler le long du fleuve. J'enfourchai ma bécane et pédalai en douce vers le Petit Champlain. Je dépassai la côte de Sillery et me rendis compte quelque minutes plus tard que j'arrivais au quai de la Traverse. L'envie me prit de boire une bière. Je m'attablai donc à une terrasse. Je commandai une **Dominus vobis cum,** la bière des bières. Le serveur la déposa devant moi et me dévisagea longuement. Il s'écria :

— Mais, Monsieur, vous êtes celui qui a gagné le gros lot du Lotto Max ! Je suis très content pour vous. Puis, j'ai lu dans le journal du matin que vous alliez investir dans une serre hydroponique. C'est merveilleux, ça ! Au moins, cet argent va servir à créer des emplois ici. Votre femme et vos filles, elles, vont créer une fondation familiale pour aider les jeunes et les organismes. Bravo, Monsieur ! Vous êtes un vrai mécène qui pense d'abord et avant tout à ses concitoyens. Et il retourna à son bar.

Je lui fus très reconnaissant de ne pas avoir trop insisté. Il fut même discret. Sur ces entrefaites, deux belles femmes vinrent s'asseoir à la table d'à côté. L'une d'elles me sourit. Je lui rendis la pareille. Mais je n'étais pas du tout intéressé par le flirt. Je sirotai ma **Dominus vobis cum** et, chaque fois que je levais les yeux, la belle me souriait. Je repris le chemin du retour. En route, je fus hanté par la beauté de la femme au sourire séduisant. Je me sentis coupable d'être victime de son charme. Bref, j'oubliai ce beau visage et poussai la machine à fond par crainte d'arriver chez moi en pleine noirceur. Quand je remisai mon vélo dans le cabanon, j'étais en nage. Je filai tout droit à la douche. L'eau fraîche me détendit. Mais le beau visage me revint et continua de m'obséder. De toute évidence, la belle m'avait envoûté. Peut-être que j'avais oublié que je pouvais encore séduire !

Il était passé 21h quand je me suis installé au salon. Hélène était totalement absorbée par la lecture de son roman. Je lui demandai où étaient passées les filles. Aucune réponse de sa part. Bon, je me réfugiai dans mon bureau. J'ouvris mon ordinateur et consultai la Bourse. Mes placements croissaient sans cesse. Tout allait pour le mieux dans le monde de la finance. Tant mieux, car le coût de la construction de la serre grugerait une bonne partie du magot. Et je me suis souvenu que Julien m'avait suggéré de demander une subvention pour lancer le projet. Il m'avait alors conseillé de créer une compagnie incorporée dont je serais le seul actionnaire. Il avait ajouté : « Libre à toi par la suite de demander à d'autres personnes de se joindre à toi. » Cette idée me trottait dans la tête depuis qu'il m'en avait parlé. Je la trouvai intéressante. Et je pensai à monsieur Aminou et à Julien lui-même. Bref, cela exigeait réflexion. Encore une priorité qui s'ajoutait à la liste !

Je rejoignis Hélène au salon. Enfin, elle daigna lever les yeux. Je lui demandai où étaient allées les filles.

— Elles sont allées faire du ménage dans la grande pièce où tu pourras installer ton bureau et celui de monsieur Aminou. En fait, as-tu l'intention d'engager une secrétaire tout de suite ? Quand vas-tu faire installer le Web et une ligne téléphonique ? questionna-t-elle. Bref, le temps presse de meubler la pièce en fonction de vos besoins. Monsieur Aminou doit prendre son poste sans avoir à se soucier de rien.

— Hélène, je m'attelle à la tâche dès demain. Sur ce, je m'en vais dormir : j'en ai grandement besoin. Toutes ces démarches et ces planifications commencent à peser lourd.

Hélène me souhaita bonne nuit et se replongea dans la lecture de son roman. Dormir me ferait grand bien. Je montai à ma chambre. En effet, le sommeil me gagna subito presto.

Les filles entrèrent vers 23h. Hélène lisait toujours. Élise s'avança, s'assit dans un coin du divan et dit :

— Maman, papa et monsieur Aminou auront un beau bureau tout propre. Il ne reste qu'à le meubler. Quant à celui de la Fondation, il faudra le repeindre. Demain soir, Lise et moi poserons une sous-couche. J'aimerais que tu viennes voir pour que nous choisissions une couleur attrayante. Notre bureau doit être accueillant. Il faudra aussi acheter des œuvres d'art pour agrémenter le tout. Que dirais-tu, maman, de nous procurer des tableaux de jeunes artistes peintres afin de les encourager ? Nous pourrions même en exposer quelques-uns. Ainsi, les visiteurs pourraient les admirer.

— Élise, tu as la tête pleine de projets aussi intéressants les uns que les autres. Tu es étourdissante ; tu n'arrêtes jamais. Comment veux-tu que je ne sois pas enthousiasmée par toutes tes idées. En as-tu parlé à Maryline ? Est-ce que Lise est au courant ? Élise, c'est important que tous tes proches t'approuvent. Tant que tu pondras des idées emballantes, tes acolytes vont te suivre. Mais, tu es bien partie.

— Merci, maman. Le 20 juillet approche. Maryline et moi occuperons la place. Il faut que le bureau soit équipé de tout le nécessaire. Ah ! oui, j'allais oublier : j'ai demandé à Lise de nous créer une plateforme sur le Web. Pendant ses temps libres, elle travaillera à créer les pages et à peaufiner le site. Si on veut que les jeunes s'inscrivent pour l'obtention d'une bourse, il est primordial qu'ils puissent remplir un formulaire qui nous permettra de mieux les connaître.

— Élise, as-tu encore d'autres plans gardés secrets ? En as-tu pour moi que tu ne puisses me dévoiler ? interrogea Hélène.

— Non, maman. Tu sais que c'est une de tes amies et toi que tu n'as pas encore choisie qui irez rencontrer les directions d'école et des cégeps pour chasser les perles rares. Vous aurez une tâche colossale à abattre. C'est vous deux qui serez les piliers de la Fondation. Choisir et sélectionner demandera beaucoup de travail. Il vous faudra voyager aux quatre coins du Québec. Il faut des personnes qui ont du pif pour dénicher les candidats méritoires, et vous l'êtes. Je vous ferai entière confiance, maman. Au fait, quand connaîtrai-je l'heureuse élue qui t'épaulera dans ta tâche ?

— Élise, c'est encore un secret bien gardée. Tu la connaîtras quand je l'aurai choisie, et cela n'est pas encore fait. Tu sais, cette personne doit être libre de toute obligation. Elle doit avoir l'accord de ses proches. C'est une tâche délicate. Il me faut être discrète, et je ne veux pas froisser quiconque de mon entourage. J'y vais avec circonspection, je suis extrêmement prudente. Je **focusse** sur une personne qui m'est chère. Si elle refuse le poste, tu devras lancer un appel d'offre dans les journaux locaux. Peu importe, je veux que ce soit quelqu'une ou quelqu'un du coin qui obtienne le poste. Je n'irai pas investiguer à gauche et à droite pour dénicher une personne compétente. Voilà, je t'ai tout dit, ma belle.

CHAPITRE 7

Le lendemain matin, Hélène reçut un courriel de madame Aminou. Il contenait toutes les informations pour faire en sorte que la maison de Saint-Antoine-de-Tilly fût prête à être emménagée. Le grand jour approchait et il fallait faire vite. Heureusement, Hélène avait engagé une équipe pour tout laver, peindre et poser les toiles. Elle téléphona au responsable et lui demanda de se présenter à la maison du village. Elle irait le rejoindre pour lui remettre les consignes à suivre. À 11h, tout avait été fait dans les normes. L'équipe se mit alors à la tâche. Elle reviendrait le lendemain pour constater si le travail avait été bien fait. Hélène quitta la place.

J'avais passé une bonne nuit. Le déjeuner englouti, je lus mon journal. Par la suite, je fis quelques appels. Je rejoignis monsieur Aminou en Abitibi. Là-bas, c'était le branle-bas du déménagement en cours. Il m'apprit que sa dame, les enfants et le camion de déménagement arriveraient dans la région dans trois jours. Lui, il resterait encore quelques jours de plus pour officialiser sa démission et clore la vente de la maison. Puis, je parlai à Élise qui se préparait à quitter le domicile pour Énergie Solaire. Je tentai de rejoindre Julien, mais il assistait à une journée de formation.

Vers midi, Hélène arriva. Tout de suite, je lui signifiai que madame Aminou s'amènerait dans la région dans trois jours. Elle ne me parut pas du tout surprise. Dans les faits, cette dernière lui en avait glissé mot. Ouf ! Tout se précipitait ! C'était mieux ainsi : plus vite se stabiliserait la situation, plus vite la vie reprendrait son cours normal. Quoique j'eusse des doutes, il y avait encore mille choses à faire. Justement, j'avais l'intention de revoir le fonctionnaire de la Commission pour savoir si ma demande cheminait normalement. Je voulais aussi rejoindre le député de mon comté pour qu'il exerçât des pressions auprès de la Commission. Mon Dieu, moi qui ne pensais jamais être obligé de mêler affaires et politique ! J'allais bientôt y plonger à pieds joints. Moi qui m'étais toujours montré réfractaire à demander un quelconque appui dans ce que j'entreprenais !

Lise se présenta avec quelques amies. Les gilets et les babouches volèrent à gauche et à droite. Elles envahirent la piscine. Hélène alla les retrouver. Moi, je n'osai point. Entre ces jeunes et moi, la distanciation était on ne peut plus manifeste. Je me contentai d'aller préparer un cruche de limonade ainsi que des verres. Je laissai le tout sur la table de piscine et filai vêtir mes cuissards. La piste le long du fleuve m'attendait. Je roulai lentement. Le soleil tapait fort. Les mouettes raillaient, se laissant glisser à ras de l'eau. Quelques planchistes téméraires surfaient sur les vaguelettes. Le vent me rafraîchissait. Bien vite, je croisai la côte Gilmour et, quelques minutes plus tard, j'arrivai à la place des Canotiers. Un bateau de croisière était accosté au quai. Des centaines de badauds l'admiraient. Je retrouvai ma terrasse préférée. Cette fois, je commandai un vin blanc. J'observai les gens qui déambulaient. Ils semblaient détendus. Après quelques lampées de vin, je repris la piste cyclable et revins à la maison, la tête encore bien pleine. Décidément, il me faudrait chercher à me libérer de tout ce maelstrom qui tournoyait sans cesse dans ma tête. Durant toute ma vie antérieure, j'avais toujours mené à terme tout ce que j'entreprenais. Eh bien ! j'avais devant moi le plus grand des défis, et je le réaliserais coûte que coûte. J'avais tous les atouts pour le faire. Il me fallait tout simplement apprendre à mieux canaliser mes énergies. Ce que je faisais à merveille dans ma prime jeunesse et dans ma quarantaine. Une demi-heure plus tard, je fus de retour à la maison. Je filai au sous-sol, enlevai mes cuissards et pris une douche à l'eau fraîche.

Hélène et les filles jasaient fort. Les amies de Lise n'avaient pas encore quitté les lieux. Une idée me passa par la tête et j'interpellai tout ce beau monde :

— Mesdames, qu'est-ce que vous diriez si je vous préparais un bon souper au barbecue ? Filet mignon, asperges et pommes de terre en robe vous seraient servis par votre humble serviteur. Je vous regarde, et vos sourires en disent long. Vous acceptez ?

J'eus ma réponse quand toutes dirent oui en chœur. Je ne fis ni un ni deux, je sautai dans mon auto et filai au marché acheter filets mignons et légumes. J'avais pris soin d'allumer le barbecue avant de partir. Je suis revenu vingt minutes plus tard avec un plein sac de provisions. Tout de suite, j'entrepris de cuire les filets et les légumes, tandis que mes filles disposaient les ustensiles sur la table du patio. Hélène alla choisir deux bonnes bouteilles dans la cache à vin. Je servis chacune avec grand plaisir en y ajoutant une petite touche d'humour. Oh ! malheur ! je n'avais pas pensé au dessert, mais Lise, comme d'habitude, avait concocté une tarte au sirop d'érable la veille, et elle nous la fit déguster. Puis, je demandai aux filles ce qu'elles aimeraient comme apéritif : toutes voulaient laper un cognac. Et un Hennessy V.S.O.P. leur fut servi. Les amies de Lise quittèrent tard en fin de soirée. Cela me fit grand bien, car je ne pensai à la Serre en aucun moment.

Minuit sonna. Je n'attendis pas l'appel de Morphée et je sombrai dans un sommeil profond. Hélène en fit autant. Le lendemain matin, je me réveillai en pleine forme, ce qui ne m'était pas arrivé souvent depuis quelque temps. Une odeur de café parfumait la maison. Lise préparait le déjeuner. Petits fruits et rôties dorées garnissaient la table. Je ne me fis pas prier et dévorai l'assiette que me présenta Lise. Je bus une autre tasse de café, remerciai Lise et me retirai dans mon bureau. Au même moment, mon cellulaire bipa. Le fonctionnaire de la Commission de la protection du territoire agricole m'aborda en ces termes :

— Bonjour, monsieur Lachance. Si je vous rejoins ce matin, c'est que je veux éclaircir certains points de votre demande. Sachez que le processus est en cours et tout va rondement. Je veux savoir qu'elle sera officiellement la superficie de votre serre.

— Elle respectera les normes du Ministère, soit cinq ou six acres tout au plus. Vous savez, je veux cultiver la plus grande partie de la terre. La serre n'occupera que le quart de l'espace cultivée.

— C'est le seul point qui posait problème dans votre formulaire. Je vous remercie de la précision. Sachez, Monsieur, que le processus suit son cours et que vous aurez la réponse officielle d'ici peu.

— D'ici peu, d'ici peu. Vous ne voulez pas préciser davantage. Moi, j'attends la réponse d'ici deux à trois semaines. Je veux construire la serre avant les grands froids. Et je veux faire les semis en décembre.

— Monsieur Lachance, ce n'est pas moi qui prends la décision finale. Si vous voulez intervenir en haut lieu, libre à vous.

La conversation prit fin sur ces derniers mots. Cependant, je crus percevoir un sous-entendu dans sa dernière réplique. Tout de suite, je spéculai : voulait-il me dire que, si je voulais que le dossier avançât, je serais obligé de demander l'appui de mon député ? Si oui, je me voyais confronté à une situation qui m'était étrangère. En termes clairs, j'aurais besoin que le politique s'en mêlât. Tout cela m'ennuyait au plus haut point. Eh bien ! si j'avais besoin que le politique vînt à mon aide, pourquoi pas. Ce serait la première fois mais aussi la dernière, foi de l'homme honnête que j'étais.

Je consultai le Web et repérai le numéro de téléphone du bureau de mon député. La secrétaire me mit tout de suite en contact avec Paul Sanschagrin, représentant du comté de Louis-Hébert.

— Monsieur Lachance, que me vaut votre appel ?

J'entrai tout de suite dans le vif du sujet : je l'informai que je projetais d'acheter une terre agricole et d'y construire une serre tout en y cultivant le reste.

— Est-ce possible, Monsieur, de vous rencontrer dès que possible pour en discuter, soit cet avant-midi même ? demandai-je.

— Monsieur Lachance, je suis disponible. Venez me voir, je vous attends dans la demi-heure qui vient.

Je m'habillai tout de noir pour avoir l'air d'une homme d'affaires et je filai tout droit à son bureau. Le monsieur m'accueillit d'une poignée de main ferme. J'enclenchai aussitôt la discussion, ce qui ne le surprit point. Même qu'il souriait. Je l'abordai en ces termes :

— Monsieur Sanschagrin, je suis sur le point d'acheter une terre agricole sur la rive sud. J'ai entrepris les démarches auprès de la Commission de la protection du territoire agricole. Tout est en règle. Moi, je vous demande d'intervenir auprès d'elle pour que mon dossier soit traité avec diligence. Selon les normes de la Commission, il faut entre 6 à 8 mois pour qu'un dossier soit étudié et accepté. Je me suis entendu avec une dame qui m'a promis qu'elle me vendrait sa terre agricole à la condition qu'elle conserve sa vocation première. En fait, il ne reste qu'à signer les papiers officiels de la vente. J'ai l'intention d'y construire une serre hydroponique et de cultiver des légumes sur la partie restante. Mon projet vise à faire travailler les gens d'ici et à produire des fruits et des légumes pour une bonne partie des marchés de la grande région d'ici. Est-ce trop vous demander ?

— Monsieur Lachance, je vais tenir compte de votre requête. Je ferai tout pour accélérer le processus. Je connais bien le président de la Commission qui est lui-même un ancien agriculteur. Je suis prêt à intercéder auprès de lui. Selon vos dires, il semble que votre dossier est conforme aux exigences de la Commission. Toutefois, je trouve particulier qu'un gentleman de la ville veuille se lancer en affaires dans le domaine agricole.

Il me dévisagea et éleva la voix :

— Mais c'est vous l'heureux gagnant du gros lot du Lotto Max ! En tant que citoyen, je vous félicite pour la générosité de votre famille.

Les gens du pays vous seront reconnaissants pour tout ce que vous vous apprêtez à faire pour eux. La chance vous a souri et je suis très très content pour vous. Je souhaite la réussite dans tout ce que votre famille et vous entreprendrez. La société aura toujours besoin de gens comme vous.

Sur ce, monsieur Sanschagrin se leva, me tendit la main et me promit qu'il userait de son influence pour que la Commission agît le plus rapidement possible. En retournant chez moi, j'avais l'impression que j'avais demandé une faveur à mon député, alors que j'étais convaincu que ce que je m'apprêtais à entreprendre était plein de gros bon sens. Dans mon for intérieur, j'acceptais le fait que le politique et les affaires menaient le monde. Dans les faits, je devais en tenir compte, sinon mon projet risquait de ne pas démarrer selon le calendrier que je m'étais fixé. Quand j'arrivai chez moi, une idée folle germa dans ma tête. Je la laissai en blanc.

Assise dans son grand fauteuil, Hélène songeait. Je lui demandai ce qui semblait la tracasser. Elle sursauta et me répondit :

— Imagine-toi que ma meilleure amie Marie renonce à travailler avec moi à la Fondation. Elle se sent incapable de bien la représenter. Elle a fourni moult raisons qui m'ont semblé valables. Quitter son Paul régulièrement la rendrait inquiète ; elle ne se voyait pas débarquer soir après soir dans les auberges ou les hôtels ; elle s'ennuierait de ses petits enfants. Je crois bien que la cinquantaine lui pesait déjà. Il va donc falloir que la Fondation fasse appel à un chercheur de têtes ou lance un offre d'emploi dans les journaux. Avant d'entreprendre cette démarche, je me dois d'en parler à Élise.

— Hélène, il fallait t'y attendre. Marie a un petit côté mère poule. Elle accorde priorité à sa famille. Peut-on le lui reprocher ? Peut-être que faire appel à quelqu'un d'étranger à notre cercle d'amis ajouterait un plus. Travailler pour une fondation familiale et rechercher des jeunes méritants doit être valorisant. Je crois qu'Élise va approuver ta démarche. Je ne vois pas les filles. Où sont-elles ?

— Pierre, où as-tu l'esprit? Élise travaille encore pour Énergie solaire et Lise est à l'université pour compléter un cours à la session d'été. Est-ce que papa est mal à l'aise quand ses filles ne sont pas près de lui? questionna Hélène.

Je lui fis la moue et en profitai pour aller nettoyer la piscine. J'aurais bien voulu que Lise fût là. Elle m'avait pourtant promis qu'elle s'engageait à y passer le balai. Je me reprochai tout de suite cette tendance à vouloir tout contrôler. Cette petite besogne me ramena à mon passé quand mon père nettoyait la piscine parce que son fils, qui s'était pourtant juré de le faire, oubliait plus souvent qu'autrement de remplir sa promesse. La piscine nettoyée, Hélène fit remarquer que la pelouse prenait l'allure d'un champ en friche. Et me voilà en train de couper ledit foin!

Le lendemain, ce fut le 20 juillet. Élise quittait Énergie solaire. Elle arriva en fin d'après-midi les bras chargés de bouquets de fleurs. Je vis qu'elle avait pleuré: son mascara ombrageait le dessous de ses paupières. Hélène l'entoura chaleureusement; moi aussi. Elle nous raconta qu'elle avait reçu des remerciements de monsieur Bellumeur et des employés avec qui elle avait tissé des liens étroits.

— J'eus peine à lire mon petit laïus de départ, tant j'avais des trémolos dans la voix. J'ai reçu des éloges de tout le personnel. À ce moment-là, j'ai pris conscience que partir, c'est mourir un peu. Je garderai un souvenir impérissable de mon séjour à Énergie solaire. J'ai même promis à toutes et tous que je reviendrais les saluer de temps en temps. Maintenant, je prends quelques jours pour me reposer et faire le vide. J'ai besoin d'un peu de recul avant de me consacrer à fond à notre projet. Je vais demander à Maryline de prendre en charge la direction des affaires de la Fondation le plus vite possible, mais elle aussi veut se reposer quelque temps. Maman voudrais-tu, avec l'aide de Lise, voir à l'achat des meubles et de l'équipement informatique dont le personnel aura besoin pour travailler, une fois bien installé? La fondation familiale Lachance prendra force légale. Les documents de l'Agence de revenu du Canada et de Revenu Québec seront envoyés d'ici peu. Le tout parviendra au bureau qui a déjà une adresse civique, énuméra-t-elle tout d'un trait.

Hélène et moi n'osâmes point lui demander où elle irait faire le vide. Nous l'approuvâmes dans son intention d'aller se reposer. J'en profitai pour inviter Hélène à faire d'une pierre deux coups.

— Hélène, pourrais-tu entreprendre une démarche pour équiper le bureau de la serre Lachance, sis à côté de celui de la Fondation? Ainsi, tu pourrais négocier de meilleurs prix pour les deux entités, lui suggérai-je

— Papa, maman va conclure deux achats différents, mais en tout point similaire. Si j'étais à sa place, j'exigerais une soumission de deux fournisseurs. Elle n'aura qu'à choisir le plus bas soumissionnaire. Ainsi, la Fondation et la Serre pourront épargner quelques centaines de dollars, voire plus. Ce n'est pas parce que nos entités nagent dans l'argent qu'il faut se faire plumer par certains profiteurs. En scindant l'appel d'offre en deux, chaque entité paiera sa facture. Chacune d'elle doit avoir sa propre comptabilité. La fondation Lachance a déjà son propre compte. Est-ce qu'il en est ainsi pour la serre Lachance, papa? demanda Élise.

— Oui, Élise. La compagnie de la serre Lachance incorporée a son propre compte. Elle n'a qu'un seul actionnaire, et c'est moi. Plus tard, je pourrai envisager d'ajouter d'autres associés. Donc, si je récapitule, nos deux entités sont légales. Elles peuvent émettre des chèques, mais elles n'ont pas encore de responsables de la comptabilité.

— Papa, la fondation Lachance a déjà sa comptable. Je l'ai maraudée chez Énergie solaire. Quand le bureau sera prêt, elle entrera en fonction. C'est une femme à qui je fais confiance; elle est aussi très compétente. Au fond, tout le personnel sera féminin.

Décidément, ma fille avait réponse à tout. Je m'avouai bien humblement qu'elle ressemblait beaucoup plus à sa mère, nonobstant le caractère.

Quelques minutes plus tard, Lise arriva. Elle avait l'air épuisée. Suivre un cours universitaire durant la session d'été exigeait beaucoup de travail et d'énergie, car la matière était concentrée. Il lui restait une autre semaine à **bûcher** durement, puis elle aussi prendrait quelques jours de repos. Décidément, Hélène et moi nous retrouverions seuls pour un certain laps de temps. Mais nous avions bien des chats à fouetter : préparation du bureau de la Fondation pour Hélène et rencontres à prévoir pour moi.

— Ce soir, le souper sera léger. Salades et dessert aux petits fruits, décida Hélène. Pierre, je vois que tu prends du poids, malgré tes randonnées en vélo. Est-ce que tu tricherais sur le nombre de kilomètres parcourus, par hasard ?

Les femmes sourirent, s'entendant comme larrons en foire. Je fis l'indifférent. J'en profitai pour me tâter le ventre : en effet, il avait pris quelque peu d'expansion. Ah ! la cinquantaine !

Une heure plus tard, nous nous assîmes de chaque côté de la table. Tout fut délicieux, comme d'habitude. Cette fois, Élise avait préparé une salade au thon servie avec petits pains au four. Le dessert fut un régal pour les papilles. Élise nous surprit en nous servant un digestif qu'elle avait reçu en cadeau. Décidément, j'étais un homme choyé. J'accepterais même d'être leur serviteur. Mais une journée seulement !

Élise monta à sa chambre. Lise la suivit aussitôt. Je les soupçonnai d'être de connivence. Hélène me fit des gros yeux, tout en me soulignant que les filles étaient maintenant majeures et vaccinées.

— Que diable as-tu à les surveiller comme si elles devaient toujours quêter ton approbation ! s'insurgea-t-elle.

Quand Hélène se montrait mère poule, je la trouvais magnanime. Je comprenais pourquoi elle était à la fois femme et mère. La vie n'aurait pu me choyer davantage. Peut-être insistais-je trop sur mon rôle de mâle protecteur !

Je gagnai mon bureau. J'en profitai pour lire les courriels reçus. Et l'un d'entre eux attira mon attention. Mon député avait déjà entamé des représentations auprès de la Commission de la protection du territoire agricole pour soutenir mon projet. Il avait insisté auprès du président de l'organisme pour faire accélérer le processus d'étude. J'en déduisis qu'il prenait ma demande au sérieux. Voilà qui me rassurait sur le rôle d'un député. Il pouvait être à la fois un bon représentant des citoyens et un lobbyiste efficace. Je lui répondis aussitôt, en le remerciant courtoisement. Si cette initiative de sa part pouvait accélérer les choses, tant mieux.

Je consacrai au moins une heure pour lire davantage sur la technique de l'hydroponie, soit la culture sans terre. Quand monsieur Aminou s'installerait pour de bon au bureau, je ne voudrais pas passer pour un ignare. Un fait piqua ma curiosité : il fallait beaucoup d'eau pour se livrer à cette culture. J'allais plus tard m'informer auprès de madame Lemieux pour savoir si le réseau d'aqueduc fournissait correctement la ferme en besoin d'eau.

Une idée folle me traversa l'esprit : si j'allais visiter la serre **Amishk** en Abitibi. J'appelai sur-le-champ monsieur Aminou. Peut-être que j'allais le réveiller, mais il me le pardonnerait !

— Monsieur Aminou, c'est Pierre Lachance. Excusez-moi de vous déranger à pareille heure, mais j'ai une demande à vous faire. Est-ce que je pourrais aller visiter la serre **Amishk** ? Je m'y connais très peu en technique agricole hydroponique, et j'ai pensé prendre l'avion et visualiser le fonctionnement de votre serre. Il me semble que cette rencontre me rendrait plus familier avec ce milieu. Qu'en pensez-vous ?

— Un certain soir, je disais à mon épouse que ce serait profitable à monsieur Lachance s'il venait visiter la serre. Eh bien ! vous serez le bienvenu. Je vous attends demain en après-midi. Je suis impatient de vous voir, et j'envoie un employé à l'aéroport pour vous amener à la serre. Dites à votre dame que ma femme et les enfants vont emménager dans trois jours. J'imagine qu'elle a fait en sorte que la maison soit prête à les accueillir.

— Monsieur Aminou, je prends le premier vol demain matin pour l'Abitibi. Oui, mon épouse s'est occupée de tout. Ne soyez pas inquiet.

Je consultai le site de réservation d'Air Canada et réservai mon billet. Je voulus avertir Hélène que je partirais demain matin pour l'Abitibi, mais elle était déjà couchée et dormait à poings fermés. Je fis de même, espérant plonger dans un sommeil réparateur. Le réveille-matin me réveillerait aux petites heures du matin, soit vers 3 h 30. Il me fallait être à l'aéroport vers 4 h 30.

Je me levai au son du réveille-matin, pris une douche et m'habillai de vêtements sport. Je pris soin de laisser un petit mot à Hélène, l'avertissant que je prenais l'avion pour aller visiter la serre **Amishk** en Abitibi. Si j'avais pu lui faire part de mon intention la veille, elle aurait sûrement dit que j'étais fou !

Je pris la route et fus à l'aéroport quelques minutes plus tard. J'eus le temps de grignoter un muffin et boire un café. L'avion décolla à 6 h 30. Le vol fut agréable. Aucun nuage n'embarrassa l'avion, et le ciel était d'un bleu clair éclatant. Quand je débarquai, quelqu'un m'attendait sur le tarmac, près de la grande porte d'entrée. Sûrement que monsieur Aminou lui avait brossé un portrait de moi !

J'arrivai à la serre **Amishk** une demi-heure plus tard. Je fus accueilli par le grand patron, monsieur Dubuc, et monsieur Aminou. Je fis la plus belle des découvertes. Je fus émerveillé par la grandeur de la serre, de sa structure, de son fonctionnement et de la gentillesse des employés. J'avais du mal à synchroniser ce qu'on me disait et ce que je voyais. Je ne cessais d'observer les immenses grappes de fraises qui descendaient du plafond lumineux de la serre. Je fus particulièrement impressionné par leur technique de récupération de l'eau de pluie. Une installation géniale ! Tout le long de la visite, je n'arrêtais pas de poser des questions, bien que je fusse médusé par tout ce que je voyais. Ce fut alors que j'ai compris dans quel bateau je m'embarquais. Planifier, construire et entretenir un tel bâtiment serait une tâche colossale, mais combien enivrante !

La visite terminée, le patron me conduisit dans la partie administrative. Pendant quelques minutes, il me parla de monsieur Aminou, disant que j'étais chanceux d'embaucher un gestionnaire de ce calibre. Il regrettait son départ, mais monsieur Aminou, tout au long de son séjour à la serre **Amishk**, avait formé des employés capables de prendre la relève. D'ailleurs, ce dernier l'avait averti que, lorsqu'une offre d'emploi intéressante lui serait proposée, il l'accepterait. Surtout si elle lui donnait l'occasion de revenir dans le sud, comme le disaient les Abitibiens. Et il ajouta :

— N'empêche, monsieur Lachance, que je suis peiné que Saka parte. Vous savez, cet homme est un ingénieur de haut calibre. Ici, en région, on exulte quand on peut en dénicher un. Vous avez entre les mains la perle rare. Avant que vous repreniez l'avion, je vous invite à dîner dans un des bons restaurants de notre petite ville. Vous goûterez sans doute aux mets de la région. Vous savez, ici en Abitibi, on ne fait pas les choses comme ailleurs.

Je le remerciai pour ces bons mots. Cela m'enlevait un poids énorme. À midi, nous étions assis à l'une des meilleures tables du coin. Monsieur Dubuc avait raison : je dégustai un plat d'omble chevalier au citron. Un vrai délice ! La serveuse nous apporta un renversé aux fraises cueillies à la serre **Amishk.** Les gens de l'Abitibi savaient recevoir. Et, pour les remercier, je payai la facture ! En sortant du restaurant, monsieur Aminou me souligna que sa dame partirait sous peu. Évidemment, je lui précisai que mon épouse l'attendait pour lui faciliter la tâche.

Après deux poignées de main ferme, je quittai pour le petit aéroport et repris l'avion pour le sud. Pendant tout le vol, je me remémorai tout ce que j'avais vu et entendu lors de cette visite. Il restait beaucoup de travail à accomplir ! J'arrivai à la maison un peu fourbu. Hélène m'attendait. Je craignis qu'elle m'apostropha, mais elle ne le fit point. Je lui racontai tout d'un trait la visite à la serre **Amishk** et je lui répétai nombre de fois que ce que j'avais vu et entendu me rassurait au plus haut point. Hélène enchaîna :

— Pierre, en homme d'affaires averti, il était dans ton intérêt d'aller visiter la serre **Amishk.** Tu pourras à l'avenir mieux planifier ton projet. Vaut mieux être bien informé avant de foncer. La prudence est la mère de la sûreté. Tu as vu comment fonctionnait une serre hydroponique, c'est un gros plus. Bref, monsieur Aminou va tout planifier étape par étape. Tu n'as pas le choix : donne-lui toute la marge de manœuvre nécessaire pour prendre des décisions éclairées.

Comme toujours, Hélène faisait preuve de sagesse. Je m'informai où étaient les filles. Elle m'apprit qu'Élise était partie au manoir Richelieu rejoindre Maryline. Elles se proposaient de prendre leur aise pendant quelques jours. Quant à Lise, elle avait déjà commencé à plancher sur le site web de la fondation Lachance. Je m'excusai auprès d'Hélène et j'allai roupiller dans la fraîcheur du sous-sol. La journée m'avait à ce point harassé.

Quand je me levai, je rejoignis Hélène et Lise qui préparaient un menu léger pour le souper. Cela tombait bien : j'avais une faim de loup. Je dévorai quelques petits pains fourrés, tout en buvant un bon vin blanc. Pour finir, je goûtai au dessert préféré de Lise, un renversé aux pêches. Le digestif servi, Hélène m'apprit que le concours pour sélectionner une femme pour la seconder dans sa fonction d'ambassadrice de la Fondation serait affiché dans les journaux et sur le Web. Lise avait tout préparé, selon les consignes d'Élise évidemment. Le plan de réalisation de la fondation familiale Lachance avançait. Hélène ajouta :

— Demain, je m'occupe de l'achat des meubles et de l'équipement informatique pour chacun des bureaux. J'ai demandé à deux commerces de soumissionner. Je les rencontre au bureau de la Fondation demain en avant-midi. Il faut qu'au plus tard le matériel soit livré à la fin juillet, quand Élise et son équipe vont s'installer dans leur local. En ce qui concerne la serre Lachance, je suivrai le même plan. Sais-tu quand ton équipe va s'installer au bureau? Il faudra bien un jour que tout soit centralisé au même endroit. As-tu pensé à engager une secrétaire ? Celle de la Fondation est déjà en poste. Tous les curriculum vitae des postulantes seront acheminés à son bureau.

Je lui répondis que je passerais moi aussi par les offres d'emploi dans les journaux ou sur le Web. Je me retournai vers Lise et l'implorai de venir à mon secours. Elle me dit :

— Papa, bien sûr que je vais le faire pour toi. Cela me fait plaisir de te donner un coup de main. Demain matin, je n'ai pas de cours, je vais faire une recherche dans les journaux et le Web. Cependant, tu vas t'asseoir près de moi et m'énumérer tout ce que tu vas exiger des postulantes. Tu vas recevoir tous les CV sur ton site courriel dont je connais l'adresse.

Je la remerciai par une bise sur sa joue droite à la peau si douce. Je pris conscience que j'étais un homme comblé. Je me frappai inconsciemment le torse comme l'homme de Cro-Magnon. Hélas ! ce manque de maîtrise de l'informatique et du numérique prouvait que j'en étais un. Le lendemain matin, promesse faite, promesse tenue. Lise achemina le tout dans les journaux et sur le Web. Encore une priorité à rayer de ma liste !

CHAPITRE 8

Trois jours plus tard, je reçus un appel de l'Abitibi très tôt le matin. Madame Aminou était en route, et le camion de déménagement la suivait. Elle arriverait vers la fin de l'après-midi, si tout se déroulait bien. Hélène lui offrit de venir à la maison aussitôt arrivée, mais elle refusa sous prétexte qu'elle voulait surveiller le déchargement des meubles. Elle lui réitéra son offre de garder les enfants à la maison et l'invita à venir y coucher. Elle proposa à madame Aminou d'aller la rejoindre à Saint-Antoine-de-Tilly pour la seconder : cette dernière accepta sur-le-champ. Hélène savait que la journée serait longue et fatigante pour elle : conduire sur une si longue distance fatiguerait sûrement madame Aminou qui n'y était pas habituée !

En fin d'après-midi, madame Aminou arriva, et le camion quelques minutes plus tard. En avant-midi, Hélène avait pris soin d'aller vérifier encore une fois si les pièces de la maison avait bien été peintes et les planchers bien astiqués. Elle constata que les gens de ménage avaient bien rempli le contrat. Les déménageurs débarquèrent les meubles et les déposèrent dans les pièces qui leur étaient destinées. Le camion fut rapidement vidé mais, comme il était trop tard, les hommes décidèrent d'aller coucher dans un motel tout près. Madame Aminou et sa marmaille s'amenèrent à la maison pour une nuit de sommeil bien méritée.

J'avais préparé un petit goûter que les enfants apprécièrent. Madame mangea peu : le stress de la longue route l'avait éreintée. Je vis les enfants qui regardaient la piscine avec de grands yeux. J'allai dans le sous-sol chercher des maillots que je réservais aux petits des amis de mes filles qui venaient se baigner à l'occasion. Quand j'invitai les enfants à venir se changer, des hourras résonnèrent. Ils ne se firent pas prier pour se déshabiller et glisser les maillots. Dans le sous-sol évidemment. Ils se baignèrent une bonne demi-heure et, quand je sifflai la fin de la récréation, les petits firent la moue. Mais, au fond d'eux-mêmes, ils étaient contents et remercièrent le monsieur.

Une heure plus tard, l'heure du dodo sonna. Les petits couchèrent sur des matelas pneumatiques au sous-sol. Le sommeil les assomma, et on aurait pu entendre voler une mouche. Je surpris madame Aminou bayer aux corneilles. Elle aussi avait rendez-vous avec Morphée. Hélène alla lui préparer la chambre des invités. Un petit séjour à la salle de bains, et madame dit bonne nuit à nous deux avant de s'endormir profondément. Hélène et moi fîmes de même.

Le lendemain matin, on entendit des rires étouffés. Les petits s'amenèrent à la salle de bains chacun leur tour. Maman Aminou les surveillait du coin de l'œil. Elle les avait probablement avertis de se montrer polis et bien éduqués. Quand tout le clan se fut toiletté et habillé, Hélène les convia à un déjeuner typiquement québécois. Elle leur servit des rôties dorées nappées de sirop d'érable. Les enfants en redemandèrent deux fois. Madame Aminou les gronda, mais Hélène leur pardonna. Elle les trouvaient chouettes, ces petits !

Vers 9h, les Aminou avaient hâte de rallier leur demeure. Hélène et moi leur dîmes que nous allions les rejoindre vers 11h. Une fois le clan parti, on aurait cru à une absence de vie dans la maison. Pendant le trajet vers Saint-Antoine-de-Tilly, Hélène s'inquiéta pour madame Aminou. Il lui faudrait tout classer ; il lui faudrait remplir le frigo et les armoires ; il lui faudrait se soucier d'inscrire les enfants à l'école ; il lui faudrait se chercher un travail, si elle désirait poursuivre sa carrière dans l'enseignement primaire. Le programme serait particulièrement chargé.

— Je vais l'accompagner pour que tout soit fait dans les règles de l'art. Elle semble avoir de l'énergie à revendre, la madame, mais elle aura besoin qu'on la supporte. J'aurai du temps à lui consacrer pour la conforter dans ses démarches. Ne t'inquiète pas, me dit Hélène.

— C'est certain que nous devons la soutenir au départ. Cependant, je n'ai aucun doute, c'est une femme débrouillarde. Elle a quitté son pays pour venir vivre ici. Elle a accepté de suivre son mari au fin fond de l'Abitibi et enfin de venir s'installer dans notre région. « Elle est faite forte, la madame », aurait dit mon père, ajoutai-je.

Nous arrivâmes à la maison des Aminou. Déjà madame vidait des boîtes et classait des vêtements dans les tiroirs. Je lui demandai si elle avait des tableaux à accrocher aux murs ou des bibelots à déposer sur les tables et les bureaux. Elle déposa devant moi le plan qu'elle avait dessiné sur une feuille blanche. Elle avait tout prévu, la madame ! Quand tout fut rangé dans les pièces désignées, je quittai le lieu et retournai chez moi. Hélène demeura sur place pour aider à vider les quelques boîtes restantes. Ensuite, elle accompagnerait madame Aminou faire le marché. Cette dernière viendrait la reconduire plus tard dans la journée.

En entrant, mon cellulaire bipa : Élise m'envoyait un courriel. Son message invoquait son retour dans quelques jours. Elle se reposait, mangeait bien, fréquentait le Casino. Maryline appréciait encore plus son séjour. La vie était belle, quoi ! Elles reviendraient toutes deux dans trois jours.

Il était midi. Une randonnée de vélo me ferait grand bien. Je pris la piste cyclable et roulai jusqu'au Vieux Port. La foule était dense. Québec vivait son achalandage touristique habituel. Au moins quatre bateaux de croisière étaient amarrés aux différents quais du port. Je m'arrêtai siroter une bière sur une terrasse pas très loin de la marina. Cette fois-là, le garçon me servit et s'en retourna sans placer un commentaire. Au moins, je passai incognito. Mais un ancien collègue qui marchait par là par hasard prit bien soin de venir me saluer. Je lui demandai de m'accompagner et je fis signe au serveur de lui apporter la bière de son choix. Nous palabrâmes sur le passé et nous discutâmes de tout et de rien. La vie semblait lui sourire. Étrangement, il ne fit aucune allusion à la chance qui m'avait souri. Nous nous serrâmes la main, et chacun reprit son chemin.

Le retour à la maison se fit dans la lenteur. J'en profitai pour admirer le fleuve et les quelques voiliers qui roulaient sur les vagues. Un vent léger me caressait le visage ; les rayons du soleil me dardaient le cou et les bras. Je goûtais ces sensations qui s'ajoutaient au plaisir de pédaler sans souci. Cela me fit grand bien de faire le vide. Je commandai soudain à mon dérailleur d'augmenter de deux braquets et repris une vitesse de croisière qui augmenta mes pulsations cardiaques. J'arrivai en nage à la maison. Dans la douche, l'eau rafraîchit ma peau et me redonna du tonus. Je grignotai un quignon de pain beurré de cretons, tout en buvant un jus de légumes.

Je regagnai mon bureau, ouvris mon ordinateur et consultai ma boîte courriel. Déjà un dizaine de curriculum vitae étaient entrés. Il me pressa de lire le nom des postulantes qui me les envoyaient. Je pris quelques minutes pour les imprimer. Tous les CV étaient fort intéressants. Je les envoyai à monsieur Aminou pour qu'il pût les consulter. Je comptais sur lui pour choisir la candidate qui correspondrait à ses exigences. D'autres CV nous parviendraient sûrement dans le prochains jours. Dans trois jours, le concours serait clos.

Hélène arriva sur ces entrefaites. La journée avait été bien remplie. La maison des Lapierre était celle des Aminou maintenant.

— Voilà une chose de faite, souffla Hélène. Ah ! oui, j'arrive du bureau de la Fondation. Tous les meubles et l'équipement informatique ont été installés. Il en est de même pour le bureau de la serre Lachance. La secrétaire m'a montré les deux factures qui respectaient en tout point les montants déterminés dans la soumission.

Au début d'août, Élise était revenue de son séjour au manoir Richelieu. Au déjeuner, elle parla sans arrêt. Elle avait hâte de faire un saut au bureau ; Lise avait terminé son cours à l'université ; Hélène écoutait et ne disait mot ; moi, j'essayais de tout gober. Le déjeuner terminé, Élise, Lise et Hélène s'en allèrent directement au bureau.

L'esseulé que j'étais s'enferma dans son capharnaüm comme le qualifiais Hélène et je fus submergé par les soucis. Ne pas savoir quand je recevrais l'autorisation de la Commission de la protection du territoire agricole me chicotait. S'il fallait que ma demande fût refusée, je me retrouverais le bec à l'eau. Si madame Lemieux changeait soudainement d'idée, si elle revenait en arrière sous la pression de ses fils, si, si… Mes pulsations augmentèrent ! Je respirai profondément quelques instants. Il fallait que je prisse sur moi-même. Je décidai de me rendre au bureau de la Serre.

Quand j'arrivai à l'édifice, je montai au troisième étage. La porte du bureau de la fondation Lachance était grande ouverte. Les femmes étaient attablées et semblaient toutes concentrées sur des dossiers. En fait, elles lisaient les curriculum vitae des postulantes au poste d'adjointe à Hélène. Je ne les dérangeai point et entrai dans le bureau de la Serre. La pièce sentait bon. Tout était en ordre. Il ne manquait qu'une présence humaine. J'allumai un des ordinateurs et copiai mon adresse courriel. D'autres postulantes avaient envoyé leur CV. Je les imprimai et les envoyai à monsieur Aminou. Miracle ! Tout fonctionnait à la perfection. Mais il manquait quelque chose. Je regardai les murs : si on y accrochait des tableaux, l'endroit serait pas mal plus accueillant. Quelques œuvres enjoliveraient la place. Hélène connaissait sûrement une amie propriétaire d'une galerie d'art. Même que le bureau pourrait à l'occasion servir de salon d'exposition. Ce serait une façon d'encourager les jeunes artistes peintres. Comme bureau temporaire, celui-là ferait l'affaire, mais il faudrait bien un jour en aménager un tout près de la serre. Ce serait plus pratique. En attendant la construction de la serre Lachance !

Je quittai l'endroit et rejoignis les dames dans le bureau de la fondation Lachance. Elles épluchaient encore des dossiers. D'un bref coup d'œil, j'évaluai leur nombre à une bonne vingtaine. Quand Élise me vit, elle se leva et me présenta la secrétaire. Une jolie femme au sourire charmant. Elle portait une robe ajustée, ce qui découpait sa silhouette longiligne. Elle ressemblait étrangement à Élise. Elle avait aussi la main ferme et des yeux bleus vifs. Elle passa une remarque qui me chavira :

— Élise, tu ne m'avais pas dit que ton père était si bel homme. Heureuse femme que vous êtes, madame Hélène !

Je lui renvoyai son compliment. Ce qui gêna quelque peu tout ce beau monde. Et je me suis dit intérieurement que, quand la beauté s'affichait, elle devait éclater au grand jour. D'ailleurs, se faire dire que j'étais beau et que j'avais une belle personnalité me faisait un petit velours. Là où il y avait de la gêne, il n'y avait pas de plaisir. Pour éviter de bomber le torse, je dis bonjour à tout ce beau monde et quittai la place en vitesse.

En fin d'après-midi, les femmes rentrèrent à la maison. Elles avaient épluché les curriculum vitae de toutes les candidates. Cinq avaient retenu leur attention. Les postulantes furent convoquées pour le lendemain.

Hélène voulait me parler et, en me tirant par la manche, elle m'entraîna dans mon bureau. Elle avait l'air aigrie.

— Pierre, je n'ai pas aimé que notre secrétaire te fît les yeux doux. Et, charmeur, tu lui as relancé la balle. Cette femme est notre employée et nous lui avons bien fait sentir qu'elle devait se tenir coi devant toi. Je ne suis pas jalouse mais, chaque fois qu'une femme te flirte, j'ai envie de regimber. Alors, tiens-toi-le pour dit, sois discret. Va faire le jars ailleurs !

Et elle retourna illico au salon. Je restai bouche bée. Je n'eus même pas le temps de reprendre mes esprits. Je sortis et allai lire le journal en attendant le souper. Je sentais que mes filles me regardaient, mais je jouai le jeu. Dans les faits, je ne trouvai aucune nouvelle qui eût pu me faire oublier l'esclandre de madame. Bon, il valait mieux oublier la scène. Durant le souper, je fis comme si rien ne s'était passé. N'empêchait que les filles continuaient de me zieuter : elles étaient démangées par la curiosité.

Pendant tout le souper, Hélène fit comme si rien ne s'était passé. On remplaça l'habituel dialogue par un froid silence. On oublia le digestif. Chacun se retrancha dans sa bulle. Je me sentais mal à l'aise. Je ruminai longtemps la colère d'Hélène. Je ne m'aperçus même pas que les filles avaient quitté la maison. Il en fut ainsi jusqu'au moment où le sommeil me gagna. Je m'enroulai dans ma douillette et suppliai Morphée de m'hypnotiser pour la nuit. Hélène vint se coucher quelques minutes plus tard. Surprise ! Elle se colla à moi et me mordilla l'oreille droite. Je me retournai, la caressai et nous fîmes l'amour. Mon doux doigté ouvrit les valves ; les oiseaux nocturnes entendirent les plaintes de l'amoureuse ; le yin et le yan atteignirent leur paroxysme dans un grand cri primal. Ce fut l'apothéose, le nirvana, le septième ciel, l'expérience divine, Et le sommeil nous gagna tous les deux.

Le lendemain matin, nous nous réveillâmes dans les bras l'un de l'autre. Nos regards se croisèrent, et cela voulait tout dire. Point de retour en arrière ni d'allusion à la petite crise de jalousie de ma bien-aimée ! Cela me fit prendre conscience qu'Hélène était une perle. À l'avenir, je serais sur mes gardes.

Le déjeuner eut un bien meilleur goût. Hélène concocta les plus goûteuses crêpes depuis longtemps. D'ailleurs, les filles félicitèrent leur mère pour cette réussite culinaire. Je ne sentis point leurs yeux me fixer comme si j'étais coupable de quelque chose. Bref, l'harmonie était de retour dans le meilleur des mondes, le nôtre.

Hélène et les filles se rendirent au bureau de la Fondation. Cet avant-midi, les candidates au poste d'adjointe à Hélène défileraient pour une entrevue finale de sélection. Cette tâche durerait tout l'avant-midi, et même plus. Ainsi, le personnel du bureau de la Fondation serait complet.

Quant à moi, l'idée me vint d'aller rendre visite à madame Aminou. Je m'y rendis en vélo. Une heure plus tard, je cognais à la porte. Ce fut le petit dernier qui vint m'accueillir. Il exultait.

— Maman, maman, monsieur Lachance est venu nous rendre visite.

Et madame Aminou de s'amener, sourire aux lèvres. Elle m'informa que tout était en place. Il ne restait que quelques babioles à placer ici et là.

Je le constatai de visu. Elle me répéta peut-être cinq fois qu'elle avait fait un bon choix en achetant cette vieille maison ancestrale. Heureusement, les anciens propriétaires l'avaient chouchoutée tout en conservant son caractère architectural campagnard.

— Cette vieille demeure a sûrement dans les cent-cinquante ans d'existence, dis-je à madame.

Elle m'informa qu'elle avait l'intention de faire des recherches pour en écrire l'histoire. Elle ajouta qu'elle irait à la mairie du village pour dénicher des informations sur les grandes familles qui l'avaient habitée durant tant d'années. Elle y ferait aussi le relevé des papiers notariés qui la guideraient dans son écriture.

— Mais, Madame, vous n'avez pas l'intention de poursuivre votre carrière dans l'enseignement, lui dis-je en montant le ton.

— Non, Monsieur, je prends une année sabbatique pour prendre soin de ma maison et de ma famille. Le retour à l'enseignement est reporté à l'an prochain. D'ailleurs, est-ce qu'on daignera m'offrir un poste ?

— Pourquoi pas, Madame, vous avez de l'expérience. Selon ce que votre mari m'a confirmé, vous étiez fort appréciée dans votre petit village en Abitibi. Vous avez acquis vos lettres de noblesse, Madame. Le pays ne peut pas se passer de personnes compétentes comme vous. Les petits ont grand besoin de professeurs qui les comprennent, qui les stimulent et qui les aiment. Nous vivons une période exigeante qui requiert que celles ou ceux qui s'occupent de nos enfants soient de bonnes éducatrices ou de bons éducateurs. Ce sont elles et eux qui accompagnent les parents dans le cheminement de leurs enfants. Des personnes comme vous, droites, entières et dévouées, auront toujours un rôle éducatif et social à jouer dans notre société trop portée sur l'individualisme, l'estime de soi excessif et le je-m'en-foutisme. La commission scolaire du coin serait heureuse de vous accueillir dans une de ses écoles. Je vous défends, Madame, de vous sous-estimer. Sur ces mots, je la saluai et partis.

Je repris la route, rejoignis la piste cyclable et rentrai à la maison. Il était midi. Je me retrouvai seul dans notre grande demeure. Je supposai que les femmes iraient manger un petit quelque chose dans un bistrot du coin, sis pas très loin du bureau de la Fondation. Mon estomac n'arrêta pas de gargouiller. Je fouillai dans le réfrigérateur, trouvai un morceau de fromage que je dévorai en quelques bouchées.

Je décidai d'aller roupiller à l'ombre dans le hamac sous le saule pleureur. Plus tard, je fus réveillé par un klaxon un peu trop tapageur. Hélène et le filles arrivaient. Elles me rendirent compte de chaque rencontre qu'elles avaient eue avec les candidates. Leur choix était fait : la dame s'appelait Francine Latendresse. Elle avait tous les atouts pour mener à bien la mission de la fondation familiale Lachance ; elle était diplômée universitaire ; elle avait une formation dans le domaine de la représentation. Bref, elle faisait l'unanimité dans le clan. Elle me serait présentée lors d'un souper familial dans quelques jours. De plus, on m'interdit d'aller fouiner au bureau. Je me le tins pour dit et n'y allai point.

Trois jours plus tard, le souper tant attendu eut lieu à la maison même. Les filles choisirent le menu et se chargèrent de le préparer. Vers 17h, je vis se stationner dans l'entrée une BMW toute rouge. Quand la dame débarqua et s'amena vers le clan, je faillis m'évanouir. J'aurais voulu être sur une autre planète, mais il me fallait affronter la situation. La dame en question était celle qui m'avait fait du charme lors d'une de mes randonnées dans le Vieux Port. Je me rappelai sur-le-champ de la **Dominus vobis cum** que j'avais bue et des sourires flatteurs de la dame. Elle aussi me reconnut. Elle se dirigea d'un pas certain vers moi et me donna la main. Je fus hypnotisé par ses grands yeux vert émeraude. Elle se nomma et se présenta, mais j'oubliai tout ce qu'elle me dit. Je balbutiai quelques mots d'accueil. Je crus voir Hélène deviner mon malaise. Et je me dis en moi-même que cette rencontre ne pouvait être le fait du hasard. Je n'arrivais pas à m'expliquer cet aléa, cette coïncidence.

L'apéritif fut servi. Quand je tendis son verre à la dame, elle me fit un grand sourire et ses beaux grands yeux rieurs s'embrasèrent. Je ne savais pas comment entreprendre et soutenir la conversation, mais madame s'en chargea. Elle énuméra les postes qu'elle avait occupés dans la fonction publique et dans le secteur privé. Elle avait du bagou. Je n'arrivais pas à saisir le pourquoi de venir travailler pour une fondation familiale. Il y avait anguille sous roche. L'avenir me fournirait la réponse !

Le souper fut servi. Nous appréciâmes une entrée de saumon fumé accompagné d'un vin blanc. Un confit de canard régala nos papilles et un délicieux vin rouge enrobait chaque bouchée. Quelques minutes après avoir apprécié le plat de résistance, Lise nous invita à déguster la Sauvagine, un fromage crémeux de la région de Portneuf. Puis, le dessert fit s'exclamer les convives. Nous conversâmes tranquillement en sirotant un digestif, un Courvoisier VS, le préféré de ces dames. La dégustation s'étira jusqu'à la pénombre. Madame Latendresse, prétextant une rencontre intime, quitta la place, sans toutefois me lancer un de ces regards aguichants. Je n'avais pourtant rien fait pour être son objet de convoitise. La nuit serait peuplée de pensées troublantes !

En revenant au salon, Hélène me toisa de son regard inquisiteur. Elle me trouva quelque peu inattentif et passablement lunatique. Je la croyais sur le bord de récidiver en faisant une autre crise de jalousie. Elle voulait savoir et me lança à brûle pourpoint :

— Pierre, Francine t'a fait effet. J'ai surveillé son comportement toute la soirée et je ne peux m'empêcher de penser qu'il y a quelque chose entre vous deux. Maudit qu'elle est séduisante et aguichante ! À l'entrevue, elle paraissait froide et distante ; ici, elle n'avait de yeux que pour toi. Sois sur tes gardes. Ce me semble être une belle enjôleuse. Pierre, je veux savoir si tu as déjà rencontré cette séductrice.

— Hélène, je ne passerai pas par quatre chemins. Je l'ai entrevue une seule fois, c'était lors d'une randonnée de vélo. J'étais assis en train de siroter une bière et la dame en question vint s'asseoir à une table tout près de la mienne. Une amie l'accompagnait. Elle me souriait sans cesse, même si je ne lui souris ni tentai de flirter avec elle. Mais, cette femme, vous l'avez choisie pour ses compétences et sa fière allure, non. Son comportement ne devrait pas t'incommoder à ce point. Serait-il interdit qu'une femme me sourie maintenant ? Tantôt, je ne saurai plus sur quel pied danser. Fais-moi confiance, Hélène. Sinon, ça va devenir lassant à la longue !

Sur ce, je montai à notre chambre, me déshabillai et pris une douche d'eau froide. Cela me calma les esprits. Puis, je me couchai, mais je n'arrivais pas à dormir. Hélène vint me rejoindre. Elle ne me parla pas et se tourna du côté droit du lit. Quand elle posait ce geste, quelque chose la chicotait. Soudain, elle se tourna vers moi et me dit :

— Pierre, cette femme savait ce qu'elle faisait quand elle t'a flirté au Vieux Port. Elle t'a reconnu comme le quidam qui avait gagné le gros lot du Lotto Max. Elle savait que tu étais Pierre Lachance, le gagnant. Elle t'avait vu à la télévision ou dans les journaux. Quand nous avons lancé l'appel d'offres d'emploi pour engager mon adjointe, elle a fait le lien entre toi et la fondation familiale Lachance. Elle a appliqué, et la voilà dans notre cour.

— Hélène, comme tu as raison ! Jamais je n'aurais soulevé cette hypothèse. Eh bien ! ceci expliquerait cela. Arrêtons de lui prêter de mauvaises intentions, si tu le veux bien. Ne présumons de rien. Tu vas la côtoyer quotidiennement. Tu vas apprendre à la toiser et, comme je te connais, tu vas la surveiller étroitement. Il faut lui laisser le bénéfice du doute : elle a postulé, elle a été choisie, elle saura bien représenter la Fondation. Dormons, maintenant.

Aussitôt tournée et roulée dans la douillette, Hélène s'endormit rapidement. Moi, je tournai et tournai longtemps. Je me demandais qui était Francine Latendresse. Je nageais dans l'ambivalence. Tantôt, je la voyais comme une femme à la recherche d'un poste à la hauteur de ses compétences ; tantôt, je la voyais comme une enquiquineuse, une femme à la recherche de sensations fortes. Ma raison me ramenait toujours à cette explication : une personne, que ce fût un homme ou une femme, avait la liberté de sourire aux autres, de vouloir les aborder, de vouloir les connaître mieux. Je mis un point final à ces réflexions. en me disant que les personnes, quelles qu'elles fussent, méritaient qu'on les appréciât pour ce qu'elles étaient. Sur ce, je me retournai, me collai à Hélène et implorai Morphée.

Le lendemain matin, tout le monde reprit sa routine coutumière. Les femmes décidèrent de passer la journée au bureau, Lise devant expliquer avec force détails le site web qu'elle avait commencé à monter. Quant à moi, j'appelai Julien, mon planificateur financier, pour qu'il déposât une somme importante dans le compte de la serre Lachance. J'avais auparavant fait les démarches pour sa création et tout était en ordre. Je pouvais faire des chèques, sortir des montants en liquide, etc. Mon cellulaire bipa :

— Monsieur Lachance, c'est Saka. Je vous annonce que je suis sur le point de quitter l'Abitibi. Dans trois jours, venez me chercher à l'aéroport vers 16h. D'ici là, il me reste quelques dossiers à fermer et je serai tout entier à votre disposition. Il me presse d'occuper mon poste à la serre Lachance. Le boulot ne manquera pas. Je suis en train de faire la liste des tâches à remplir.

Saka me souhaita une bonne journée, et j'eus à peine le temps de lui renvoyer la pareille.

Enfin, le gros du travail commencerait sous peu. Mais je n'avais toujours pas l'aval de la Commission de la protection du territoire agricole pour l'achat de la terre de madame Lemieux. Je décidai de me rendre au bureau. Quand j'entrai dans l'édifice, je montai au troisième étage, longeai les murs et m'y enfermai. J'ouvris mon ordinateur et lus mes messages courriels. Quelques-uns des postulantes pour l'emploi de secrétaire s'étaient ajoutés à la liste. Je les copiai dans mes documents et les imprimai. Quand Saka serait en poste, il faudrait nous asseoir pour faire un choix définitif. Ce ne serait pas chose facile, car toutes les postulantes présentaient un CV des plus riche. Puis, j'allai saluer les filles et les dames. Francine Latendresse était absente, ayant prétexté aller à un rendez-vous chez son médecin. Hélène me signala qu'elle reviendrait vers le milieu de l'après-midi. La **vlimeuse**, elle tâtait le pouls en me dardant de ses yeux rieurs !

Je retournai à mon bureau. Je décidai d'appeler monsieur Paul Sanschagrin, mon député. Sa secrétaire me répondit :

— Monsieur Sanchagrin est absent. Selon son agenda, il allait rencontrer le président de la Commission de la protection du territoire agricole. Il m'a dit en partant qu'il allait faire des représentations auprès de la Commission pour la presser de finaliser des dossiers. Pardonnez mon indiscrétion, monsieur Lachance, mais il me demanda de lui remettre le vôtre qu'il inséra dans son porte-documents.

Je lui souhaitai une bonne journée et fermai mon cellulaire. Bien que je fusse seul, je me souris à moi-même. La décision finale de la Commission ne tarderait pas à venir.

On cogna à la porte du bureau. Hélène entra, sourire aux lèvres.

— Pierre, viens-tu dîner avec moi à la maison ? Nous retrouver seuls là-bas nous permettrait de manger dans le silence. Je n'ai pas du tout le goût d'aller m'enfermer dans un restaurant bruyant.

— Bien sûr, ma belle. On est toujours mieux chez-soi. Moi aussi, j'ai besoin de tranquillité. Allons-y.

Hélène alla saluer les filles qui, elles, décidèrent d'aller casser la croûte dans un petit bistrot, sis tout près de l'édifice.

À la maison, Hélène prépara deux **guédilles** au homard. Ce petit gueuleton fut un pur délice. Puis nous bûmes une tisane à la menthe. Il y avait longtemps que nous n'avions pas fait pareil lunch. Hélène eut envie de faire un petit somme. Tout en l'encourageant, je fis de même. Au bout de vingt minutes, le chant des oiseaux sonna le réveil. Hélène reprit le chemin du bureau ; moi, celui de la maison de madame Aminou. Depuis qu'elle m'avait avoué qu'elle avait l'intention de quitter l'enseignement pour l'année à venir, cette décision m'apparaissait par trop radicale.

J'arrivai chez les Aminou. Ce fut le petit dernier qui m'accueillit d'un gros bonjour. Madame vint à ma rencontre. Elle me remémora que son mari allait arriver dans trois jours. Quand elle me le dit, elle avait le plus beau sourire accroché à son visage. Piqué par la curiosité, je lui demandai où étaient passés le deux plus vieux de ses fils.

— Ils se sont déjà fait des amis. Présentement, ils s'amusent au parc paroissial. Des animateurs les prennent en charge et les occupent à toutes sortes d'activités. Ils sont contents, car ils ont découvert qu'ici aussi les garçons de leur âge jouent au ballon rond.

— Au soccer, la repris-je. Ici, on dit même jouer au foot. C'est un sport que les petites Québécoises et les petits Québécois affectionnent et pratiquent depuis quelques décennies. On décompte maintenant plus de joueurs de foot que de joueurs de hockey. C'est très important pour les enfants de socialiser avec des jeunes de leur âge. C'est pourquoi je vous suggère fortement que vos petits fréquentent l'école dès cette année. J'ai aperçu une petite école primaire près d'ici. Et j'ose vous conseiller de postuler pour un poste d'enseignante au primaire. La société ne peut pas se passer de votre compétence, Madame. L'école publique québécoise a un urgent besoin de personnes comme vous. Je m'excuse d'insister, mais je suis justement venu pour vous inciter à vous engager. Enfin, vous êtes libre de vos choix, mais sachez que les Québécois d'où qu'ils viennent ont leur place ici. Votre mari et vous avez beaucoup apporté à la société.

Madame ne me regarda pas. Mes propos l'avaient plongée dans une profonde réflexion. Elle se tourna vers moi, me fixa et se confia :

— Monsieur Lachance, vous avez sans doute raison mais, cette année, je prends une sabbatique. J'ai besoin de repos et je ne veux surtout pas placer mon dernier dans un un centre de la Petite Enfance pour le moment. Cependant, il est certain que je vais faire du bénévolat. D'ailleurs, mes voisines sont venues me visiter et m'ont exhortée à m'impliquer dans différentes activités de la paroisse. Monsieur, les enfants s'adaptent très vite ; les adultes, moins vite. Saka, mes enfants et moi vivrons possiblement des décennies ici. Partir sur le bon pied est la voie à suivre. Quand nous nous sommes installés en Abititi, Saka et moi, nous avons apprivoisé le milieu progressivement. Nous voulons en faire autant ici, d'autant que le milieu de vie et les gens sont accueillants et charmants. Je l'ai constaté quand je suis allée faire le marché avec votre dame. Même monsieur le maire s'est amené pour me souhaiter la bienvenue. Que demander de plus ?

L'interrogation vint clore la discussion. Madame Aminou ne passait pas par quatre chemins pour déballer son baluchon d'arguments. Je lui souhaitai une bonne journée et je repris le chemin du retour, penaud mais quand même rassuré.

De retour à la maison, j'enfilai mon maillot de bain et plongeai dans l'eau fraîche de la piscine. Je fis quelques longueurs, ce qui me détendit. Puis, je m'endormis dans le hamac sous le saule pleureur. Je me suis réveillé en sursaut. Je croyais rêver, mais la personne qui me regardait était bel et bien Francine Latendresse. Elle me souriait. Elle s'assit sur le rebord de la piscine et entreprit de me parler.

— Pierre, permets-moi de te tutoyer. Avant que tu me demandes ce que je viens faire ici, chez toi, dans ta demeure, je tiens à te dire que je viens pour m'expliquer. D'abord, sache que, quand je t'ai toisé à une terrasse du Vieux Port, je n'avais aucune intention de flirter. Tout de suite en te voyant, j'ai su que c'était toi qui avais gagné le gros lot du Lotto Max. Mes sourires n'avaient pour but que de souligner ta chance. Si j'avais été seule, je serais allée te rejoindre pour te féliciter. Ce qui explique aussi le fait que j'ai postulé pour le poste d'adjointe à la fondation familiale Lachance. Tout de suite, j'ai fait le lien. Comme j'avais décidé de changer d'emploi, j'ai envoyé mon CV. Voilà ce qui en est résulté : je suis maintenant une employée de la Fondation. D'ailleurs, je vais mettre les points sur les i avec Hélène et les filles. N'empêche que tu es un bel homme, que tu es très séduisant mais que tu appartiens à Hélène. Présentement, je suis célibataire et je tiens à mon indépendance. Cela dit, je te quitte et nous nous reverrons sûrement au bureau.

Francine quitta la place. Je demeurai bouche bée. Pour une révélation, c'en était toute une ! Et, pour me ramener sur terre, je replongeai dans l'eau fraîche.

CHAPITRE 9

Hélène et les filles arrivèrent presque aussitôt après le départ de Francine. Heureusement qu'elles ne s'étaient pas croisées, j'aurais eu à subir un autre interrogatoire.

J'eus à peine le temps de me vêtir que mon cellulaire bipa. C'était le fonctionnaire de la Commission de la protection du territoire agricole qui m'appelait.

— Monsieur Lachance, votre demande d'achat d'une terre agricole a été rejetée. Selon le document fourni, elle ne répond pas aux conditions requises.

J'étais dans tous mes états et lui lançai :

— Monsieur, je veux connaître les raisons qui expliquent ce refus de la part de la Commission. Et tout de suite. Je n'ai pas de temps à perdre, moi. J'ai entrepris des démarches, croyant qu'au Québec un homme de bonne volonté qui a à cœur l'économie pouvait se lancer en affaires sans se faire barrer la route sous prétexte que sa demande ne respecte pas les règles. Donnez-moi une raison qui aurait conduit à un tel refus.

— Monsieur Lachance, je ne peux vous dévoiler quoi que ce soit. Je suis astreint à la confidentialité.

— Est-ce que le député Paul Sanschagrin est venu au bureau de la Commission pour soutenir ma demande auprès du président ? l'interrogeai-je.

— Je l'ignore, Monsieur. Ce n'est pas moi qui tiens le registre des rendez-vous des personnalités politiques qui viennent rencontrer le président de la Commission. Je ne peux vous en dire plus. Je vous souhaite une bonne fin de journée, Monsieur.

Je rageais. Je bouillais. J'apprenais sur le tas que faire des affaires au Québec exigeait une foi aveugle dans le système. On te refusait un droit légitime : tu fermais ta **gueule**. Eh bien ! j'allais montrer à la Commission de quel bois je me chauffais. J'allais faire plier ce président qui se prenait pour le nombril du monde. J'allais faire jouer à fond l'officine politique. J'appelai illico mon député qui, heureusement, me répondit :

— Monsieur Lachance, que me vaut votre coup de fil ?

— Monsieur le député, je viens tout juste de recevoir une réponse négative à ma demande de pouvoir acheter une terre agricole de la part de la Commission de la protection du territoire agricole. Qui plus est, je voulais en connaître la ou les raisons, mais j'ai essuyé un refus net. Je me retrouve devant rien. Monsieur, cet imbroglio ne peut pas en rester là. Depuis de semaines, je fais avancer les dossiers préparatoires à l'achat de la terre, j'ai incorporé la compagnie La serre Lachance, et me voilà le bec à l'eau. Qu'est-ce qui pousse la Commission à refuser ma demande ? Seigneur ! j'achète une terre agricole sur laquelle je veux construire une serre et je m'engage à la cultiver dans son entièreté. Que me demander de plus, bonté divine !

— Monsieur Lachance, je vous rappelle que vous et moi habitons un comté qui a voté du mauvais bord. Aujourd'hui, on politise tout. Je suis aussi désemparé que vous. Pourtant, j'ai rencontré le président de la Commission. Il me semble que j'ai eu une bonne écoute de sa part. Vous savez, en politique, les babines ne suivent pas toujours les bottines. Je regrette, mais je ne peux pas en faire plus. Je ne vois pas comment je pourrais vous assurer d'un autre recours.

Sur ce, il me souhaita bonne chance. Je me retrouvais gros jean comme devant ! Je prendrais un autre chemin et je passerais outre au refus de la Commission de la protection du territoire agricole. Un jour, je m'étais dit que, si j'essuyais un refus de la bureaucratie, une autre solution s'offrait à moi. J'en étais rendu là. Dans deux jours, Saka arriverait et je connaissais déjà sa première question ! Il fallait que je sortisse de ce cul-de-sac. L'idée étrange que j'avais eue il y a quelque temps me revint tout à coup. J'appelai madame Lemieux.

— Madame, c'est Pierre Lachance au bout du fil. J'ai grand besoin de vous rencontrer. J'ai une offre à vous proposer. J'ai reçu une mauvaise nouvelle de la Commission de la protection du territoire agricole : elle me refuse le droit d'acheter votre terre. Est-ce que je peux aller vous rencontrer pour mettre au point un stratagème qui me permettra de construire une serre sur votre terre ?

La réponse ne se fit pas attendre.

— Monsieur, je vous attends.

Et elle coupa la ligne.

Je dis aux femmes que j'allais rencontrer madame Lemieux. Hélène sourcilla et resta muette comme une carpe.

Je traversai le pont, toujours affecté par un débit lent en fin de journée. Je comprimai mon impatience. J'arrivai chez madame vers 18h. Elle m'attendait, prête à me servir son dessert préféré et un bon thé chaud. D'entrée de jeu, je lui décrivis de A à Z le cul-de-sac dans lequel j'étais embourbé. Elle pressentit où je voulais en venir.

— Monsieur Lachance, je me doutais bien que la bureaucratie provinciale adorait barrer le chemin à celles ou ceux qui veulent se lancer en affaires. J'imagine que le politique s'est fourré le nez dans ce qui ne le regardait pas.

— Oui, Madame, haussai-je le ton.

— Ah ! je le savais. C'est toujours la même ritournelle : on graisse les gros pour mieux égorger les petits. En plus, vous avez voté du mauvais côté dans votre comté. J'enrage : on avance un peu, on recule davantage. Je ne suis pas une conservatrice mais, parfois, il m'arrive de penser que trop d'État décourage l'initiative personnelle. Bon, que me proposez-vous ?

— C'est simple, Madame, vous conservez votre terre. En échange, je la loue. Mais je procède comme si je vous l'achetais. Comme je ne peux pas demander à la ville de Lévis de m'accorder un permis pour construire une serre, c'est vous qui devrez le faire. Vous n'aurez aucune difficulté à en obtenir un. En contre partie, je vous signe un chèque au montant du prix d'achat que vous me proposez. De plus, vous conservez toujours le droit de demeurer dans votre maison. Voilà ma proposition.

La réponse de la dame ne se fit pas attendre :

— Monsieur, marché conclu. Dès que vous m'aurez remis les devis pour la construction de la serre, je me rends au bureau de l'hôtel de ville et je vous décroche un permis de construction. Je suis vieille, je n'ai plus de temps à perdre en tractations de toute sorte. Quant à la maison, j'envisage d'aller vivre en résidence pour personnes âgées. Il me reste peu de temps ici-bas, et je veux me faire gâter. Mes garçons m'encouragent à le faire depuis longtemps. Je saute sur cette occasion : elle est en or !

L'entente fut scellée par une énergique poignée de main. Je demandai à madame si elle avait fait évaluer son domaine. Elle me répondit par l'affirmative. Je lui signalai que les travaux débuteraient dès qu'elle aurait reçu le document légal de la Ville pour la construction d'une serre. Ensuite, elle me montra la lettre certifiant le montant de l'évaluation de sa terre. Nous nous entendîmes pour faire quatre paiements mensuels successifs. Je lui remis le premier en main propre. Puis, je partis.

Voilà comment j'allais contourner les embûches légales de la Commission. Elle ne verrait que du feu ! Si c'était comme cela qu'on faisait des affaires, j'avais appris vite !

Quand j'entrai à la maison, le clan avait soupé. J'eus droit à un léger lunch. Hélène ne manqua pas de me demander ce que j'étais allé faire chez madame Lemieux. Je lui dis que je lui en parlerais plus tard dans la soirée. Elle sourcilla et ne rappliqua pas. Les filles s'apprêtaient à sortir. Je leur conseillai de se méfier des garçons, tout en souriant. Elles me firent la moue. Hélène me gronda. Dans l'histoire, papa a toujours raison. Alors, je lui dis :

— Ma belle, ton père t'a sûrement tenu les mêmes propos quand il a su que je te fréquentais. Surtout que j'étais le plus beau parti du pays !

Madame roula ses yeux rieurs. Je dus battre en retraite et me retirai dans mon bureau. Cette journée-là ne fut pas la plus agréable pour moi. Mais j'avais réussi à corriger le tir en ce qui concernait le projet de la serre Lachance. Du moins, j'avais l'impression que j'avançais. Exit mon échec avec la Commission de la protection du territoire agricole, cela me suffisait. Je me rendis compte que je ne passerais sûrement pas la soirée dans mon bureau à jongler et à **bretter**. Je retournai au salon où la belle Hélène lisait, les écouteurs aux oreilles. Le pauvre homme que j'étais se retrouvait encore seul. Je m'enfonçai dans mon fauteuil, agrippai le journal quotidien et sélectionnai quelques articles que je lus attentivement. Je constatai encore une fois que mon quotidien préféré avait toujours une ligne éditoriale qui m'agaçait. Je me dis en moi-même qu'il faudrait bien un jour que je m'abonnasse à un journal dont les pages éditoriales et d'opinion traceraient un portrait plus neutre et impartial de notre société. Je n'étais pas le seul à égratigner les journaux : mes amis en faisaient autant. Bon, me disais-je, à quoi servait-il de vouloir changer le monde si tout était scellé dans le ciment du contrôle de l'information par des conglomérats qui dirigeaient les lignes éditoriales. Juste à voir agir notre gouvernement, cela suffisait à me faire constater qui lui dictait ses orientations politiques et économiques. J'acceptais d'emblée que je vivais dans un système démocratique capitaliste, mais ce système ne donnait pas tous le pouvoirs aux lobbyistes des gros de ce monde. J'en avais assez : je repliai mon journal et décidai d'aller faire le tour de la rue. Peut-être que je toiserais un quidam qui pourrait m'entretenir de sujets intéressants ! Hélène, elle, était tout aussi absorbée dans sa lecture qu'au début.

Je marchais lentement ; la rue m'appartenait ; je toisais quelques badauds. Enfin, une dame d'un certain âge daigna se joindre à moi. Nous fîmes le tour du quartier. Madame dévidait son écheveau et je l'écoutais attentivement. Tantôt, elle épiloguait sur tout ; tantôt, je prenais la relève en gesticulant. Lors de cette promenade, j'eus la conviction que madame et moi avions scellé le sort du monde. Nous étions convaincus d'avoir abattu tous les préjugés. Nous nous quittâmes au coin de ma rue en espérant reprendre notre manège un de ces soirs.

Et je rentrai à la maison. Je ne fus pas surpris de constater qu'Hélène avait laissé choir son roman et qu'elle roupillait de plus belle. Ce que j'avais beaucoup de difficulté à comprendre mais que j'acceptais. Heureuses les personnes qui pouvaient quitter la réalité avec une telle aisance !

CHAPITRE 10

Mon cellulaire bipa. C'était Saka. Sa voix était détendue, harmonieuse. Il m'appelait pour me dire qu'il arriverait demain vers 16h30. Il avait fermé tous ses dossiers. Il m'apprit qu'il avait planché sur un devis explicatif qui décrivait de manière détaillée le projet de la construction de la serre. Il me le fit parvenir par courriel. Je n'avais qu'à l'imprimer. Selon ses dires, les plans respectaient en tout point les exigences de l'ingénierie. Je lui répondis que je l'attendrais aux portes de l'aéroport et que j'irais le reconduire à Saint-Antoine-de-Tilly.

— Saka, vous allez habiter une belle maison ancienne, lui dis-je. Votre famille y sera heureuse, c'est certain. J'affirme même que vous allez demeurer dans l'un des plus beaux villages de la région. Dans ce milieu campagnard, les habitants prennent un soin jaloux des maisons que leurs aïeux ont érigées au début du XXe siècle, voire du XIXe siècle.

Sur ce, je lui souhaitai bonne nuit et entrai dans mon bureau. J'allumai mon ordinateur, ouvris ma boîte courriel et imprimai le devis. J'entrepris de le lire, mais l'amas de termes techniques me rebuta et je fourrai le tout dans une chemise. Saka devrait m'expliquer tout ce charabia. Quand j'étais étudiant, je haïssais les sciences et les mathématiques. Voilà que j'en payais le prix !

Je revins au salon. Hélène s'était réveillée. Elle me sourit et s'excusa de me laisser seul. Elle n'arrivait pas à s'expliquer pourquoi elle **cantait** chaque soir après le souper. Elle m'avoua qu'elle trouvait lourde la planification du travail à la Fondation. Elle admit qu'elle comptait beaucoup sur Élise et ses acolytes pour mener à bien cet œuvre. Elle avoua :

— La Fondation est riche, plusieurs fois millionnaire, mais nous n'avons pas le droit de dilapider ce bien. Et, pour ce faire, nous devons quand même justifier chaque projet et chaque dépense. Pierre, il faut toujours penser comment mener notre barque à bon port. À la longue, tout devient pénible et nous venons tout juste de lancer le projet. Et puis, je devrai aller en région rencontrer les directeurs et les enseignants des écoles et des cégeps. Parfois, je me demande si le fait d'être millionnaire ne nous tuera pas à petit feu.

— Bien non, Hélène. Quand tu auras établi ton calendrier de visites, tu pourras planifier ton agenda en tenant compte de ta condition physique et mentale. Quand tu te sentiras fatiguée à certains moments, tu n'auras qu'à remettre tes rencontres à plus tard. Un emploi du temps ne doit pas être une camisole de force mais doit être gérable. Si l'idée de voyager devient un tracas pour toi, dis-le à Élise. Si tu ne veux que siéger sur le conseil d'administration, libre à toi. Tu sais, la fortune que la chance nous a procurée nous met à l'aise financièrement, mais elle doit servir au bien-être de la population du Québec. Et tu dois faire partie de l'échiquier. Tu as de l'entregent, tu sais aborder les gens. Ce sont des qualités essentielles pour que tu sois une excellente ambassadrice pour la fondation familiale Lachance.

— Pierre, j'avais besoin de cet encouragement. Je suis contente que tu envisages mon rôle de cette façon. Je vais le faire du mieux possible. Compte sur moi.

Il était 21h. Je sortis m'asseoir près de la piscine. Le soleil couchant embrasait le ciel de couleurs or. La pénombre découpait les arbres en spectres piqués de la lumière du soir naissant. Hélène vint me rejoindre. Pas un seul mot ne fut dit. Le paysage parlait par lui-même. Soudain, un oiseau nocturne brisa le silence de son hululement. Pourtant, je n'avais jamais entendu un tel chant depuis fort longtemps, surtout ici, en ville. Quelques rires étouffés aiguisèrent ma curiosité.

Je me retournai et je vis deux ombres longer les murs. Je saisis que les filles avaient imité le cri d'une chouette. Pour une surprise, c'en fut toute une ! Élise et Lise vinrent s'asseoir à nos pieds. Nous discutâmes de l'évolution de la planification de la Fondation. En fait, les filles n'y voyaient aucun problème. Tout allait comme sur des roulettes. Pour la jeunesse, le présent était le futur !

Je quittai le clan. J'avais sommeil. Je me douchai à l'eau froide. Je me couchai et m'enroulai dans la douillette, espérant filer jusqu'au matin. Il y avait longtemps que je n'avais pas profité d'un bon sommeil paradoxal.

Le lendemain, quand je me réveillai, Hélène n'était plus là. Je vis qu'il était 9h au réveille-matin. Je sautai hors du lit, m'humectai le visage d'eau froide et descendis à la salle à manger. Il n'y avait personne. J'hélai tout mon monde, mais point de réponse. Encore un fois, je me retrouvai seul. Non, je ne déjeunerais pas seul ! Je me rendis au bistrot du coin et commandai des crêpes maison. Le café était bon. J'ouvris le journal, le feuilletai rapidement n'y trouvant aucune nouvelle qui eût pu attirer mon intention. Je dégustai mes crêpes. La serveuse m'apporta l'addition, je payai et laissai un généreux pourboire. J'eus droit au plus beau des sourires ! C'était ma serveuse préférée.

Je me rendis au bureau, espérant y retrouver mon clan. Celui de la fondation Lachance était fermé. Je me suis dit que les femmes arriveraient plus tard. J'entrai dans celui de la serre Lachance, retirai les dossiers du classeur et repris la lecture de tous les curriculum vitae des postulantes au poste de secrétaire. Saka et moi aurions un choix difficile à faire, car leurs CV fourmillaient de nombreuses qualités. Puis, j'entendis des voix féminines. Le clan de la Fondation arrivait. Les femmes me saluèrent au passage. Francine en fit un peu plus que les autres ! Le galant que j'étais lui renvoya la pareille. Dans l'heure qui suivit, je passai à travers tous les CV. Ensuite, je m'appliquai à relire le dossier des devis que Saka avait préparé pour la construction de la serre Lachance. Il était déjà 11h quand je démissionnai. Saka devrait me mâcher le contenu mot par mot.

L'idée me vint d'appeler Julien. Je l'invitai à dîner au restaurant **Le Bistango**. Comme il avait la réputation d'être une bonne fourchette, il accepta avec grand plaisir. Nous nous donnâmes rendez-vous pour 12h. Je me présentai au restaurant, Julien était déjà assis au bar. Quand il me vit, il commanda mon apéritif préféré, un martini. Nos apéritifs lapés, un serveur nous accompagna jusqu'à notre table. Le menu lu, je choisis des riz de veau poêlés avec concombre chaud et beurre de persil ; Julien fit de même. Ce fut lui qui eut l'honneur de choisir un bon vin qui lui fut suggéré par le serveur, soit un rouge Saint Émilion. Tout en dégustant notre plat de résistance, Julien m'entretint de la situation économique dans le monde. Il me souligna que mes placements progressaient toujours. La raison en était que tout allait mieux depuis la crise économique de 2008. Il prévoyait que la croissance des grandes compagnies, surtout celles évoluant dans les valeurs sûres et technologiques iraient en progressant continuellement. Le taux de chômage étant au plus bas, c'était signe que l'économie roulait à tombeaux ouverts. Il termina son analyse en souriant : je faisais de l'argent, mais lui aussi. Il prit bien soin d'ajouter qu'il me produirait un rapport trimestriel à la fin septembre. Il était temps que le serveur nous apportât la carte des desserts, car nos paroles commençaient à être passablement brouillonnes. Le dessert nous aida à reprendre quelque peu nos esprits. Nous nous quittâmes sur le coup de 14h.

Je m'en retournai chez moi. Je me laissai choir dans mon grand fauteuil en osier, espérant être en pleine forme quand il me faudrait aller cueillir Saka à l'aéroport. Il avait donc décidé de quitter l'Abitibi une journée plus tôt. Il avait sûrement ses raisons. Il devait s'ennuyer de sa belle dame et de son trio de joyeux petits lurons.

16h sonna à la grande horloge. Ce qui me fit sursauter. Tout de suite, je m'engouffrai dans mon auto et filai à l'aéroport, Je vis par la grande fenêtre panoramique que l'avion de Saka était en train de se coller au débarcadère. Je le vis descendre de l'avion. Il avait fière allure dans son complet bleu marine. Il entra avec une grande valise et son porte-documents. Il vint me rejoindre et me serra la pince. Je le reconduisis à mon auto, pris le chemin du retour et filai droit au bureau. Je voulais lui remettre des dossiers qu'il aurait à lire chez lui quand la marmaille lui en laisserait le temps. Les femmes nous attendaient avec un large sourire. Chacune s'était donné le mot pour accueillir Saka. Rien qu'à voir leur comportement, il leur fit bonne impression. Francine Latendresse fut tout sourire comme d'habitude. J'arrachai Saka à ses admiratrices, le prenant par le bras et le conduisant au bureau de la serre Lachance. J'avais bien des choses à lui dire.

— Saka, occuper ce bureau-ci n'est que temporaire. Dès que sera complétée la construction de la serre, les employés, tous les meubles et tout l'équipement informatique y seront emménagés dans un délai raisonnable. Ainsi, nous traiterons les affaires là-bas. Demain, je vais te présenter madame Lemieux de qui je vais acheter la terre et tous les biens. Au départ, c'est elle qui va aller au bureau de la mairie présenter une demande de permis pour construire une serre sur sa terre. J'aimerais que tu l'accompagnes. Qu'elle le soit par l'ingénieur qui gérera le projet accordera du poids à sa démarche. Tu dois te demander comment je procède de cette façon. C'est que la Commission de la protection du territoire agricole a refusé ma demande. J'ai été victime du jeu politique. Je te rassure, madame Lemieux a accepté ma manœuvre. C'est la seule façon de passer outre au refus de la Commission. Ce soir, je vais composer sa lettre de demande.

Saka sembla pris au dépourvu.

— Monsieur, vous ne jouez pas un jeu dangereux en usant d'un tel subterfuge. avança-t-il.

— Non, Saka, ce n'est pas moi qui lance le projet, c'est madame Lemieux. Moi, je la finance et elle sait fort bien qu'un jour pas trop lointain je pourrai acheter ses biens. D'ailleurs, elle a déjà reçu un premier paiement. Nous, en attendant que sa demande soit acceptée officiellement, nous préparons les plans et les soumissions. Dans quelques semaines, nous pourrons commencer la construction de la serre. La prochaine fois que je ferai une demande à la Commission, je vais faire jouer mes influences politiques. Il n'y a pas d'autre manière d'atteindre le but ultime. Demain, au plus tard, je te charge d'accompagner madame Lemieux à la mairie. Elle compte sur toi pour répondre à certaines questions pointues. En passant, elle est déterminée et elle ne passe pas par quatre chemins pour faire avancer ses idées. Je suis certain qu'elle a déjà peaufiné son argumentaire.

Sur ce, je reconduisis Saka chez lui à Saint-Antoine-deTilly. La maisonnée l'attendait. Les petits coururent vers lui et l'entourèrent. Le petit dernier sautait de joie : il s'était de toute évidence ennuyé de son papa. Madame m'invita à souper, mais je refusai, prétextant que ma famille m'attendait. Je rappelai à Saka que je viendrais le rejoindre en avant-midi, accompagné de madame Lemieux.

Quand j'entrai à la maison, Hélène et les filles m'attendaient pour le souper. Je les remerciai de leur attention. Le filles n'émettaient que des compliments au sujet de Saka. L'une le trouvait fort bel homme ; l'autre louait sa gentillesse et son affabilité. Hélène trouva le moyen de me faire remarquer qu'encore une fois Francine s'était pavanée devant lui. Décidément, Hélène ne manquait pas une occasion d'analyser le comportement de son adjointe. Moi, je ménageais la chèvre et le chou.

Le souper fut servi. Tout fut encore délicieux. Et siroter le digestif vint clore la soirée.

Le lendemain matin, je me levai tôt. Je pris un déjeuner léger. J'appelai madame Lemieux pour l'informer que j'allais la rejoindre chez elle. Par la suite, nous nous rendîmes chez Saka. Madame s'extasia en le voyant. « Quel bel homme ! » me souffla-t-elle. Décidément, toutes le femmes s'étaient donné le mot. Puis tous les trois, nous nous rendîmes à l'hôtel de ville. Le directeur général nous accueillit dans son grand bureau. Madame Lemieux déposa sa demande et déballa son argumentaire avec maîtrise. Saka et moi nous regardâmes et fûmes en admiration devant le plaidoyer de la vieille dame. Quand elle eut fini sa présentation, elle invita Saka à expliquer le devis. J'étais convaincu que nous avions fait bonne figure. La fin de la rencontre prit fin par des poignées de main fermes.

Je reconduisis madame Lemieux à la ferme. Par la suite, Saka et moi en profitâmes pour visiter les bâtiments. Puis, nous fîmes le tour de la terre en motoquad. L'ingénieur fut fort impressionné.

— Nous aurons beaucoup d'espace pour construire la serre. Le reste du lot sera converti en jardin pour la culture des légumes. J'ai préparé un devis pour une serre de 4 acres. Nous avons tout l'espace voulue.

J'allai reconduire Saka chez lui. Il viendrait me rejoindre au bureau pour qu'on fît le choix de la secrétaire. Je tenais à ce qu'il eût son mot à dire sur tout.

De retour au bureau, nous choisîmes une femme noire comme secrétaire. Était-ce voulu? Non. Le CV de madame correspondait en tout point à nos exigences. Saka me conseilla de conserver les autres CV car, selon lui, il faudrait dans quelques mois engager d'autres personnes pour d'autres tâches comme tenir compte des commandes et des livraisons. Selon lui, nous aurions besoin d'au moins trois autres personnes au bureau.

— À la serre **Amishk**, nous étions cinq personnes dans le bureau, sans compter l'agronome expert en culture hydroponique. D'ailleurs, quand la construction de la serre sera terminée, nous devrons en engager un. Moi, je m'occuperai du fonctionnement général de la Serre. Ce sera déjà beaucoup.

— Saka, que penses-tu d'ériger quatre éoliennes pour fournir une partie de l'énergie électrique dont aura besoin la serre? L'autre partie sera fournie par Hydro-Québec.

— Mais c'est une merveilleuse idée. Je vois que la terre est située tout près du fleuve. Le vent dominant vient du nord-ouest. Oui, oui, pourquoi pas? On les distancera l'une de l'autre pour qu'il n'y ait pas d'interférence. Il faudra demander un permis pour ce faire. Ces temps-ci, la tendance est à la protection du climat. Je ne vois pas comment on pourrait nous refuser cette initiative. Cependant, si je l'avais su avant, j'aurais pu inclure cet ajout dans mon devis. Je vais joindre une annexe. Vous irez la remettre au directeur général de la Ville, si vous le voulez bien. Dites-lui aussi que la serre récupérera l'eau de pluie, ce qui permettra une économie appréciable de l'eau potable de la ville de Lévis. Si je vous dis cela, c'est qu'il ne faut pas faire entière confiance en ces administrateurs qui bâclent souvent la lecture des dossiers.

Il me regarda avec ses grands yeux noirs et me jeta :

— Monsieur, me cachez-vous encore quelques secrets ? Il faut que tout soit clair et net entre nous. Moi, mon plan est établi et je le suivrai à la lettre.

— Non, Saka, lui dis-je en souriant. Maintenant, tu as carte blanche. À toi de jouer.

— Maintenant, Monsieur, il faut que je prépare les plans pour établir le coût de la construction. Ensuite, je vais aller en soumission. Si l'acceptation de la demande de permis ne tarde pas trop et si un des soumissionnaires se colle à nos exigences, je commencerai la construction de la serre vers la mi-septembre.

Je l'approuvai du chef. Tout ce que je souhaitais, c'était que tout fonctionnât sans anicroches. Mais je n'osai pas lui demander quand la production des fruits et des légumes commencerait. Je supposai que lui seul le savait. Toute la réussite du projet reposait entre ses mains. Je commençais déjà à me ronger les ongles !

Il était midi. J'invitai Saka à venir dîner avec moi, mais il refusa puisqu'il avait promis à sa femme et aux enfants qu'il irait manger avec eux chaque midi. J'avais à mes côtés un homme tout dédié à sa famille. Cependant, de temps en temps, j'espérais le convaincre de boire un bon vin.

Je m'introduisis en douce dans le bureau de la fondation Lachance. Tout le monde était à son poste, et je lançai :

— Hé ! avez-vous oublié qu'il est temps d'aller manger ?

Hélène daigna me répondre :

— Pierre, je vais dîner avec les filles et Francine ; nous nous sommes entendues pour ne pas inviter un homme à notre table. Il paraît que nous devons nous expliquer, d'après Francine. Nous nous reverrons ce soir.

Aussitôt le message lancé, je quittai les lieux et retournai à la maison. J'étais, disons, un peu frustré ! Je me cuisinai un petit plat sans saveur, mais qui combla mon estomac. Puis, je m'étendis dans le hamac sous le saule pleureur. Chaque fois que j'y prenais plaisir, je sommeillais légèrement. Encore une fois, mon cellulaire bipa. Je venais de recevoir un courriel. Je le parcourus et restai bouche bée : une inconnue me donnait rendez-vous au bar **Le Baluchon**, vers 16 h 30. Je spéculai sur les motifs d'une telle demande. Était-ce une journaliste qui voulait m'interviewer ? Était-ce une enquiquineuse qui voulait séduire un millionnaire ? Comment avait-elle pu se procurer mon adresse courriel ? Je me fis à l'idée que je serais l'objet de harcèlement constant vu mon statut de richard. Je fermai mon cellulaire, repris ma pause et m'endormis. Je n'irais pas à ce rendez-vous ! Ce fut le chant des oiseaux qui me réveilla en sursaut. Je n'avais pas le goût de retourner au bureau. Il faisait beau, le soleil ne dardait pas trop fort, le vent se faisait léger. Et je me suis dit : « Pourquoi pas une balade en vélo ? » J'enfilai mes cuissards et sautai sur ma bécane. Je me suis laissé pousser par une légère brise. Non, cette fois, je n'allai pas au Vieux Port, pris la route en direction de Saint-Augustin et bouffai une vingtaine de kilomètres. Je fis relâche un moment et repris le chemin de retour. C'était indéniable, chaque fois que je revenais d'une randonnée, je roulais toujours plus vite sous les gros braquets. Ce qui fit que j'arrivai chez moi, les yeux rougis par la sueur. Je dus prendre une douche à l'eau fraîche.

Il était 15h. Je retournai au bureau. Je dis bonjour à Saka en entrant, mais il ne dit mot. L'ingénieur était tellement concentré sur son travail que je n'osai pas le déranger. Je suis allé voir Hélène. Elle était en discussion avec la secrétaire; Élise scrutait un dossier; Lise planchait encore sur le site web de la Fondation. Mais je ne vis point Francine. Tout de suite, je demandai à Hélène pourquoi elle avait quitté le bureau.

— Elle vient tout juste de partir. Elle avait un rendez-vous dans un bar avec une de ses connaissances. Je n'en sais pas plus.

Je fis vite le lien avec le message courriel que j'avais reçu dans l'après-midi. Je retournai à mon bureau. Saka osa lever les yeux. Je lui rappelai que demain nous accueillerions notre secrétaire, madame Hissa Salamatou. Il me répondit qu'il serait au bureau à 8h. Je quittai l'édifice et m'en retournai chez moi. Tout le long du trajet, j'eus l'impression qu'on me suivait. En effet, dès que je débarquai de mon auto, une belle grande fille m'aborda. Elle voulait que je lui accordasse une entrevue pour son journal. Je la pris au sérieux et l'invitai à me suivre au bord de la piscine. Là, nous aurions tout le loisir de jaser en toute liberté. Je me fis bombarder de questions qui évidemment portaient sur la fortune de la famille Lachance. Son calepin fut rempli de notes. Fait étrange, il n'y eut ni prise de photos ni enregistrement. Je lui spécifiai à son départ qu'elle me ferait lire son article avant de le publier. Elle me le promit. J'eus beau me creuser les méninges, je n'arrivais pas à comprendre pourquoi j'avais accepté cette entrevue. Je ne pris même pas la peine de lui demander le nom du journal pour lequel elle travaillait. Bon, ce fut fait, ce fut accepté, ce fut oublié!

Au moment où la journaliste me quittait, les femmes arrivaient. Hélène, toujours méfiante, regarda la quidam partir et me demanda:

— Qui était cette femme, Pierre?

— C'était une journaliste qui est venue m'interviewer. L'article paraîtra dans le journal de samedi.

— Quel journal? Une feuille de chou, je suppose. Monsieur Lachance, vous êtes bien naïf.

Je me sentis un peu piteux : je ne pouvais pas lui donner le nom du journal. Et je lui répondis sèchement :

— Non ! Quelle importance de connaître le nom du journal ! On le saura bien assez vite.

Le malaise créé en resta là. Les filles, elles, ne posèrent aucune question. Elles haussèrent les épaules, comme si rien n'était arrivé. Je les revis quelques minutes plus tard, plongeant dans l'eau claire de la piscine. Elles nagèrent comme des championnes olympiques. Pas de souci chez elles. Elles n'en avaient que pour la baignade. Hélène avait disparu. Je la vis revenir quelques instants plus tard ; elle avait revêtu son plus beau costume de bain. Son attitude renfermée m'annonçait que l'interrogatoire serré n'aurait lieu que tard dans la soirée, lorsque nous nous retrouverions tous les deux seuls. Lorsqu'une situation semblable s'était produite, ses questions avaient été pour le moins pointues.

Je laissai toutes ces belles profiter de leur aise dans la piscine et me retirai au salon. Je feuilletai le journal et n'y trouvai aucun article qui valut la peine que je m'y attardasse. Et dire que je payais chaque mois pour recevoir un quotidien un peu trop souvent vide de contenu ! Je retournai près de la piscine. Les femmes y prenaient leur aise. C'était beau de voir ce trio de corps sveltes glisser dans l'eau. Je me rembrunis à l'idée que personne ne me trouvait un beau corps élancé depuis quelques années !

Le souper fut servi à 19h. Je goûtai encore une fois à la fine cuisine maison de mes cuisinières préférées : plat de résistance savoureux et dessert divin. Je me suis obligé à servir le digestif. Je n'eus que de bons commentaires pour mon choix. Ce soir-là, les filles demeurèrent à la maison. Ce qui me permettrait d'éviter le réquisitoire de ma tigresse chérie. Pour un certain laps de temps ! Je sautai sur l'occasion pour m'informer de leur travail à la Fondation. Elle n'avaient que des bons mots : tout allait bien dans le meilleur des mondes. Je n'en sus pas plus. Puis la discussion s'éparpilla autour des problèmes actuels qui nourrissaient les informations. Ce qui occupa une bonne partie de la soirée.

Vers 23h, les filles allèrent se coucher, un peu fatiguées de leur journée et surtout de leur soirée de la veille. Je m'abstins de poser quelque question que ce fût, bien conscient que la réplique eût fusé subito presto. Hélène, elle, me darda d'un regard inquisiteur. J'allais passer un mauvais quart d'heure, tapi sous la couette. Et ce fut tout à fait ce qui se passa. Hélène n'y alla pas par quatre chemins.

— Pierre, qu'est-ce qui t'a pris de tomber dans un pareil panneau? Il va falloir que tu te méfies de tout le monde. Prendre conscience que le fait que tu sois fortuné doit devenir ton leitmotiv quotidien, sinon tu vas te faire bouffer tout rond par les paparazzi et les journalistes à la recherche de scoops. La seule façon de les contrer, c'est de refuser net leur approche. Avant, tu étais un inconnu; maintenant tu es devenu une proie pour le monde de la presse à potins. Te faire conseiller par un agent doit être envisagé. Aujourd'hui, c'est toi qui t'es fait piéger; demain, ce sera peut-être moi ou les filles. Ces glossateurs sont prêts à tout.

— Hélène, je me suis laissé berner sans m'en rendre compte, approuvai-je. Pour moi, j'étais approché par une journaliste qui écrirait un article sur un homme gâté par la chance. J'ai répondu à ses questions qui me semblaient décrire ma situation. Est-ce que l'article qu'elle va écrire ne va correspondre qu'en partie à mes dires? Je n'ai fait aucune révélation sur toi et sur les filles. Pour la journaliste, Pierre Lachance avait été chanceux, et les lecteurs du journal en sauraient un peu plus sur le gagnant d'un gros lot. Hélène, j'ai quand même pris mes précautions. Avant de publier son article, elle doit me le faire lire pour que je l'approuve. Elle a dit qu'elle me l'enverrait par courriel. Oups! Je ne lui ai pas remis mon adresse internet. Où a-t-elle pris ses informations? Je commence à douter de quelqu'un.

— Je crois que tu penses la même chose que moi. C'est Francine Latendresse qui est derrière tout ça. Elle commence à m'exaspérer, celle-là! s'insurgea Hélène.

— Hélène, tu lui prêtes de mauvaises intentions. Je vois bien que ses beaux sourires peuvent t'agacer, mais être sociable avec son entourage ajoute au plaisir du vivre-ensemble et ennoblit les relations interpersonnelles. Non, je refuse de croire que Francine joue à ce jeu.

— Pierre, permets-moi d'en douter. Je vais la surveiller de près. Présentement, au bureau de la Fondation, tout se fait dans l'harmonie et l'aisance. Je ne permettrai à personne de briser ce climat de travail. Je dois t'avouer cependant que l'image que projette Francine éblouit tout le monde. Je m'en suis aperçue quand nous sommes allées dîner au restaurant ce midi : toutes les têtes se tournaient sur son passage.

Ce dernier échange mit fin à notre introspection. Je bécotai le front d'Hélène et voulut me tourner en même temps, mais une main chaude m'agrippa et, en deux temps deux mouvements, la tigresse me monta. Ce fut la plus belle des méthodes japonaises. Ce geste d'amour fut sublime. Nous étions seuls dans cet univers sensuel. Les halètements annonçaient le faîte orgasmique. La femme me griffa la poitrine et je sentis tous ses membres frémir. Nous atteignîmes simultanément le paroxysme céleste. Ce fut l'osmose achevé de nos chairs. Nos corps se fusionnèrent dans une telle furie que sa peau devint ma peau et que nos âmes s'amalgamèrent. Ce fut un des plus beaux moments d'euphorie. Puis, Hélène se colla à moi, et je l'entourai de mes bras affectueux. Cette relation me ramena à nos belles fusions d'antan. Nous nous endormîmes scellés l'un à l'autre. Cette nuit-là, j'étais certain que les étoiles frétillaient de jouissance. Je les vis danser dans un ciel en fête.

Le lendemain matin, je me réveillai à l'aurore, tout mon être rempli d'une béatitude apaisante. Je quittai le lit tout doucement pour ne pas réveiller mon amante, mon amoureuse. Je fus rejoint une heure plus tard autour de la table par les filles et Hélène. Tout ce beau monde avait le sourire aux lèvres. C'était compréhensible : monsieur avait préparé un copieux déjeuner, digne du grand cuisinier que je prétendais être. Rôties dorées, crêpes Ricardo, café noir furent servis aux dames par leur humble serviteur. Hélène rayonnait et les filles observaient leur mère d'un œil gaillard. J'eus aussi droit à leur petit manège !

Tout ce beau monde quitta la maison en même temps. Saka et la secrétaire étaient déjà absorbés dans leur tâche. Je leur dis un beau bonjour, m'assis à mon bureau et brettai pendant quelques minutes. Je me sentais parfois un membre inutile. Soudain, mon cellulaire bipa : un quidam m'avait envoyé un courriel que j'ouvris.

C'était la journaliste qui m'avait joint son article par courriel pour que je pusse le relire et lui faire des remarques. Je lus attentivement le texte et n'y trouvai aucun passage qui pourrait me causer préjudice. Je lui retournai ma réponse, affirmant que rien ne me troublait ou pourrait le faire dans l'avenir. Je réitérai mon exigence de ne pas publier de photos de moi ou des membres de ma famille. Je suis allé voir Hélène et lui soufflai que l'article écrit par la journaliste me paraissait correct. Elle fit la moue. Je retournai à mon bureau et accostai Saka pour lui demander quand nous allions recevoir madame Hissa Salamatou, notre secrétaire. Il me répondit qu'il serait disponible à 11h. Aussitôt, je contactai la dame pour lui donner rendez-vous à l'heure fixée. Même si je ne pouvais la voir, je devinais son sourire et son soulagement d'avoir été recrutée pour travailler à un grand projet. « Je serai au rendez-vous à l'heure dite », me lança-t-elle. Saka en fut tout de suite informé.

À 11h pile, madame Hissa Salamatou entra dans le bureau. Elle nous salua et nous donna la main d'une poigne ferme. Tout de suite, je sentis sa fermeté de caractère et sa volonté de travailler. Je voulus lui servir un café, mais elle refusa en disant qu'elle n'en buvait pas ni de tout autre liquide au travail. Mon vieux père aurait dit : « Voilà une femme drette comme un piquet ! » Elle avait la voix ferme et une prononciation impeccable. Saka et moi allions devoir marcher droit. Puis, comme elle était jolie ! Le mâle que j'étais frétilla. Au bureau de la fondation Lachance, les femmes étaient toutes belles ; à celui de la serre Lachance, madame ne donnerait pas sa place. Elle examina l'endroit, s'installa à son bureau et entreprit de faire la liste de ce dont elle aurait besoin pour exécuter son travail de secrétariat. Je lui remis une carte Visa pour qu'elle pût se procurer papier, stylos, trombones, ciseaux, etc. Elle m'interpella :

— Monsieur Lachance, selon les tâches spécifiées dans l'offre d'emploi, c'est moi qui serai en charge du bureau. Je devrai voir à ce que tout soit en ordre et satisfaire aux exigences de tous et chacun. Alors, quand vous arriverez demain matin, ne soyez pas surpris si l'emplacement des bureaux a changé. L'idéal veut que chacun soit placé devant une grande fenêtre et non face à un mur. Quand on réfléchit, il n'est jamais bon de le fixer. La lumière naturelle, elle, irradie sur la personne et permet la relaxation et la réflexion.

Saka et moi corroborâmes ses dires par un sourire approbateur. Ça voulait tout dire : nous ne serions que des locataires du bureau !

Élise vint me voir. Elle voulait dîner seule avec moi. Je lui proposai d'aller luncher à la maison : nous serions tranquilles et nous serions à l'abri de toute oreille indiscrète.

À midi, nous étions rendus à notre demeure. Élise fit deux sandwichs maison accompagnés d'une salade verte. Quand nous nous assîmes pour les dévorer, je ne pus m'empêcher de lui demander le pourquoi de cette rencontre père et fille. Elle me répondit :

— Papa, ce n'est pas une réunion familiale, c'en est une entre partenaires d'affaires. Je ne passerai pas par quatre chemins : le comportement de Francine me dérange. On dirait qu'elle veut tout gérer. Une proposition n'attend pas l'autre, elle intervient constamment. J'irais même plus loin, décider par consensus l'abhorre. Elle n'arrête pas de **picosser**. Ce harcèlement devient harassant à la longue. Même la secrétaire la foudroie du regard. Maman soupire. Moi, je passe mon temps à calmer le jeu.

Je lui coupai la parole :

— Quand vous êtes allées dîner toutes ensemble au restaurant l'autre jour, as-tu mis cartes sur table ? Hélène est-elle intervenue ?

— Non, je ne suis pas intervenue puisque Francine voulait mettre les choses au clair concernant son arrivée à la Fondation. Elle nous a expliqué comment le hasard l'avait décidée à postuler le poste d'adjointe à ma mère. Elle semblait calme et posée. Je n'ai pas décelé de mauvaise intention dans son comportement. Depuis, on dirait qu'elle s'est métamorphosée. Maman n'a pas placé un mot de la rencontre.

— C'est délicat comme situation. Je vais te le dire franchement, c'est à toi de lui parler afin de régulariser la situation. N'attends pas qu'elle se détériore. Fonce et tire ça au clair. Pour le moment, je n'ai pas du tout l'intention de m'immiscer dans vos affaires. Et de grâce, ne demande pas à Hélène d'intervenir. Le seul conseil que je puisse te donner : règle ça vite dans l'immédiat. Tu connais le proverbe : tout ce qui traîne se salit.

Sur ce, les dernières gorgées de bière me firent grand bien. J'avais confiance en Élise, elle saurait tempérer les ardeurs de Francine.

CHAPITRE 11

Je ne retournai pas au bureau. Mon vélo m'attendait dans le cabanon. Je l'enfourchai et partis vers le nord rejoindre la piste cyclable. J'avais envie de humer l'air pur. Je roulai longtemps, longeai la rivière Jacques-Cartier qui serpentait dans la vallée. Je croisai quelques habitués. Je m'arrêtai à mon endroit préféré où je me surpris à admirer la nature et les colverts qui cancanaient. Quelques hirondelles me frôlaient. Inquiètes pour leur progéniture, elles me harcelaient. Je n'en fis point de cas : le paysage bucolique m'enivrait de ses parfums et de sa fraîcheur. Puis, je repris la route.

J'arrivai chez moi en même temps qu'Hélène et les filles. Je ne fis ni un ni deux, j'enfilai mon maillot et plongeai dans l'eau fraîche qui me ragaillardit. Quand j'y sortis, Hélène avait déposé une bière blanche sur la petite table de jardin. Quelques minutes plus tard, elle et les filles sautèrent à leur tour dans la piscine. Je m'informai si tout allait bien au bureau. J'eus une fin de non-recevoir de la part d'Hélène ; Élise roula les yeux ; Lise, elle, joua l'indifférente. J'avais l'impression qu'Élise avait mis les points sur les i. À voir les réactions de ces dames, je n'osai point m'aventurer plus loin dans ma petite enquête maison. La discussion glissa sur des sujets badins. Je me contentai de hausser les épaules. Qu'est-ce qui m'intéressait dans les potins du jour ? Nihil.

Le souper fut léger. Il était composé de mets végétariens. Les femmes en avaient décidé ainsi. Nous furent servis par l'incomparable Lise un risotto aux épinards, poireaux et petits pois et comme dessert un carré feuilleté au chocolat, amandes et érable. Je fus presque converti à la bonne bouffe ! Il n'y eut pas d'apéritif cette fois-là. L'idée d'en proposer un ne me vint pas.

Chacun gagna ses quartiers. Je feuilletai mon journal quotidien de la première à la dernière page. J'espérais y lire l'article de la journaliste qui m'avait piégé quelques jours auparavant, mais il n'en fut rien. Hélène s'était remise à la lecture d'un roman qu'elle avait commencé il y a des lunes. Quant aux filles, elles étaient montées dans leur chambre et allez savoir ce qu'elles y feraient. Je me campai dans mon bureau pour lire mes courriels. J'eus peu de messages, mais l'un m'intrigua. Quelqu'une m'invitait à la rencontrer au bar **Le Baluchon**. Je dis quelqu'une, car l'adresse internet contenait le mot pétunia, le nom d'une fleur. Bon, la ritournelle recommençait et cela m'aigrissait, m'ulcérait. Eh bien ! j'en aurais le cœur net si j'allais au rendez-vous fixé par l'inconnue.

Je partis sans avertir personne. Arrivé au **Baluchon**, je garai mon auto au coin de la rue par prudence. J'entrai et ne vis personne qui eût pu m'intéresser. Je commandai un digestif. J'ai failli m'étouffer quand la belle Francine vint s'asseoir à mes côtés, souriant à pleines dents. Que diable venait-elle faire ici ? Était-ce par pur hasard ? Était-ce elle, l'inconnue qui m'avait envoyé le mystérieux courriel ? Ces interrogations passèrent dans ma tête à la vitesse de l'éclair. Francine m'aborda :

— Bonsoir, Pierre, que fais-tu ici ? Ton clan t'a foutu à la porte ou quoi ? Quelle surprise ! L'homme parfait qui fréquente les bars à la recherche de viande fraîche.

Je suis demeuré estomaqué par ses propos si directs. J'eus envie de hausser le ton, mais je pris sur moi et répliquai d'un ton normal :

— Francine, tu me prêtes des intentions qui me déshonorent. Non, je suis ici parce que, depuis quelques jours, j'ai reçu deux courriels qui m'invitaient à venir au **Baluchon** sans pourtant me donner une raison. Alors, je suis à la recherche de l'inconnue et, par conséquent, de la vérité. C'est étrange, depuis que le pays entier sait que je suis devenu multimillionnaire, je me fais harceler sans que je sois capable de pointer la harceleuse en question. **Batèche**! Vais-je avoir besoin d'engager un détective privé pour surveiller mes allées et venues et fouiller mon courrier et mes courriels pour me protéger? On dirait que tout le monde médiatique connaît mes adresses personnelle et courriel. Je n'ai rien à foutre des harceleurs ou des harceleuses! Ma fortune, je la mets au service de la société en soutenant une fondation et en créant une serre pour donner de l'emploi aux travailleurs d'ici ou d'ailleurs. Je ne veux pas que les parasites viennent piocher mon jardin.

— Pierre, si tu regardes le gens assis au bar, tu ne vas voir que d'humbles citoyens qui sont venus ici pour se la couler douce en sirotant une bière, un digestif ou un autre breuvage. Moi, j'ai un conseil à te donner: si tu commences à prendre au sérieux tous les parasites, comme tu les appelles, tu vas dépérir à petit feu. Je ne veux pas te décourager, mais tu vas en voir de toutes les couleurs. J'espère que tu ne penses pas que je sois mêlée à tous ces manèges. Enlève-toi cela de la tête, je suis très très occupée à **bûcher** au bureau de la Fondation. Élise mène les affaires avec une main de fer et elle sait où elle s'en va. Malheureusement, elle croit dur comme fer que je la harcèle avec mes nombreuses questions. Au fond, ce ne sont que des mises en garde ou des petits conseils que je lui refile. Elle a du caractère, ta fille. Non, non, ça va bien à la Fondation, le boulot avance et, dans un mois, il se pourrait qu'Hélène et moi puissions partir en tournée. Au fait, nous parlons sans arrêt et l'homme galant que tu es ne m'a pas encore offert un digestif. Allons, l'homme parfait!

Je répondis au désir de madame et le garçon lui apporta une crème de menthe verte. Selon ses dires, c'était le digestif qu'elle préférait. Au sujet de l'atmosphère de travail à la Fondation, je la mis en garde:

— Francine, je te demande d'être un peu plus diplomate avec tes comparses de travail. Si tu as été engagée par la fondation Lachance, c'est que tu as des compétences hors du commun. Il se peut alors que les filles se méfient de toi. Elles pensent peut-être que tu veuilles les subordonner. Ce dont je doute. Les gens parfaits ont tendance à étendre leur champ d'influence. Je ne te connais pas beaucoup, à peine si nous nous sommes côtoyés quelques instants. Moi, je te perçois d'ores et déjà comme une personne attentive et sûrement compréhensive. Alors, ne bouscule pas trop mon clan, lui dis-je en souriant.

— Pierre, je serai toute écoute avec ton clan, comme tu dis. Jamais je ne ferai quoi que ce soit pour perturber l'atmosphère de travail au bureau. J'ai trop de respect d'abord pour toi et, surtout, pour ton clan. Hélène et tes filles, elles apprennent vite.

Francine me quitta en pressant mon épaule droite. Pourtant, je ne me sentais pas plus rassuré pour autant. Je me retournai et visualisai la salle dans l'espoir de pointer un quidam qui me fixerait d'un regard ombrageux. Peine perdue, personne ne se leva pour m'aborder. Le mystère persistait. Je quittai le bar et repartis chez moi sans avoir pu soupçonner quelqu'une ou quelqu'un.

À la maison, Hélène me demanda où j'avais pu aller sans avertir de ma disparition subite. Je lui répondis que j'étais allé au bureau relire quelques dossiers dont je maîtrisais peu le contenu. Mon explication sembla satisfaire Hélène qui se replongea dans sa lecture. J'allai m'asseoir dans mon hamac. La nuit se tapissait dans la pénombre. Le silence était tel que je me pensais dans un cloître. Je fermai les yeux et sombrai dans un profond état d'apaisement intérieur. Je ne sus pas quand j'étais revenu à la réalité. En ouvrant les yeux, des étoiles dansaient dans le firmament ; la station spatiale scintillait ; une lumière diffuse tapissait le faîte des arbres. Je retournai au salon. Hélène roupillait, son roman sur ses cuisses. Cette pause était sa façon à elle de se détendre. Je la laissai à son roupillon. Et un goût subit d'écouter de la musique classique me prit. Je me carrai dans mon bureau, me branchai à mon système de son et écoutai le **Violin concerto en E majeur** de Mozart. Cette musique me plongea dans une ambiance de calme et de détente. Ce fut Hélène qui vint me ramener à la réalité. Il était minuit passé. Demain, d'autres activités viendraient meubler la routine quotidienne. Quand je me couchai, Hélène avait rejoint Morphée. Le sommeil me vint difficilement.

Le lendemain, je me réveillai tard. Hélène et le filles étaient déjà parties au bureau de la Fondation. Je bus un jus d'orange, enfilai mon blouson et allai déjeuner au petit bistrot du coin. En ouvrant le journal à potins, j'ai failli m'étouffer en buvant mon café. Ah ! la petite bougresse de journaliste, elle avait publié son article, mais elle avait osé passer outre aux conditions sur lesquelles nous nous étions entendues pour la publication de son torchon. Je lui avais interdit d'apposer ma photo, elle l'avait fait ; je lui avais interdit de publier une photo de notre maison, elle avait passé outre ; quelques faits imprécis s'étalaient ici et là dans l'article. La serveuse se rendit bien compte que j'étais de mauvais poil. Elle me fit ce commentaire :

— Monsieur Lachance, à ce que je vois, la journée commence bien mal. Vous semblez de mauvais poil. Est-ce que la fortune vous pèse à ce point ?

— Non, ma belle, tout va pour le mieux dans le meilleur des mondes. Je n'ai que quelques petits soucis de millionnaire, lui dis-je en souriant.

La serveuse remplit à nouveau ma tasse de café et déposa les œufs brouillés que j'affectionnais. J'engouffrai le tout en quelques minutes, puis j'étais bien décidé à me rendre au local du journal à potins pour enguirlander la petite peste de journaliste. Hélène avait bien raison : j'étais par trop naïf ou carrément incapable d'écarter tout ce qui pourrait me nuire ou me faire une réputation peu enviable. Au bout du compte, je pris la décision de ne pas me rendre au local du journal à potins. Je me dis qu'il fallait passer outre et ne plus tomber dans les pièges qu'on me tendrait.

À mon arrivée au bureau de la serre Lachance, le clan m'attendait de pied ferme. Hélène me montra le journal à potins. Elle avait le regard farouche. Elle ne me fit pas de sermon, mais je sentis qu'elle avait le goût de me griffer. Élise me reprocha mon imprudence. Lise, elle, était prête à tout me pardonner. Je leur admis que j'avais été bien naïf de faire confiance à une journaliste. Je leur promis de ne pas me faire avoir une autre fois. La secrétaire me sauva la vie : elle déposa sur mon bureau quelques lettres et quelques mémos indiquant que je devais faire quelques appels. Saka n'était pas encore arrivé.

Je lus mon courrier. Aucun contenu n'avait d'importance. Puis, je fis mes appels. Là encore, il s'agissait d'invitations à des colloques d'hommes d'affaires. Je répondis poliment que je n'y participerais pas avant que la construction de la serre Lachance ne fût en marche.

Saka se présenta au bureau à 10h. Il avait reçu une invitation à déjeuner avec des entrepreneurs qui avaient eu vent que le multimillionnaire Pierre Lachance établirait une serre sur la rive sud. Saka soutint qu'il ne pouvait refuser pareille invitation. En outre, il ne fut pas surpris du tout de revoir l'entrepreneur qui avait érigé la serre **Amishk** en Abitibi. J'étais sous le choc et interrogeai Saka :

— Pourquoi es-tu allé à ce déjeuner ? Qui a informé ces hommes d'affaires de notre projet ?

— Monsieur, les hommes d'affaires sont à l'affût de tout projet. Ils ont leur entrée partout. Rien ne leur échappe. Quand vous êtes intervenu à Loto-Québec, vous avez parlé d'un projet de construction d'une serre hydroponique. Vous leur avez mis la puce à l'oreille. Monsieur, nous vivons dans un milieu où l'information circule à flots. Tout le monde sait ce que fait tout le monde. Au moins deux entrepreneurs savent qu'une dame a demandé le permis de construire une serre sur sa terre à Saint-Nicholas. Ils ont su aussi que nous avions un bureau dans le coin. Monsieur, vous allez apprendre que le monde des affaires bouge très très vite. Cela ne me surprendrait nullement que certains entrepreneurs aient leur entrée à l'hôtel de ville où nous sommes allés déposer notre projet. Vous pouvez être certain que, dès qu'ils apprendront que madame Lemieux a obtenu son permis de construction d'une serre, ils vont rebondir ici même. Monsieur, le monde des affaires entend tout et sait tout. Alors, quand le projet poindra, je vous demande de me laisser mener la barque. Je serai le maître d'œuvre et je vous ferai rapport tous les jours. Ai-je votre accord ?

— Saka, je te fais confiance. Ce projet est autant le mien que le tien. D'ailleurs, quand la Serre produira, je veux que tu deviennes actionnaire à part entière. Nous établirons les conditions à ce moment-là.

La journée passa sans anicroches. Je retournai chez moi en compagnie d'Hélène. J'eus envie d'aller en vélo, mais je voulais m'entretenir avec elle au sujet de la Fondation. J'espérais que, lors de nos échanges, elle glisserait quelques mots sur le comportement de Francine. Je nous servis un apéritif comme d'habitude. Hélène devina mes intentions.

— Pierre, je sens que tu veux savoir comment ça va à la Fondation.

— Hélène, il a été entendu que je ne m'immiscerais pas dans votre projet, mais cela ne veut pas dire que je ne m'intéresse pas à ce que vous faites, où vous en êtes rendues et comment fonctionne l'équipe. Je suis de tout cœur avec vous.

— Curieusement, Pierre, l'attitude de Francine s'est de beaucoup améliorée. Elle écoute davantage et ne nous interrompt plus sans arrêt. Je dirais même qu'elle se rapproche de plus en plus d'Élise. Depuis hier, il y a eu une cassure. Les filles, elles, travaillent bien et se comportent comme des professionnelles. Tu adorerais les voir aller. Je les admire. Moi, je suis le train. Présentement, j'établis mon agenda pour les visites dans les cégeps et les écoles du Saguenay-Lac-saint-Jean, qui débuteront fin septembre. J'ai même l'intention de visiter les bureaux des syndicats d'enseignants pour les inciter à publiciser notre projet de remise de bourses auprès de leurs membres. Après tout, nous avons intérêt à impliquer tous les milieux qui touchent l'éducation. Nous avons aussi comme projet d'envoyer une missive dans toutes les écoles et les cégeps de même que les bureaux des syndicats pour leur décrire notre projet.

— Hélène, merci pour ce petit compte rendu. Tu sais, votre projet, je l'ai à cœur.

Sur ces entrefaites, les filles arrivèrent. Elles ne firent ni un ni deux, elles endossèrent leur costume de bain et plongèrent dans l'eau fraîche. Elles firent quelques longueurs. Elles se laissèrent sécher au soleil de fin de journée. Hélène prépara un repas léger qui plut à tout le monde. Cette fois-ci, je ne ratai pas l'occasion de servir un digestif, un havana club. La discussion tourna autour de l'atmosphère de travail à la Fondation. Élise semblait satisfaite ; Lise ne se mêla pas aux propos. Quant à Hélène, elle fut mi-figue mi-raisin et je savais pourquoi. Élise mit fin à la discussion à sa manière.

— J'ai un rendez-vous ce soir. Je reviendrai vers 11h.

Elle entra dans sa chambre et, quand elle en sortit, j'eus envie de la siffler. Elle était rayonnante, et je ne manquai pas de le lui dire. Hélène me copia. Je remarquai que Lise affichait un petit sourire en coin. Je n'avais pas encore réfléchi au fait que mes filles vieillissaient et qu'un jour elles se présenteraient à la maison avec un prétendant à leurs bras.

J'allai m'enfermer dans mon bureau. J'avais un grand besoin d'écouter de la musique québécoise. Je mis mes écouteurs et insérai le CD de Tyre le Coyotte. J'adorais sa thématique poétique et musicale. Trois chansons me transportaient dans un au-delà chaque fois que je les écoutais, soit **Têtard, Clafeutrer la faille** et **À l'abri (dans l'bois)**. Leur rythme musical obsessionnel m'enfeuillait dans un maelstrom d'euphorie et d'extase. Par la suite, le CD de Pierre Lapointe me remplit d'une tristesse infinie qui me plongea dans mes souvenirs d'enfance. Quand le joint s'établissait entre mes 6 ans et mon âge, le passé et le présent se confondaient. Je laissais la musique et les chansons de ces deux compositeurs interprètes s'infiltrer en mon âme et me propulser dans un univers indéfinissable. Je sortis de mon apaisement quand Hélène entra et vint déposer sur mon front le plus tendre des baisers. Madame tendresse m'émut.

CHAPITRE 12

Le lendemain annonça la fin du mois d'août. Ce lundi matin, ce fut la première fois que je me rendais au bureau sans me dire que j'avais gagné soixante millions à la loto. Quand j'entrai, tout le monde était de bonne humeur. Les jours précédents, j'avais demandé à la secrétaire et à Saka de déposer une mise à jour du projet. Il se fit un tour de table dans lequel j'appris de madame Salamatou que le bureau était prêt pour n'importe quelle tâche. Saka détailla les parties du plan qu'il avait affiché sur un mur. Selon leurs dires, tout allait bien, le projet suivait son cours et les délais étaient respectés.

Mais, il y avait un hic. Selon Saka, nous ne pouvions pas attendre ad vitam aeternam le permis de construire la serre. Il fallait préparer le terrain à recevoir la structure le plus tôt possible, soit à la mi-septembre. Il m'enjoignit d'aller voir madame Lemieux pour qu'elle s'informât auprès du directeur général de la ville. Et il ajouta :

— Si nous voulons commencer la production fin octobre, nous n'avons plus de temps à perdre. Si tôt que nous avons le permis en poche, je dois envoyer des soumissions aux entrepreneurs pour qu'ils nous répondent au plus vite. Après, je dois choisir le plus bas soumissionnaire.

— Non, Saka, tu choisis la soumission qui va être la meilleure, même si elle est plus élevée que les autres. Moi, je veux ce qu'il y a de meilleur.

Saka fut d'accord. Le cocus prit ainsi fin.

Tout de suite, je communiquai avec madame Lemieux. Je lui dis que je désirais la rencontrer le plus tôt possible.

— Justement, monsieur Lachance, j'allais vous appeler. Si vous êtes disponible tout de suite, venez, je vous attends.

Je sautai dans mon auto et filai chez madame. Quand j'entrai chez elle, l'odeur de café noir et de brioches chaudes parfumait l'endroit. Elle m'invita à m'asseoir et me glissa une missive que je m'empressai de lire. Je devins rouge écarlate. La demande de madame était refusée pour des motifs pour le moins obscurs. Si j'avais été seul, j'aurais craché quelques mots d'église, mais je me retins. Je bouillais. Les dents serrées, je dis à la dame :

— Nous allons tout de suite rendre visite au directeur général de la ville. Je veux savoir le pourquoi de ce refus. Là, ça va faire ! Ça sent le boycott politique, cette affaire-là !

Madame avait déjà mis son blouson. Elle me suivit. Tous deux, nous allâmes rencontrer le directeur. À l'hôtel de ville, la secrétaire nous révéla que ce dernier n'était pas à son bureau. Je lui dis alors que nous l'attendrions le temps qu'il faudrait puisque nous devions lui parler d'urgence. Soudainement, la porte du bureau du fonctionnaire s'ouvrit : il nous fit entrer. Il avait l'air très mal à l'aise. Je lui demandai de nous fournir les raisons qui faisaient que la demande de madame Lemieux avait été refusée. Je pensais être habitué aux salmigondis des haut-placés mais, cette fois, j'eus droit à un argumentaire tiré par les cheveux. Je n'en pouvais plus, je fis des menaces à ce rond-de-cuir :

— Si, d'ici une semaine, madame Lemieux n'a pas reçu le permis de construction d'une serre, je vais faire des représentations au bureau du ministre. Assez, c'est assez ! Si vous n'obtempérez pas à ma demande, votre petit jeu politique va vous coûter votre poste, Monsieur.

Sur ce, madame et moi quittâmes les lieux.

— Monsieur Lachance, quand l'appareil bureaucratique vous met des bâtons dans les roues, vous osez le menacer. Je vous trouve bien courageux, me lança-t-elle de sa voix forte.

Je la reconduisis chez elle, puis me rendis au bureau de mon comté. Heureusement, Paul Sanschagrin m'accueillit à bras ouverts. Juste à voir son attitude, il savait que quelque chose me tracassait.

— Monsieur Lachance, si vous êtes venu me voir pour la troisième fois, c'est que tout ne tourne pas rond avec votre projet de serre. J'ai oui-dire que la Ville refuse à madame Lemieux de lui émettre un permis pour votre projet.

J'étais estomaqué : comment cet homme était-il au courant de tout ce qui entourait notre démarche ? Je pensais avoir tout entendu, tout vu, tout vécu mais, là, cela dépassait tout entendement.

— Monsieur le député, je vous implore de parler au ministre concerné. Lui seul pourra dénouer le nœud gordien qui nous paralyse, moi et madame Lemieux.

Je lui déballai toute ma panoplie d'arguments en faveur de notre projet. Je lui demandai de m'expliquer ce qui empêchait les appareils bureaucratiques provincial et municipal de donner suite à la demande de permis de madame Lemieux. Pour terminer, je menaçai de faire paraître dans tous les journaux une page dans laquelle j'expliquerais pourquoi on refusait à madame Lemieux un permis de construction d'une serre hydroponique. Je lui assurai que, d'ici une semaine, j'en arriverais là. Et je quittai le monsieur sur-le-champ.

Durant le trajet de retour au bureau, je fis mon examen de conscience. Je me demandais si mes propos avaient dépassé les bornes. Je me me sentis tout à coup coupable d'avoir abusé de ma position de millionnaire. J'étais honteux. Je me rendais compte que partir en affaires comptait son lot de frustration et surtout d'obstacles administratifs. J'avais du chemin à faire avant de me convertir en véritable homme d'affaires. Quand j'arrivai au bureau, je me dis que j'avais peut-être monté sur mes grands chevaux trop vite mais, si je n'avais pas tempêté, j'aurais été déçu de moi. À partir de ce moment-là, je décidai ne ne plus me laisser manger la laine sur le dos. Je foncerais, j'insisterais, je tordrais des bras, s'il le fallait.

En entrant, je dis bonjour à tous. Saka perçut que je filais un mauvais coton.

— Monsieur, quelque chose vous tracasse. Encore une mauvaise nouvelle, osa-t-il avancer.

— Saka, madame Lemieux m'a annoncé tout à l'heure que la Ville refusait de lui émettre un permis pour la construction de la serre. En sa compagnie, je me suis rendu au bureau du directeur général de la ville et je l'ai proprement vilipendé. Puis, je suis allé rencontrer le député du comté et je lui ai dit ma façon de penser. Aujourd'hui, la seule solution qu'il nous reste est de croire à un miracle.

Je vis que Saka réfléchissait et qu'il avait une idée en tête. Mais il ne la dévoila pas. Je restai sur mon appétit. Soudain, il m'interpella :

— Monsieur, si vous le voulez bien, je vais contacter un ami entrepreneur qui cherche depuis un certain temps une terre pour construire une serre comme celle que nous voulons ériger. Je suis convaincu qu'il peut nous donner un coup de main en allant rencontrer le directeur général de la ville avec nous. C'est un homme d'affaires sérieux et qui a ses entrées dans le monde politique autant provincial que municipal. Je sais aussi que c'est un gros donneur à la caisse du parti au pouvoir. Il acceptera de nous donner un coup de main si nous lui accordons le contrat de construction de la serre Lachance. Qu'en pensez-vous ?

— Saka, as-tu déjà fréquenté les officines du parti au pouvoir ? Tu sembles croire fermement que cet entrepreneur peut délier notre nœud gordien. Je te laisse prendre l'initiative. **Batêche** ! Il faut que madame Lemieux obtienne le feu vert de la Ville.

Mais je n'avais pas dit mon dernier mot. Je jetai un regard par la fenêtre. Le soleil brillait; ses rayons dardaient le paysage environnant. J'y vis un signe encourageant: si le ciel était aussi clair, peut-être que notre situation le deviendrait aussi dans quelques temps.

Je décidai de quitter le bureau et fonçai jusque chez moi. Après mûre réflexion, j'enfourchai mon vélo et j'allais rouler jusqu'au Vieux Port. La piste cyclable était libre et j'en profitai pour pédaler à pleins braquets. La place des Canotiers était bondée; des badauds flânaient sur le quai, admirant les bateaux de croisière; les touristes faisaient la queue pour se faire servir. J'arrivai à ma place habituelle en nage. Siroter une bonne bière bien fraîche me ferait grand bien. Deux femmes vinrent s'asseoir à la table voisine. J'eus soudain un besoin irrésistible de m'épancher auprès d'elles, mais je me le refusai de crainte de les importuner. Pourtant, je me sentais épié par ces dames. Je me retournai et elles sourirent. Peut-être qu'elles m'avaient reconnu. Cela me parut normal depuis que les journaux à potins s'immisçaient dans ma vie privée. Je leur rendis leur sourire, je quittai la place et revins à la maison. Je roulai à fond de train, car j'avais hâte d'entrer chez moi. Mais j'étais hanté par ces dames qui, j'en étais certain, auraient bien aimé minauder avec le bel homme riche que j'étais. Dans les faits, je commençais à me méfier des gens qui osaient me faire un clin d'œil ou me sourire. Commençais-je à paranoïer? Je devenais de plus en plus méfiant; j'apprenais petit à petit à fuir les inconnus comme la peste. Avant de devenir multimillionnaire, j'étais plutôt bonasse et un maudit bon gars. Bon, il faudrait bien un jour que j'arrêtasse de délirer.

Arrivé chez moi, mon cellulaire bipa. C'était Saka.

— Monsieur Lachance, demain midi, nous allons dîner avec l'entrepreneur dont je vous ai parlé ce matin. Rendez-vous au **Momento** à 12h30. Bonne fin de journée!

Saka était vite en affaires. Je l'imaginais déjà en train de préparer son argumentaire. Un jour pourtant, il faudrait que j'apprisse à me méfier de lui, bien que je lui fisse confiance. Bizarrement, depuis que je lui avais confirmé qu'il deviendrait actionnaire associé avec moi, il prenait beaucoup d'initiatives. Devrais-je en être satisfait? Pourquoi pas?

Après une plongée dans l'eau fraîche de la piscine, je me séchai, me rhabillai et me servis un apéro. Je me mis en train de concocter un mets que mes amours appréciaient au plus haut point: une salade au homard et foie gras. J'allai dans le cellier choisir un bon vin blanc, soit un riesling. Je pris mon aise en attendant le clan qui arriva un peu plus tôt que prévu. Hélène et les filles, en voyant le menu, s'extasièrent. Lise se sentit soulagée. Elle questionna:

— Enfin, quel est ce joyeux luron qui a préparé ce plat, en esquissant son plus beau sourire? Est-ce que papa a quelque chose à se faire pardonner? On ne le voit pas souvent au bureau ces temps-ci. Y aurait-il anguille sous roche?

Je plaçai les ustensiles et la salade sur la table et invitai tout ce beau monde à déguster mon festin royal. Le vin fut fort apprécié. Quant au dessert, il n'y en eut point et, pour ce manque, les femmes me grondèrent. J'étais bien prêt à préparer un plat de résistance, mais cuisiner un dessert, non merci! J'aurais pu aller choisir quelques éclairs au chocolat à la pâtisseries du coin, mais cela ne m'était pas venu à l'esprit. Je fus pardonné!

Avant qu'Hélène se lançât dans la lecture de son roman à l'histoire inépuisable, je la priai de m'accorder quelques minutes de son précieux temps de lecture.

— Hélène, j'aimerais que tu me donne ton avis. Je ne te cacherai rien: tout ne va pas comme sur des roulettes concernant le projet de construction de la serre Lachance. La Commission de la protection du territoire agricole m'a refusé le permis pour acheter la terre d'une dame Lemieux. Dans le but de contourner ce refus, je l'ai invitée à faire une demande de permis à la ville de Lévis pour construire une serre sur sa terre. Je me suis entendu avec elle pour lui louer son bien selon une entente très avantageuse. Mais elle a essuyé un refus catégorique. Frustré par ces échecs répétés, j'ai fait des pieds et des mains pour convaincre le directeur général de la ville de revenir sur sa décision. Peine perdue. Je suis allé voir le député du comté pour qu'il fasse pression. Tentative inutile. Alors, j'ai joué au matamore. J'ai menacé de faire publier dans les journaux un article qui ferait mal paraître ces empêcheurs de tourner en rond. Je me suis conduit comme tous les riches qui se pensent au-dessus des lois et des règlements. Hélène, je suis absolument sûr que je suis victime d'une joute politique. Et cela, je ne l'accepte pas. Demain, Saka et moi allons dîner avec un entrepreneur qui, selon les dires de Saka, pourrait intercéder auprès des instances politiques de la Ville ou du gouvernement. Ce dernier pourra jouer de son influence puisqu'il est un gros donateur au parti au pouvoir. Bref, j'en suis rendu là.

— Pierre, quand tu as annoncé à Loto-Québec que tu projetais d'établir une serre hydroponique dans la région, tu aurais dû t'entourer de gens influents. Tu as voulu tout faire seul. Dans le monde des affaires, il faut aller cogner aux bonnes portes. Ce que Saka t'a proposé est une excellente initiative. Si tu ne peux entrer par la porte d'en avant, tu peux le faire par la porte d'en arrière. Et ceux qui sont en avant, ce sont justement les hommes d'affaires qui flairent les bons coups. L'entrepreneur va pousser dans le bon sens. Lui peut se permettre de faire pression là où ça fait mal dans le monde politique, c'est-à-dire menacer de ne plus fournir à la caisse. Demain, ça passe ou ça casse. L'entrepreneur en question exigera en contrepartie que tu lui fasses des concessions. Il va exiger que tu lui accordes le contrat de construction de la serre. « Ça ne prend pas la tête à Papineau » pour deviner ce qui arrivera. L'entrepreneur va convaincre les ronds-de-cuir et remporter le contrat. Les pots de vin vont sûrement être à l'honneur !

Je restai bouche bée. Hélène avait résumé la situation comme si elle l'avait vécue. La madame était brillante ! Je ne lui renvoyai pas la balle. J'allai boire un grand verre d'eau fraîche. Je venais de me faire donner la leçon comment je devrais conduire mes affaires à l'avenir. Je l'abordai en ces termes :

— Hélène, je suis convaincu que tu aurais aisément pu me seconder dans cette entreprise. À l'évidence, tu sais analyser un problème et comment le solutionner.

— Non, Pierre, tu m'as expliqué ton problème et c'est toi qui vas le solutionner. Quand il n'y pas plus de porte de sortie, on fonce. C'est ce que tu as fait. Maintenant, espère de tout cœur que la solution finale approche. Mais je n'arrive pas à comprendre pourquoi la bureaucratie s'entête à te refuser de réaliser l'un des plus beaux projets qui permettra de produire des fruits et des légumes ici dans la région et qui donnera la chance à des dizaines de gens d'y travailler. Maudite politique qui est par trop souvent aveugle !

Hélène mit fin à la discussion en se plongeant dans la lecture de son roman. C'était le signal de ne plus la déranger pour quoi que ce fût.

Comme je n'avais pas le goût de m'enfermer dans mon bureau, je décidai d'aller arpenter le quartier. J'entrepris de me rendre jusqu'à la marina. Là-bas, j'observai les voiliers qui dormaient tous collés les uns contre les autres. Quelques pêcheurs tendaient leurs lignes dans l'espoir de piquer quelques perches ou quelques dorés. Un couple d'amoureux se becquetaient, les pieds trempant dans l'eau. J'admirai quelque temps le coucher du soleil qui dorait le fleuve. Quelques mouettes glissaient leur ombre sur l'eau calme. Puis, je revins chez moi, perdu dans mes pensées. J'appréhendais quelque peu ce dîner que Saka avait programmé pour demain midi au **Bistango**. J'avais l'impression que le projet m'échappait, que j'en perdais la mainmise. Et, si tout ce branle-bas de combat échouait, j'allais me retrouver le bec à l'eau. Auprès de qui allais-je pourvoir intercéder ? Par quel miracle allais-je réussir ce projet de construction d'une serre qui m'était si cher ? Quand j'arrivai chez moi, Hélène était toujours plongée dans sa lecture ; Élise s'était encore évanouie ; Lise était dans sa chambre en train de terminer le site web de la fondation Lachance ou bien elle était allée rejoindre ses amies. Ou je m'enfermais dans mon bureau, ou j'allais m'asseoir dans mon hamac sous le saule pleureur. Comme j'avais les **bleus**, je me laissai glisser dans ma natte. Je rêvassai quelque temps et fus ramené à la réalité par la voix d'Hélène qui m'invita à monter dans notre chambre pour y dormir, semblait-il.

Le lendemain, le chant des oiseaux me réveillèrent très tôt. J'avais encore sommeil. Je m'enroulai dans la couette et me rendormis. Vers 8h, ce furent les éclats de voix des filles qui me sortirent de ma torpeur. Je ne sus pas pourquoi, mais la levée du corps fut pénible ce matin-là. J'avais le dos courbaturé et un mal de tête lancinant. Il était vrai que la veille j'avais eu quelques montées de pression. Moi, si calme dans ma vie antérieure, je n'étais pas du tout préparé à faire des esclandres et à hausser le ton.

Je me levai puisqu'il le fallait et me douchai à l'eau froide. Ce qui me redonna du tonus. Je m'habillai en homme d'affaires et descendis déjeuner avec le clan. Mais évaporé le clan! Je pelai une orange, fis chauffer un muffin aux bleuets que je bouffai, sautai dans mon auto et filai au bureau. Ce ne serait pas une journée comme les autres. Juste à penser au dîner, mon cerveau se compressa.

Quand j'entrai, Saka m'attendait. Il s'aperçut que je filais un mauvais coton. Il m'offrit un café bien noir alors que j'adorais le prendre sucré et crémé. Une seule gorgée suffit à me ramener sur terre et me remettre l'esprit en alerte. Je le vis sourire à la secrétaire. Mon futur associé était-il en train de devenir **ratoureux,** comme l'aurait qualifié mon vieux père. Je lui pardonnai en lui soufflant:

— Saka, ton café a vraiment bon goût! La prochaine fois que tu vas m'en offrir, je veux qu'il soit encore plus corsé.

J'eus droit à un autre sourire en coin de sa part.

Je le laissai reprendre son poste tandis que je communiquai avec Julien pour discuter placements.

— Bonjour Julien. Pourrais-je te voir quelques minutes? J'ai pensé faire un placement dans l'or. J'aimerais que tu me conseilles.

— Pierre, cela adonne bien, je n'ai aucun rendez-vous à l'horaire cet avant-midi. Viens tout de suite.

Je quittai le bureau et me rendis à celui de Julien. Il me reçut en m'offrant un bon café noir et des brioches. Comme j'avais à peine mangé ce matin, je ne refusai point l'invitation. Le café de Julien était aussi mauvais sinon plus que celui de Saka. Il s'avérait que le café préparé par Hélène n'avait pas son pareil. Julien entama la discussion :

— Comme ça, tu veux faire un placement dans l'or. Je ne pense pas que ce soit le bon temps. La raison en est que la Bourse croît tous les jours et que l'économie roule à plein régime. Or, quand les marchés sont en progression constante, la valeur de l'or diminue. Les investisseurs achètent des actions quand l'économie est en pleine essor. Ils investissent dans l'or quand ça va mal puisque ce métal est une valeur refuge. Pierre, tes placements fournissent un bon rendement, ce n'est pas le temps de spéculer sur l'or. Un jour, une crise surviendra. Alors, le moment sera venu d'aller te réfugier dans ce métal.

— Julien, mon père a toujours dit que d'investir dans l'or était gagnant et que, par conséquent, il n'y avait jamais de perte.

— Ton vieux père a probablement acheté des lingots à un prix très bas. Donc, quand il les a vendus, il a fait des profits puisque le prix de l'or a monté en flèche ces dernières années. Tout le monde se souvient de la crise de 2008. Aujourd'hui, si tu en achètes à 1 200 $ l'once et que, dans quelques années, ils ne valent plus que 800 $ l'once, que vas-tu faire ? Si tu veux les vendre, tu le feras à perte ou tu les conserveras en espérant qu'ils reprennent de la valeur. Sois certain que tu vas attendre des années avant que tu puisses récupérer ta mise. Mon flair me dit que la Bourse n'a pas fini de croître. Ce n'est pas le temps de jouer pile ou face, Pierre.

Après la leçon d'économie, je quittai le bureau de Julien et retournai chez moi. Je décidai d'appeler madame Lemieux pour l'informer des derniers développements en cours.

— Moi, Monsieur, je n'y comprends rien à toutes ces joutes politiques. Je vous laisse mener la barque comme bon vous semble. Tout ce que j'espère est que je reçoive un jour pas si lointain le permis de construction de la serre. Nous tournons en rond depuis des semaines. Il est temps que quelqu'un prenne ses responsabilités à la Ville, maugréa-t-elle.

— Madame Lemieux, ce midi, je vais rencontrer un entrepreneur qui pourrait m'aider à obtenir le permis plus vite que je le pense. Il a ses entrées dans le monde politique. Si cette requête échoue, je vais devoir aller frapper à la porte du ministre responsable de la Commission de la protection du territoire agricole. Aujourd'hui, j'ai bon espoir que les démarches de l'entrepreneur en question puissent aboutir. Le temps presse : mon objectif est que la serre Lachance entre en production dès la fin de novembre pour qu'on puisse mettre sur le marché des fraises et des tomates pour consommation lors du temps des fêtes.

— Si c'est réalisable. Je veux être la première à déguster les fraises et les tomates. Vous m'assurez de ce privilège, n'est-ce pas ?

— C'est promis, Madame. Et le tout devant les caméras et les journalistes !

Sur ce, je souhaitai une bonne journée à madame. Il était 11 h 30 et retournai au bureau. Saka avait le sourire aux lèvres en me voyant entrer. Tout de suite, il m'aborda :

— Monsieur, l'entrepreneur qui vient dîner avec nous sera accompagné par le ministre responsable de la CPTAQ. Je pense que notre chemin de croix tire à sa fin.

— Saka, j'espère de tout cœur que le ministre saura nous écouter et intervenir en notre faveur. Mais, qui payera l'addition ? Tirons à pile ou face pour le savoir. Je sortis de ma poche une pièce truquée. Je pris bien soin de choisir pile avant lui. Le tirage au sort me défavorisa !

Saka et moi nous rendîmes au restaurant **Le Bistango** à l'heure prévue. Le placier nous avait réservé une table dans un endroit discret. D'ailleurs, il en avait pris l'habitude chaque fois que nous allions manger dans ce restaurant renommé pour sa cuisine française. Quelques instants plus tard, le ministre et l'entrepreneur arrivèrent. Après les présentations et les poignées de main, l'apéritif nous fut servi. Comme d'habitude, la discussion s'étira : elle glissa sur la famille, le beau temps et quelques allusions à la politique. L'entrepreneur jasait fort ; le ministre se faisait discret ; Saka et moi étions tout oreilles. L'entrée fut goûteuse et le plat de résistance aiguisa les papilles du palais. Tout ce menu fut arrosé d'un bon liquoreux Pinot noir rouge. Le dessert fit sensation. Chacun sirota un café et un digestif. Puis, je pris les devants et exposai ma difficulté à obtenir un permis pour construire une serre hydroponique sur une terre dont la CPTAQ m'avait refusé l'achat. Ensuite, je leur décrivis en long et en large toutes les démarches que j'avais entreprises avec madame Lemieux, la propriétaire de la terre, pour que cette dernière obtînt un permis pour y construire une serre.

Le ministre esquissa un sourire interrogateur.

— Monsieur Lachance, je suppose que vous voulez que je m'immisce dans votre processus. En fait, que j'exerce des pressions auprès de la Commission. Monsieur Gendron, sis à mes côtés, m'avait fait parvenir les devis de votre projet. Et je suis fort surpris que vous ayez reçu une fin de non-recevoir de la Commission. Je vous promets d'intervenir auprès de cette dernière. Depuis plusieurs années, mon gouvernement s'efforce de promouvoir l'indépendance alimentaire du Québec et, quand je constate qu'on s'évertue en haut lieu à bloquer tout projet qui contribuerait à nous rendre de plus en plus maîtres chez nous, je m'insurge contre cette politique. De plus, votre projet n'altère en rien la mission de la terre de madame Lemieux. D'ici quelques jours, votre problème sera résolu. J'y tiens et, dès cet après-midi, je vais y voir. Je vous remercie de m'avoir informé. Merci aussi pour ce délicieux dîner. Maintenant, je dois vous quitter, car je siège ces temps-ci à la commission des Finances.

CHAPITRE 13

Le ministre parti, monsieur Gendron me remit un document qui, selon ses dires, était une soumission pour la construction de la serre. Saka et moi retournâmes au bureau, pleins d'espoir. Tout en cheminant, Saka me dit :

— Monsieur, les plans de la serre sont prêts. J'ai prévu trois réservoirs souterrains pour la récupération des eaux de pluie. J'ai aussi localisé l'emplacement de chaque éolienne. Les soumissions pour les différents équipements sont prêtes. Dès que madame Lemieux aura obtenu le permis de construction, l'entrepreneur que nous aurons choisi pourra commencer les travaux préparatoires au montage de la structure. Si tout va en ce sens, la production pourrait débuter dès la mi-novembre.

Je félicitai Saka pour avoir tout prévu. Je me congratulai d'avoir mis la main sur un ingénieur très compétent. Aux émoluments que je lui accordais, il ne pouvait que répondre à mes ambitions.

Il était 15 h 30. Que vis-je arriver au bureau ? La belle Francine Latendresse. Elle voulait me parler en privé. Je lui proposai d'aller prendre une consommation au **Baluchon**. Je lui dis d'être discrète. Nous nous donnâmes rendez-vous à 16 h 30.

Arrivé au **Baluchon**, je m'assis au bar et commandai ma bière préférée la **Dominus vobis cum**. Francine arriva quelques instants plus tard. Comme d'habitude, elle fit sensation : bien des têtes se tournèrent pour la suivre du regard.

— Quel secret as-tu à me dévoiler ? lui lançai-je à brûle pourpoint.

— Pierre, je ne passerai pas par quatre chemins, je veux être sur le conseil d'administration de la serre Lachance. Si tu as bien lu mon CV, j'ai bossé dans le monde des affaires et je pourrais être d'une aide précieuse de par mon expérience. Combien de membres compte le conseil d'administration de la serre Lachance ?

— Présentement, nous sommes quatre : Julien, mon planificateur financier, monsieur Bellehumeur, le président d'Énergie solaire, Élise, ma fille, et moi. Selon ton désir, tu serais la cinquième. J'ai averti tout ce beau monde que je refuserais d'être le président du conseil. Moi, je suis l'initiateur du projet de la Serre et aussi son unique actionnaire. Plus tard, il se pourrait que d'autres investisseurs me rejoignent comme actionnaires. La porte est ouverte à tous les membres du conseil d'administration. Je ne passerai pas ma vie à jouer à l'homme d'affaires. Je laisserai la place à celles ou ceux qui auront cette ambition, à la condition bien sûr de fournir les fonds nécessaires. Quand viendra le temps de me pencher là-dessus, je vous le ferai savoir. Une fois la Serre en production, je vous inviterai à devenir des partenaires. Vous vous partagerez 49 % des actions. L'autre 51 % doit demeurer dans la famille Lachance.

— Tiens, tiens, la belle Élise est dans le portrait. Ce sera donc elle qui surveillera les avoirs et les intérêts de la famille Lachance. Mon cher Pierre, tu te dis ne pas être un homme d'affaires, mais tu agis comme tel. Tu es beaucoup plus stratégique que tu le penses. Si j'avais été dans la même situation, j'aurais agi de la même manière.

Je m'aperçus que Francine n'avait pas commandé de consommation. Je m'excusai et lui demandai ce qu'elle boirait.

— Une eau minérale, c'est tout. Je ne suis pas une consommatrice de boisson alcoolisée. Je veux conserver ma taille de guêpe pour les beaux yeux des mâles. Je me veux aguichante mais pas enquiquineuse. J'ai trop souffert de relations toxiques avec les hommes. Par contre, si tu étais un homme libre, je deviendrais mielleuse.

Sur ce, elle but quelques gorgées et me fit le plus beau des clins d'œil. Elle n'était peut-être pas enquiquineuse, mais elle savait comment s'y prendre pour charmer les hommes.

Revenu à la maison, je fus accueilli par des regards suspicieux. J'eusse pu expliquer mon retard, mais je ne le fis point. Après le souper, les filles quittèrent la maison et je me retrouvai encore une fois seul avec Hélène. Nous discutâmes de tout et de rien. Aucune information concernant la Fondation, aucune touchant la Serre. Je lus le journal et Hélène se plongea comme toujours dans la lecture de son roman. Et la soirée s'éternisa dans la quiétude et le silence.

Le lendemain, ce fut la routine de la matinée : déjeuner et départ des femmes pour le bureau. Ce que je ne fis pas, moi. Je m'enfermai dans mon bureau et fouillai sur internet pour en apprendre davantage sur l'art de la culture en serre. J'étais obsédé par le fait de bien paraître devant Saka qui, lui, maîtrisait tout. J'étais concentré sur un article d'une revue scientifique quand mon cellulaire bipa. C'était le ministre qui rappliquait.

— Monsieur Lachance, je crois que madame Lemieux recevra son permis dans les jours qui viennent. En ce qui concerne votre projet d'achat de sa terre, les bureaucrates de la CPTAQ sont en train de réétudier votre demande. Vous savez, ces derniers trouvent toujours le moyen d'avoir le dernier mot. Soyez assuré, Monsieur, que je suis le dossier de près. Maintenant, vous savez sans doute que les partis politiques ne vivent pas uniquement d'amour et d'eau fraîche, alors pensez à eux.

— Merci, monsieur le Ministre. Quand viendra le temps de contribuer, je n'y manquerai pas.

Sur ce, je me mordis la langue sept fois. Ma condition d'homme apolitique venait de prendre le bord. Et je me suis dit : « Tu viens de tomber dans le panneau, mon cher Pierre, maintenant, tu seras toujours redevable à la politique. » C'était comme si j'avais perdu une partie de mon indépendance. Saka avait raison: il fallait presser le citron pour mettre en marche d'audacieux projets et, par conséquent, être redevable à quelqu'un. La politique était un champ de mines pour un simple citoyen comme moi.

Je décidai de ne pas me présenter au bureau cet avant-midi-là. J'enfourchai ma bécane, roulai jusqu'au pont de Québec. Je m'arrêtai quelques instants pour admirer le paysage. Ensuite, j'empruntai la piste cyclable de la rive sud et me rendis jusqu'au quai de la Traverse. L'envie me prit de monter sur le traversier. Je fis l'allée retour. Je pus admirer la ville de Québec à partir de la rive sud. Ce fut à ce moment que je compris pourquoi ma ville était si belle et si fière. Revenu sur la rive nord, je me rendis à ma terrasse préférée et avalai un petit gueuleton en sirotant ma bière préférée. Puis je suis revenu à la maison.

Hélène était seule. Elle m'avoua qu'elle en avait assez de ces longues journées au bureau. Elle avait décidé de prendre congé.

— Maintenant, me dit-elle, je vais me réserver quelques demi-journées pour relaxer et méditer. Depuis que nous avons lancé la Fondation, je n'ai pris aucun moment de répit. Tu sais, Pierre, nous sommes très avancées et nous sommes en train d'établir un calendrier de rencontres avec les écoles et les cégeps. Vers la fin de septembre ou la mi-octobre, Je vais parcourir le Saguenay-Lac-Sait-Jean et la Côte-Nord. Ensuite, j'irai dans le Bas du fleuve et en Gaspésie avant le début de l'hiver. Je me rendrai à Sept-Îles en avion. J'ai averti Élise que je m'en tiendrais à ces régions pour cette année. Elle est d'accord. Francine parcourra l'Abitibi-Témiscamingue et l'Outaouais. Toutes les autres régions, nous les visiterons au printemps. Il faudra aussi choisir les critères pour déterminer les organismes communautaires à qui la Fondation fera des dons. Élise est d'avis que ce sera le rôle du conseil d'administration de les sélectionner. Comme l'année est pas mal écoulée, nous nous sommes entendues, Francine, Élise et moi, pour monter le dossier en janvier. La Fondation sera en mesure de distribuer des dons aux organismes dès la mi-mai. Je ne le cacherai pas, j'appréhende ces longs voyages. Il est vrai que j'ai de la parenté dans chacune des régions, mais je devrai respecter un échéancier serré. Comme mon auto a de l'usure, j'ai décidé de m'en procurer une autre.

— Hélène, pourquoi la Fondation n'acquerrait pas deux autos ? Il me semble que ce serait plus pratique pour tout le monde, non.

— Tu ne connais pas ta fille Élise, toi. Elle administre la Fondation à la **cenne** près. Pour elle, il n'est pas question de fournir des autos à qui que ce soit. Selon ses recherches, il en coûte pas mal moins cher de payer un per diem et le kilométrage aux propriétaires de leur auto. Le dossier est fermé, on ne reviendra pas là-dessus. Élise a été catégorique. Donc, il n'est pas question de profiter du bien de la Fondation, dixit Élise.

— Pour Élise, l'argent et les revenus d'intérêt doivent être distribués aux élèves et aux étudiants méritants et aux organismes communautaires, résumai-je.

— Voilà qui est bien dit, monsieur Lachance. Ainsi en a décidé la directrice de la Fondation, appuyée par Maryline, la comptable.

— Bon, assez parler de la Fondation, Hélène, que fait-on de notre après-midi libre ? As-tu une idée ?

— Tu te souviens que, quand nous avions besoin d'une grande goulée d'air, nous allions canoter sur la rivière Saint-Charles. J'aimerais y retourner. Il fait beau. Il me semble que prendre l'air et pagayer nous feraient grand bien. Qu'en penses-tu ?

— Hélène, quelle bonne idée ! Vite, on part tout de suite. La rivière nous attend.

Nous prîmes la route et nous rendîmes au chalet. Arrivés sur place, nous louâmes un canot, sautâmes dedans et glissâmes sur un plan d'eau calme. Hélène ramait devant ; moi, derrière. Nos mouvements étaient synchronisés comme si nos esprits étaient en osmose. Nous avancions en silence sur le plan d'eau. Le ciel scintillait sur les eaux moirées.

De temps en temps, nous voyions des écureuils batifoler dans les feuillages. Nous croisions des canes et leurs canetons qui chassaient les moustiques. Parfois, une famille s'approchait de nous, cherchant pitance. Des petits oiseaux striaient les airs et venaient nous frôler de près. Nous étions hypnotisés par le charme de tout ce petit univers. Chaque coup de rame nous portait à une cadence harmonisée. Nous filâmes ainsi jusqu'aux marais du nord, puis nous fîmes relâche pour quelques instants. Nous en profitâmes pour humer la fraîcheur du vent; nous entendîmes le kiak du pic vert; nous surprîmes un grand héron complètement immobile zyeutant sa proie. Hélène fit virer le canot et nous entreprîmes notre retour au chalet de location. À notre arrivée à la maison, les filles se prélassaient sur le bord de la piscine.

Cette virée avait aiguisé notre appétit. Heureusement, Lise, le cordon-bleu de la famille, s'était mise en train de concocter son plat préféré, soit celui de pâtes au thon. L'apéritif lapé, le plat nous fut servi, arrosé d'un bon Pinot blanc. Et un dessert cochon, une tarte au sirop d'érable, enflamma nos papilles. Le tout se termina par un bon cognac. Nous étions tous repus. Je dus combattre une envie tenace de sommeiller. Mal m'en prit, car les filles avaient invité des amies qui ne se gênèrent point pour s'esclaffer de leurs rires bruissants. Ah! Cette belle jeunesse!

Vite, je me retirai dans mon bureau pour écouter de la musique. Bach fut au menu: je me rassasiai de ses concertos pour violons à tel point que je sombrai dans un tel état second qu'il me sembla que je lévitais. Ce fut Hélène qui m'extirpa de ma léthargie. Elle me prit la main et me guida jusqu'à notre chambre. L'heure du dodo avait sonné. Sous la couette, une douce chaleur m'inonda et je ne sus plus si c'étaient les bras de Morphée ou ceux d'Hélène qui m'entouraient.

Au réveil, j'avais les muscles des bras quelque peu endoloris. J'avais de bons mollets et de bonnes cuisses, en tant que cycliste, mais mes bras auraient bien besoin d'être plus fermes ou plus musclés. Une bonne douche répara le tout et un bon déjeuner fit oublier que je n'étais pas une mauviette mais presque! Hélène, elle, avait sauvé l'honneur de notre couple en se livrant à son bienfaisant yoga.

CHAPITRE 14

Quelques jours déboulèrent leur routine habituelle. Un bon matin, mon cellulaire bipa.

— Monsieur Lachance, c'est madame Lemieux. Je l'attendais, vous l'attendiez, tout le monde l'attendait le fameux document. Eh bien ! je l'ai entre les mains, Monsieur ! Je vais quitter ma demeure dans un mois. Je m'en vais habiter dans la grande ville de l'autre bord du fleuve.

— Madame, vous êtes encore propriétaire de votre bien. Personne ne vous oblige à quitter votre belle demeure ancestrale. Je vous fais une promesse : jamais cette dernière ne sera démolie ; au contraire, elle va devenir avec le temps la maison des employés venus d'ailleurs ou je lui accorderai une autre fonction. Pendant la construction de la serre, je m'engage à l'entretenir. Encore une fois, vous n'êtes pas tenue de la quitter tout de suite.

— Monsieur Lachance, j'ai une demande spéciale à vous faire. Mon fils est mon associé et je voudrais qu'il garde un lien avec la ferme familiale. Accepteriez-vous de le prendre, non pas comme associé, mais comme employé ? Comme le reste du lot sera consacré à la culture des légumes en terre, vous aurez sûrement besoin de quelqu'un qui s'y connaît dans ce domaine, me débita-t-elle d'une voix chevrotante.

— Bien sûr, Madame. Votre fils connaît comme le fond de sa poche la parcelle de terre à cultiver en légumes de terre. D'ailleurs, je vais demander à Saka Aminou de le rencontrer le plus vite possible. Si j'ai bien vu quand nous avons fait le tour de votre bien, il y aura des légumes à récolter dans les semaines à venir. Si ce n'est que de moi, votre fils sera responsable de la récolte à venir. Comptez sur moi pour vous donner une réponse positive. Je ne vois aucun obstacle à ce que votre fils soit des nôtres.

Sur ce, je souhaitai une bonne journée à madame Lemieux. Je fonçai au bureau pour annoncer la bonne nouvelle à Saka qui la reçut avec grand enthousiasme.

— Enfin, soupira-t-il, nous pouvons mettre le projet en branle. Dès aujourd'hui, je contacte monsieur Gendron pour qu'il commence les travaux le plus vite possible. Si tout va bien, nous respecterons notre échéancier : dès le mois de novembre, la serre Lachance sera en pleine production de fraises et de tomates. J'ai bâti des projections de dépenses qui respecteront le plan initial. Je ne vais pas dépasser les coûts anticipés. Je me suis basé sur le plan d'affaires que j'avais établi pour la construction de la serre **Amishk**. J'ai prévu quelques centaines de milliers de dollars de plus puisqu'il faut tenir compte de l'inflation, des salaires et de l'équipement de pointe que nous installerons. Monsieur, j'ai grand souci de ne pas sortir du cadre financier que j'ai établi. Je vais surveiller de près l'entrepreneur.

— Saka, je te laisse les mains libres. C'est à toi de mener la barque à bon port. Personne ne peut contester ton savoir dans le domaine de la gérance d'une serre hydroponique. Tu promets de ne pas dépasser les coûts prévus. Tant mieux. Je ne veux pas qu'un jour tu me mettes devant le fait accompli, à savoir que des dépenses imprévues sont survenues. Les millions que j'ai appartiennent en grande partie à la société qui m'a permis de les gagner à la loto. Ces millions, je les investis pour faire avancer le progrès en culture hydroponique et permettre à des concitoyens honnêtes de venir travailler dans notre entreprise. Quand l'entrepreneur va-t-il commencer les travaux ?

— Dans quelques jours, le temps de transporter la machinerie sur les lieux. Comme j'ai demandé à un géomètre-expert d'être disponible le plus tôt possible, l'arpentage devrait être terminé dans deux jours.

Enfin, je pouvais respirer. J'étais fier du travail de Saka, un homme particulièrement débrouillard, disons plutôt très organisé. Je traversai au bureau de la Fondation pour annoncer la bonne nouvelle à tout le monde. Les bravos fusèrent de partout. Hélène ouvrit le réfrigérateur, en sortit une bouteille de champagne qu'elle avait mise au frais pour cette grande nouvelle. Elle enleva le muselet, fit sauter le bouchon qui alla échoir au plafond. Tout le monde trinqua pour la réussite de la serre Lachance. Et je lançai :

— Vous êtes tous invités à la table du **Momento**, ce midi. C'est votre humble serviteur qui paiera la note. Profitez-en puisque je serai fort occupé dans l'avenir. Saka m'a averti que nous allons obligatoirement compter nos sous à la **cenne** près à partir de demain. Il était 10h. Je retournai à mon bureau, Je réservai une petite salle au **Momento**.

J'appelai Julien ; je voulais aller lui annoncer la bonne nouvelle en personne. Il m'attendait à son cabinet. Il m'accueillit d'une poignée de main ferme et le sourire aux lèvres.

— Pierre, si tu viens me voir, c'est que tu as une bonne nouvelle à m'annoncer. Rien qu'à t'observer, tout a débloqué : la bureaucratie s'est faite mettre à sa place et tu as eu gain de cause, n'est-ce pas ?

— Julien, finies les démarches, finies les pressions ! Madame Lemieux m'a annoncé la bonne nouvelle ce matin. La machine est en marche, plus rien ne peut l'arrêter. Grâce à Saka, les travaux commenceront dans quelques jours. Julien, avoir déniché cet ingénieur est le plus beau coup de ma vie. Cet homme-là sait tout, prévoit tout et planifie tout. Je comprends pourquoi les gens de l'Abitibi l'avaient en haute estime. Ce midi, j'ai réservé une table pour tous les employés des deux bureaux. Acceptes-tu de venir manger avec nous au **Momento**, puisqu'à partir de demain le budget sera surveillé de près ?

— Bien sûr, Pierre. Pourquoi me priverais-je d'une bonne bouffe aux frais de l'homme le plus riche du coin ? En passant, ta fortune a encore crû ! Alors, tu peux te permettre de payer la traite à tout ton monde. J'ajoute que, dans deux semaines, je te remettrai un rapport trimestriel détaillé. L'automne s'en vient, la Bourse monte habituellement en octobre. Alors, si ta fortune gonfle, mes redevances aussi.

Je souris à Julien et sortis prendre l'air. Enfin, je pouvais respirer. Demain serait une belle journée, et celle d'après demain aussi. Et je me mis à rêver que, plus tard en décembre, il se pourrait que les Québécois puissent déguster des fraises et des tomates cultivées dans la serre Lachance. Pour en arriver là, je mettais toute ma confiance entre les mains de Saka. S'il avait eu du succès en Abitibi, pourquoi n'en aurait-il pas autant ici, sur la rive sud du fleuve ?

Arrivé au bureau, je constatai que monsieur Gendron était en discussion avec Saka. Ils avaient étalé les plans sur la grande table, et nos deux experts devisaient sur l'approche à prendre le plus vite possible. J'appris de leur bouche que les employés de la compagnie de monsieur Gendron avaient déjà commencé à déplacer la machinerie vers la terre de madame Lemieux. Le géomètre-expert était sur place en train de mesurer le périmètre de la serre. Selon Saka, il fallait faire vite pour être certain de respecter les délais.

Il était 11 h 30. Je hélai tout mon monde afin que l'heure du rendez-vous fût respecté. Nous arrivâmes presque tous ensemble au **Momento**. Je laissai le soin à chacun de choisir son apéritif et je demandai au sommelier quel vin serait servi avec le plat de résistance. Vu que la majorité de mes invités décidèrent de manger de la viande rouge, un Château Margot, un vin rouge, nous fut servi. Puis déguster un bon dessert mit fin au festin. Je n'étais pas pingre, mais le montant de l'addition me fit sourciller !

Évidemment, personne ne retourna au bureau. Chacun fila chez soi.

Quand je revins à la maison, Hélène me réprimanda :

— Pierre, notre train de vie antérieur ne nous permettait pas de nous livrer à une telle extravagance. Aujourd'hui, ce genre d'excès dépasse les bornes du raisonnable. Nous sommes riches, mais ça ne nous autorise pas à faire pareille bombance. Il va falloir que tu apprennes à refréner tes ardeurs. J'étais gênée pour tous les clients qui nous épiaient. Certains d'entre eux nous connaissaient. Non, je ne veux plus que nous nous livrions à tant d'extravagance. Cet argent doit servir à aider la communauté, celle qui nous a permis de bien vivre et de nous enrichir. Des centaines de milliers de gens ont eux aussi acheté un ou des billets dans l'espoir de gagner le gros lot, mais c'est nous qui avons été chanceux. Chanceux de posséder aujourd'hui des dizaines de millions de dollars. Est-ce que tu aurais oublié le jour où tu as fait le serment d'investir cet argent pour permettre à des jeunes, à des travailleurs et à des organismes communautaires d'avoir leur part du gâteau ? Dépenser quelques milliers de dollars pour un dîner dans un restaurant a peut-être terni ton image d'homme responsable. Des centaines de personnes se seraient procuré des bien essentiels avec tout cet argent. Pour cette fois, je te pardonne ta tendance à exagérer quand ce n'est pas le temps. À partir de maintenant, surveille tes arrières : la madame t'a à l'œil.

Je me fis tout petit. Je me levai et j'allai baiser le front de ma douce. J'étais quand même ébranlé par ses propos sévères. Et je le lui dis abruptement :

— Hélène, je n'accepte pas ta réaction. Le passé est le passé ; le présent est le présent. Aujourd'hui, dépenser quelques centaines de dollars, et non des milliers, pour fêter la naissance d'un projet qui me tient à cœur valait le coût. À venir jusqu'à maintenant, je n'ai pas abusé de la situation, je me suis toujours soucié de ne pas dilapider cet argent. Sois convaincue que, dans l'avenir, je ne ferai plus bombance. Moi aussi, je suis conscient de ne pas commettre des excès qui froisseraient nos concitoyens. Par contre, je ne veux pas vivre en me souciant constamment de ce qu'ils vont dire chaque fois qu'ils vont nous voir dans un endroit public, que ce soit au restaurant, au théâtre ou à un spectacle. Sinon, je vais me sentir asphyxié. Hélène, nous ne nous culpabiliserons pas chaque fois que nous nous livrerons à une activité publique. Le regard des autres et leurs commentaires ne devraient pas nous astreindre à l'anonymat. Moi, je ne veux pas me cacher, encore moins m'empêcher de vivre sous prétexte que les autres passeraient des commentaires désobligeants à mon endroit. Je suis bien prêt à faire attention dans l'avenir, mais je n'ai pas de compte à rendre à personne.

Hélène vint m'embrasser. Ses lèvres goûtaient la sève de sa jeunesse. Puis, elle alla se rasseoir et, comme d'habitude, se plongea dans la lecture. Moi, je feuilletai le journal. J'allai d'abord parcourir le dossier Argent. La Bourse croissait encore. Ce qui fit sonner la cloche de la Bourse dans mon subconscient !

Lise arriva en coup de vent. Elle avait l'humeur bougonne. Je lui demandai le pourquoi. Elle me répondit sèchement :

— Papa, Élise me tombe sur les nerfs. Depuis que j'ai recommencé mes cours universitaires, elle me harcèle pour que je travaille quelques soirs pour compléter le dossier web de la Fondation. Moi, si je lui obéis, je suis morte d'épuisement aux fêtes. Pourrais-tu lui faire comprendre le bon sens ?

— Non, Lise. Je n'en ai rien à cirer de l'administration de la Fondation. La solution : assieds-toi avec Élise et explique-lui ta situation.

Hélène intervint :

— Lise, je te propose une solution. Pourquoi ne fais-tu pas du dossier du site web un projet de groupe dans un de tes cours universitaires ? Demande à tes profs si ce concept ne pourrait pas être intégré à ton cheminement. Ainsi, tu pourrais, avec l'aide de tes consœurs ou confrères, finaliser le projet et le faire admettre comme travail à remettre à la fin du semestre. Il me semble que cela pourrait être intégré à ton cursus scolaire.

— Lise, ta mère vient d'avancer une très très bonne idée dans les circonstances. Parles-en à Élise. Elle va comprendre.

— D'ailleurs, Lise, tes consœurs ou confrères et toi pourriez à l'occasion travailler à ton projet au bureau de la Fondation. Vous auriez à votre portée tout l'équipement nécessaire. Y consacrer quelques heures les fins de semaine pourrait être une autre façon de satisfaire les exigences de madame la directrice de la Fondation, ajouta Hélène

— Je vais présenter ces deux propositions à madame la directrice, comme tu dis, maman. Mais Élise est têtue comme une mule et elle peut refuser. Si oui, je perds le petit pactole que je gagne de peine et de misère. Je crains qu'elle donne le projet à terminer à une firme. Moi, je ne ferai jamais une femme d'affaires. Je n'aurai pas ce plaisir sadique de tout contrôler et de tout décider pour les autres.

— Lise, avant de crier aux loups, présente ton projet à Élise. Si elle a un petit côté Lachance, il se peut qu'elle accepte. Si elle retient de moi, bonne chance ! lança Hélène en souriant.

— Papa, je ne monterai pas le site web de la serre Lachance. C'est trop me demander. La priorité va à celui de la fondation Lachance. Je mets toutes les chances de mon côté. Mes études avant tout, me dit-elle d'une voix tendue.

— Lise, je comprends ton inquiétude. Ça va, ta décision est la mienne. Il est important de réussir ton bac.

Ce soir-là, il n'y eut pas de souper. Je dis à Hélène :

— Ce midi, le dîner nous a coûté trop cher, alors, ce soir, nous nous privons. C'est donc dire que, chaque soir, nous nous priverons d'apéritif, de vin et de digestif.

— Pierre, tu peux faire le clown tant que tu veux. Dans le fond, tu sais que j'avais raison pour ce midi au **Momento**. Si tu continues à faire le pitre, tu seras condamné à nous cuisiner le déjeuner pendant un mois. Ce qui te privera d'aller le prendre au petit restaurant du coin et de te faire **minoucher** par ta belle serveuse.

— Hélène, tu es belle et tu es fine, particulièrement quand tu t'abstiens de me faire la leçon.

Sur ce, je courus à mon bureau et lançai un appel à madame Lemieux. Je prétextai que j'avais à la voir de toute urgence pour statuer sur une affaire. Je sautai dans mon auto et filai chez madame. Quand je suis entré dans sa demeure, je vis que son fils y était présent. C'était justement l'objectif de ma visite : connaître son fils. Madame me le présenta. Elle m'offrit un café et une tarte aux pacanes. Je ne refusai point. La pointe de tarte soulagea mon estomac qui gargouillait. Puis, j'en vins à la raison de ma visite : je voulais parler à son fils. Il avait la parole facile, ce monsieur. Il me déballa toute l'historique de la ferme. Une ferme, selon ses dires, qui avait été cultivée avec grand soin et passion. Je n'eus pas besoin de lui offrir un poste à la serre, lui-même me proposa de s'occuper de la culture des terrains adjacents à celle-ci. Pour lui, la culture ne se faisait qu'en travaillant le sol. Les méthodes modernes de culture, il y croyait, mais il laissait aux autres le soin de s'en occuper. Alors, j'avais déniché l'homme qui continuerait la tradition de la famille. Et je fus content de le lui dire :

— Monsieur, je suis très heureux que vous continuiez la tradition familiale. Saka et moi nous demandions si un membre de la famille allait reprendre les rennes et continuer la production maraîchère. Je suis fort content que vous vous joigniez à notre équipe. Dès demain, vous serez notre homme de confiance. Ce soir, il est tard et je ne veux pas m'attarder plus longtemps, mais je vais revenir pour vous proposer une rémunération qui saura vous satisfaire.

Nous liâmes notre entente par une poignée de main. Avant de partir, je m'avançai vers sa mère pour lui susurrer qu'elle avait un fils en or.

CHAPITRE 15

De retour à la maison, une auto était garée dans l'entrée, une auto qui m'était étrangère. Je ne laissai rien paraître et j'allais entrer dans la maison quand Élise m'interpella. Un beau jeune homme l'accompagnait.

— Papa, viens ici, j'ai quelqu'un à te présenter. Voici Julien Caron, un ancien confrère de classe à l'université. Il est agronome. Nous nous fréquentons depuis peu.

Je lui serrai la pince et, plein d'enthousiasme, lui souhaitai la bienvenue dans notre clan. Enfin, Élise avait rencontré un jeune homme qui semblait plus qu'un copain. Cela me fit tout drôle que ce garçon lui portât un si grand intérêt. Tout ce que je souhaitais, c'était qu'elle connût enfin le bonheur d'être en amour. Je quittai les deux tourtereaux en leur disant que la soirée si calme leur appartenait et allai rejoindre Hélène.

Madame était plongée dans son roman de six cents pages. Je l'approchai et lui dis :

— Hélène, tu lis un roman rempli de rencontres amoureuses. Tu te prépares à donner des conseils à notre belle Élise, je suppose. Si je me souviens de nos premières rencontres, c'était moi qui proposais et toi qui disposais. Est-ce que tu as lu dans mes yeux que je deviendrais ton prince, ton amoureux, ton mari, ton homme plus-que-parfait ? Ou c'est moi qui ai fondu, hypnotisé par tes beaux yeux ?

La belle demeura sourde à mes propos. À peine sourcilla-t-elle.

Dans le fond, elle me donnait le signal de la laisser en paix. Ce que je fis en me claustrant dans mon bureau. J'eus soudainement le goût d'entendre Luciano Pavarotti. Ses airs d'opéra et de chansons napolitaines me submergèrent d'émotions. Une douce torpeur m'envahit et mon esprit plongea dans un maelstrom où s'entremêlaient rêverie et songerie. La musique et la chanson m'enchâssaient à tout coup dans un univers indéfinissable. C'était comme si mon corps se pelotonnait dans une douceur impalpable. Je ne sus pas quand je m'extirpai de cette extase. Quand je revins dans le salon, les objets se fusionnaient à la pénombre. Partie Hélène se coucher; partie Élise avec son beau jeune homme ; partie Lise je ne savais où. Le cri d'un oiseau nocturne m'attira à l'extérieur. Les étoiles me souriaient; les feuillus dessinaient leur contour dans une nuit bleutée. Et je me surpris à concevoir que le bonheur de vivre heureux n'existait que dans le fait que notre conscience s'accouplait avec la quiétude de tout ce qui nous entourait, nous les êtres humains. Je crus apercevoir que la lune m'approuvait de sa brillance !

Le lendemain matin, Hélène m'accueillit d'un large sourire.

— Je crois, mon homme, que tu as rêvé. Tu as jargonné une bonne partie de la nuit. J'ai même cru entendre que tu cherchais ton âme qui s'était perdue dans les profondeurs d'un univers sidéral. Serait-ce que, depuis que la fortune t'a souri, tu as perdu le sens de la réalité et que jour et nuit ton esprit s'embrouille ?

Je ne répondis point à cette pointe d'humour. Je me servis un café noir qui, lui, me secoua le cerveau. Hélène avait préparé une omelette au fromage **La Sauvagine**. Je la dégustai à petite bouchées. Élise vint nous rejoindre. Elle avait l'air un peu fripée. Ce qui me fit sourire, et elle s'en aperçut : des yeux malins me fixèrent. Je compris alors que l'amoureuse n'entendait pas à rire et je ne voulus surtout pas recevoir une volée de bois vert. Enfin, Lise osa se présenter le bout du nez. Elle aussi n'avait pas le goût de se faire tirer les vers du nez. Je pilai sur mon envie d'être curieux et je saluai tout ce beau monde.

Arrivé au bureau, la secrétaire me remit les numéro des appels téléphoniques reçus depuis la matinée et quelques lettres. Madame Salamatou était de belle humeur. Elle portait un ensemble fort coloré que le soleil aurait pu lui envier. Je commençai par ouvrir le courrier. Quelques lettres contenaient des invitations à des activités communautaires. Une d'entre elles attira mon attention : elle venait de la Commission de la protection du territoire agricole du Québec. Je la décachetai sur-le-champ, la lus et y appris que la Commission m'accordait le permis d'acheter la terre de madame Lemieux. Enfin, j'avais le chemin libre pour réaliser mon projet de serre sur ma propre terre. Je ne fis ni un ni deux : j'appelai madame Lemieux pour lui apprendre la grande nouvelle. Elle me répondit avec grand enthousiasme :

— Enfin, monsieur Lachance, vous avez gagné votre pari. Vous enlevez un énorme poids de mes épaules. Ces derniers temps, le sommeil venait difficilement. Je suis surtout contente d'une chose : ma terre sera entre bonnes mains. Je désirais tellement que mon bien soit acheté par quelqu'un qui se soucierait d'en prendre grand soin et de le cultiver. Je craignais de ne pas pourvoir vendre ma propriété agricole. Maintenant, c'est fait.

Je la remerciai pour ces bons mots et lui souhaitai une retraite dorée dans un milieu où elle retrouverait la paix et la sérénité. Je la rassurai aussi sur le fait qu'elle pouvait quitter sa demeure quand elle serait prête et que personne n'exercerait des pressions pour qu'elle partît avant qu'elle en exprimât le désir. Et j'ajoutai que le contrat de vente serait signé quand ce dernier aurait été ficelé avec le notaire.

Au moment où je coupais la communication avec madame Lemieux, Hélène et les filles firent leur entrée à la file indienne. Ce qui n'augurait rien de bon. Quelques minutes plus tard, Hélène vint me voir et m'expliqua la situation.

— J'ai eu une discussion orageuse avec les filles au déjeuner. Les propositions que nous avions présentées à Lise ont fait long feu. Notre entêtée d'Élise a pris le mors aux dents. Pour elle, pas question que le site web de la Fondation fasse l'objet du contenu d'un cours universitaire. Elle craint que le projet ne soit plus l'exclusivité de la Fondation. Elle a peut-être raison, mais son argumentaire me paraît contre-indiqué. Alors, ce midi, je veux que le clan vienne manger à la maison. Un jour, il faudrait bien faire entendre raison à notre tête de mule, madame la directrice.

Je fis remarquer à Hélène que j'avais pris la décision de ne pas me mêler des affaires courantes de la fondation Lachance. Il y aurait un risque à confronter Élise. Elle en avait beaucoup sur les épaules, elle cumulait une fonction qui demandait rigueur et planification. Je lui fis une proposition :

— C'est au conseil d'administration de trancher. Qui en est le président, Hélène ?

— C'est monsieur Bellehumeur, le secrétaire du conseil d'administration.

— Hélène, tu l'appelleras si notre dialogue au dîner s'avère un échec. Si j'ai bonne mémoire, il t'est arrivé à l'occasion de te murer dans tes entêtements, mais l'homme qui est devant toi a réussi à te faire entendre raison. Ce qui ne t'a pas empêchée d'être une femme de tête au jugement irréprochable.

La belle fronça les sourcils et décampa séance tenante. Mon commentaire avait fait mouche !

Quand Saka arriva, j'allai lui demander de me faire rapport sur l'avancement des travaux. J'appris que le contour de la serre avait été arpenté et que le creusage de l'emplacement des citernes pour récupérer l'eau de pluie avait débuté. Il m'informa que la demande de soumission pour acheter l'équipement avait été envoyée aux commerces intéressés par ce projet. Le choix s'arrêterait à la soumission la plus réaliste concernant les coûts. Il me souligna que je lui avais donné l'ordre de choisir la plus haute si elle respectait les plans et devis de la construction. Bref, il surveillait le tout avec rigueur. Mais il m'avoua :

— Monsieur, un tel projet peut obligatoirement entraîner quelques dépassements de coût. Toutefois, l'entrepreneur monsieur Giroux est formel : il va s'en tenir au montant de sa soumission.

— Saka, si la chose arrive, nous nous assoirons avec l'entrepreneur pour en discuter. Ah ! oui, j'aimerais que nous allions visiter le chantier, cet après-midi. Je vais en profiter pour te présenter le fils de madame Lemieux, un chic type et un grand connaisseur de la culture des légumes en sol.

Sur ce, j'osai m'avancer dans l'antre du clan féminin. J'empruntai un ton ferme et lançai à mes amours que nous allions dîner à la maison ce midi. Présence obligatoire obligée. Un regard noir me fustigea !

Quand je retournai à mon bureau, madame Salamatou me souriait. Elle avait entendu l'ordre que j'avais jeté sans réplique venue. Elle rigolait.

— Monsieur, quand vous formulez une demande, vous n'y allez pas de main morte. Votre voix en impose. Je pense que mes filles vous feraient les gros yeux. Elle se retourna pour ne pas pouffer.

Je lui répliquai qu'en pareille situation il valait mieux rigoler que pleurer. Je lui fis remarquer que j'avais emprunté ce ton pour passer un message à quelqu'une en particulier. Elle ajouta :

— Et ce n'est pas votre épouse, Monsieur. Elle a tellement bon caractère et présente toujours une belle humeur, elle.

Je coupai court à cet échange et sortis prendre un café. Curieusement, Francine et Élise échangeaient, appuyées au mur. Personne ne me jeta un regard interrogateur. Je supputai que les deux discutaient d'un sujet qui ne me regardait en rien. Il y avait anguille sous roche. Était-ce que le fait d'être obligé d'aller dîner à la maison avait agité les esprits ? Mystère et boule de gomme !

Midi sonna et le clan se retrouva à la maison. J'avais pris soin de commander un léger goûter chez un traiteur du coin. Une salade aux goberges était à l'honneur. Pendant que chacun mangeait lentement, Élise entama la discussion :

— Papa, je sais pourquoi tu nous as demandé de venir manger ici à la maison. Nous allons couper court à la discussion, car il n'y en aura pas.

La proposition de maman concernant la construction du site internet de la Fondation proposée par Lise a plein d'allure. Moi, je n'en veux pas à Lise de vouloir se donner du temps libre, mais je crains toujours que l'Université s'arroge un droit d'auteur sur notre site puisqu'il aura fait partie intégrante d'un de ses cours. Par prudence, je demande à Lise de bien s'informer concernant les droits d'auteur. Je veux et j'exige que ce qui est produit ici demeure propriété exclusive de la fondation Lachance. Ceci étant dit, je ferme les livres.

Je vis qu'Hélène bougeait sur sa chaise. Elle pointa du doigt Élise et lui reprocha en ces termes :

— Élise, qui t'a fait changer d'idée ? Ce matin, tu avais fermé la porte à double tour. Et là, soudainement, la lumière se fait. Peut-être qu'avoir pris un café avec quelqu'une t'a fait comprendre bien des choses.

Élise comprit l'allusion : elle avait la larme à l'œil.

— Maman, j'en ai discuté avec Francine. C'est moi qui ai fait les premiers pas. Elle m'a fait comprendre que le projet de Lise prenait tout son sens puisqu'il impliquait elle, soit la Fondation, et ses consœurs étudiantes, soit le cours universitaire. Ainsi, notre projet de site internet permettrait à d'autres d'y participer. Quant à leur rémunération, je vais la déterminer avec elles. J'émets cependant une condition : Lise et ses consœurs étudiantes vont devoir travailler quelques heures au bureau de la Fondation. Je ne crois pas qu'elles y fassent obstacle.

Ces explications mirent fin aux échanges. Lise servit le café et le dessert savoureux sembla ramener l'harmonie dans le clan. J'espérais de toutes mes forces qu'Hélène oublierait le tour de passe-passe de Francine. J'avais de sérieux doutes !

CHAPITRE 16

Quand je retournai au bureau, Saka m'attendait. J'avais oublié que nous allions visiter le chantier de construction de la serre. Il me dit qu'il irait me rejoindre à la ferme de madame Lemieux puisqu'il avait quelques appels à faire concernant la soumission pour les équipements.

— Saka, j'aimerais que nous cheminions ensemble. Je préfère que nous arrivions en même temps. Prends le temps de faire tes appels, je t'attends, lui répondis-je.

— J'en ai pour une heure, Monsieur, spécifia-t-il.

Et je le vis se pencher sur un dossier en particulier. Je l'entendis discuter avec un soumissionnaire. Saka parlait lentement. Je constatai qu'il expliquait le dossier avec emphase et précision. Il le maîtrisait, cela se voyait. Je me dis en moi-même que j'avais choisi un gestionnaire de grand talent. Je me posai la question : « Comment de grandes compagnies ont-elles pu échapper un ingénieur d'une telle compétence ? » J'avais ma petite idée, mais je la gardais pour moi !

15h sonna. Chacun prit son auto et nous nous donnâmes rendez-vous à la ferme qui, bientôt, allait devenir ma propriété. Arrivés sur les lieux, nous allâmes saluer le contremaître qui surveillait les travaux de construction de la serre. Il avait fière allure et sa poignée de main donnait l'image d'un homme qui s'affirmait. Il fallait hausser la voix, car les grues et les pelles faisaient grand bruit. Saka et moi apprîmes que, dans deux jours, les citernes seraient déposées dans leur fosse. Le temps alloué à cette tâche était respecté. Nous apprîmes aussi qu'une fois la base du carré complétée, les ouvriers pourraient commencer à monter la structure. Le contremaître indiquait le tout sur les plans.

— Si les délais de livraison des pièces de l'armature sont respectés, tout ira bien, affirma-t-il.

— Les pièces de l'armature arriveront dans quelques jours ou au plus tard dans dix jours. Les plaques de verre pour couvrir la toiture suivront. Assurez-vous qu'il y ait une légère déclivité du sud vers le nord pour que l'eau de pluie et de la fonte des neiges puisse s'écouler vers les citernes, spécifia Saka.

Le contremaître le regarda avec un petit sourire moqueur.

— Ça, Monsieur, c'est ma responsabilité. Si je suis bien vos plans, vous ne perdrez pas une goutte d'eau. Avez-vous remarqué la légère déclinaison de la base ?

Saka ne parut pas désorienté pour autant. Pour lui, préciser les choses faisait partie intégrante de sa tâche. Je sus tout de suite que ces deux comparses se comprenaient.

Je laissai les experts continuer leur discussion et allai rendre visite à madame Lemieux. Elle avait l'air triste.

— Monsieur Lachance, je regarde les travaux. J'essaie de me convaincre que tout ce remue-ménage est pour le bien de ma terre et j'ai peine à le croire. Dans la serre que vous faites construire croîtront des fraises et des tomates. Moi, j'ai passé ma vie à travailler la terre, à la herser et à y faire pousser du foin, du blé et, depuis peu, des légumes en sol. Quand je reviendrai revoir ma terre dans deux mois, votre serre en occupera une grande partie. Je ne suis pas vieux jeu, mais les techniques modernes me font vieillir.

— Madame Lemieux, il ne faut pas nier le progrès ; au contraire, il faut l'encourager. Ce que vous faisiez dans votre temps était passionnant. Maintenant, cultiver des fruits et des légumes en serre est aussi stimulant. De plus, une foule d'avantages s'ajoutent à ce processus. Vous, quand il ne pleuvait pas ou qu'il gelait, vos légumes avaient peine à croître. Nous, nous n'avons pas à craindre ces malheurs, car la culture se fait à l'abri des méfaits climatiques. Quand il va pleuvoir ou qu'il va neiger, l'eau de pluie ou de la neige fondue coulera dans les citernes. Ce qui permettra d'économiser l'eau de l'aqueduc municipal et, par le fait même, épargner des sous. Au moment où la serre Lachance sera en état de marche, je vous inviterai à la visiter. Madame, votre bien sera jalousement entretenu par des professionnels et des employés compétents et passionnés.

Là-dessus, je quittai madame et rejoignis Saka. Nous nous saluâmes et chacun reprit le chemin du retour, quoique ce dernier n'eût que quelques kilomètres à parcourir pour revoir sa belle.

Il était 18h quand je rentrai à la maison. La table était mise, le souper était prêt et un parfum de rôti titillait mes narines. Je fis le bonjour à toutes, et elles me le retournèrent. Je crus bien que la tension s'était volatilisée. Lise nous servit un apéro qui fit l'unanimité. Quelques instants plus tard, Élise présenta le plat de résistance. Nous dégustâmes un rôti de porc à l'ancienne. C'était la recette grand-mère Lachance, aux dires d'Élise. Nous croquâmes un carré aux dates que Lise avait soigneusement apprêté. Le café bu, nous lapâmes un **Amaretto** comme digestif. Le silence s'établit en maître : pas une allusion aux accrochages de la matinée et du dîner. Hélène ne dit mot de tout le souper. Ce n'était pas bon signe pour ma petite personne. J'appréhendais ce qui se passerait sous les draps à la fin de la soirée !

Je remerciai les filles pour cet excellent menu et allai me terrer dans mon bureau. Après quelques pages parcourues, je mis le journal de côté, car l'information objective manquait cruellement depuis quelques temps. J'écoutai de la musique. Une symphonie de Beethoven m'oxygéna le cerveau. Je terminai ma séance musicale par un concert de **Gheorghe Zamfir**. Sa musique était douce et reposante. Ce soir-là, l'envie de dormir me frappa soudainement. J'eus juste le temps de me doucher et de me sécher. Je m'enroulai dans ma douillette et sombrai dans un sommeil profond.

Au matin, des caresses osées de mon amoureuse me réveillèrent. Ses mains fouillaient sous la couette, ce qui me conduisit à une folle surexcitation. Madame se fit encore japonaise et entreprit une cadence qui me réconcilia avec le dieu du plaisir. Nos appétits charnels entrèrent en osmose et culminèrent jusqu'à l'éclatement de nos sens. Une douce chaleur envahit nos corps enlacés et nous plongea dans un grand apaisement.

Ce que je craignis arriva. Revenue à la réalité, Hélène se fit mielleuse. L'interrogation fut directe :

— Pierre, est-ce que tu avais parlé à Francine de notre mésentente entre nous, les femmes ?

— Non, Hélène. Je suis convaincu qu'Élise voulait connaître l'opinion de Francine concernant le projet de Lise. En bonne gestionnaire, elle a dû se poser mille questions. Après mûres réflexions, elle a enfin compris et est allée demander son avis à Francine. Il en est résulté que le désaccord fut aplani et que le tout s'est réalisé chez nous entre nous. Élise a attendu au dîner pour faire connaître sa décision. Elle est assez diplomate pour ne pas faire éclater au grand jour nos problèmes de famille. D'ailleurs, je te fais remarquer que cette mésentente touchait aussi celles qui travaillent à la Fondation. Si tu penses que Francine veut te faire ombrage, tu te trompes. L'affaire est classée, on n'en parle plus.

Je sautai du lit, suivi d'Hélène. Nous prîmes notre douche ensemble ! Cela arrivait quelquefois que nous nous massions tout le corps avec de l'eau savonneuse parfumée.

Nous prîmes le déjeuner en jasant et, parfois, en riant aux éclats. Ce climat de détente me fit grand bien. La journée passa sans que personne ne se sentît pressé par le temps.

En fin d'après-midi, je traversai le pont et me rendis chez madame Lemieux. Les travaux de construction de la serre progressaient. Le respect des devis et des plans cheminait normalement, selon ce qu'affirma le contremaître.

Je me permis d'aller visiter madame Lemieux. Son fils était présent. Il me demanda si c'était lui qui récolterait les légumes, qui les vendrait au marché ou qui les entreposerait.

— Monsieur Lemieux, je vous laisse ça entre les mains. Vous avez cultivé ces légumes, vous devez recevoir le fruit de ce travail. Je n'exigerai rien de vous. Allez en paix.

Sur ce, je souhaitai une bonne soirée aux Lemieux et revins à la maison.

Dix jours plus tard, octobre s'annonçait. Tout allait pour le mieux à la fondation Lachance. Il en était de même au chantier de la construction de la serre Lachance.

Hélène s'apprêtait à prendre le départ pour aller présenter les objectifs de la Fondation aux cégeps et aux commissions scolaires de deux régions, soit le Saguenay-Lac-Saint-Jean et la Côte-Nord. Quant à moi, je suivais l'évolution des travaux de construction de la serre. La structure était montée. Il ne restait que l'équipement à installer à l'intérieur. Les citernes étaient prêtes à recevoir les eaux de pluie. Selon les projections de Pierre Desjardins, l'agronome engagé par Saka, la culture hors-sol débuterait vers la mi-octobre. Il m'expliqua que la Serre cultiverait des variétés de fraisiers achetées ici. Il en serait de même pour la culture des tomates. Il m'assura que les premiers fruits et légumes seraient disponibles vers la fin décembre. J'étais satisfait, car j'avais promis à madame Lemieux qu'elle dégusterait des fraises cultivées ici à Noël.

Le 3 octobre, Hélène partit tôt le matin pour le Saguenay-Lac-Saint-Jean. Elle ne savait pas combien de temps durerait sa mission. Une fois la tournée terminée, elle reviendrait se reposer quelques jours avant de la reprendre sur la Côte-Nord. Nous nous fîmes la bise. Elle avait les larmes aux yeux. Elle me promit qu'elle me contacterait chaque fin de journée. Elle appellerait Élise tous les jours pour lui faire un compte rendu succinct. Élise y tenait ! Le 4 octobre, Francine routait vers l'Abitibi pour dix jours. Elle ferait la tournée des cégeps et des commissions scolaires de la région. Après, elle quitterait l'Abitibi pour le Témiscamingue et terminerait sa tournée en Outaouais.

Quand j'arrivai au bureau, je saluai madame Salamatou et Saka. J'allai prendre un café en compagnie de la secrétaire de la Fondation, de Maryline et d'Élise. L'atmosphère était détendue. Nous discutâmes de tout et de rien. J'essayai quand même de leur soutirer les vers du nez, mais aucune de mes allusions ne fit mouche. Après quelques essais infructueux, je capitulai et retournai au bureau. Mais je le quittai rapidement : j'en avais soupé de me lever tous les jours pour entendre chacun m'expliquer ceci ou cela. J'avais besoin de m'éloigner de la boîte.

Je mis pied au bureau de la Fondation et susurrai à l'oreille d'Élise si elle aimerait décamper du bureau. La belle température se prêtait à une randonnée en canot. Élise accepta avec plaisir. Le canot loué, nous prîmes possession de la rivière. Élise ramait avec énergie, mais je parvenais à m'ajuster à son rythme. J'admirais tout, je buvais tout. Je me disais : « Comment l'homme pouvait-il percevoir la nature comme inhospitalière et dangereuse pour l'être-humain ? » Tout y était beauté, calme et fraîcheur. Élise, tout en ramant, admirait les berges où piaillaient les oiseaux. Parfois, quelques canetons inconscients du danger, venaient frôler notre embarcation. Je pris conscience que la nature et l'homme pouvaient vivre en harmonie côte à côte. Élise était une rameuse tenace et je tenais toujours la cadence qu'elle m'imposait. Je me rendis compte que les feuilles épousaient les couleurs automnales. Elle me fit remarquer que le ciel noircissait et qu'il serait préférable de faire demi-tour. La manœuvre terminée, nous rejoignîmes le chalet à une cadence effrénée. Nous étions tout juste arrivés qu'une averse torrentielle nous trempa jusqu'aux os. Après quelques grelottements, nous oubliâmes ce contre-temps et revînmes à la maison, contents de notre randonnée.

À la maison, Élise parla sans arrêt. Elle déballa son sac. Elle adorait son travail. Elle aimait les personnes qu'elle côtoyait tous les jours au bureau. Finis les petits conflits ! Finies les allusions malsaines ! Elle s'entendait à merveille avec la secrétaire et Maryline. « Deux soies », me dit-elle. Maman et Francine se comprenaient tout en se respectant. Je la félicitai.

— Élise, donner priorité aux relations humaines dans quelque entreprise que ce soit est essentiel. En tant que gestionnaire principale de la Fondation, tu te dois d'accepter que des employées soient plus compétentes que toi. Une leadeuse accepte toujours de s'entourer de personnes plus fortes qu'elle. Ton rôle est d'assurer la bonne marche et la cohésion dans ton milieu. Sois rassembleuse. Fais-en ton leitmotiv quotidien. Tu devras parfois jouer second violon pour que tout ton monde soit heureux autour de toi.

Élise m'approuva du bonnet et me lança le plus beau des sourires. Celle-là, c'était le clown parfait !

J'avais oublié la notion du temps. Élise me fit remarquer que nous n'avions ingurgité rien depuis le matin. Nous avions une faim de loup. Je proposai à Élise d'aller grignoter quelque chose au bistro du coin, mais elle refusa sous prétexte qu'elle voulait relaxer en compagnie de son papa chéri. Pour se dédouaner, elle concocta une salade de son cru que nous mangeâmes en buvant un bon verre de vin. Puis, je **cantai** dans ma grande chaise. Quand je me réveillai, une couverture m'emmitouflait. Élise avait pris soin de son papa !

Je me levai et, je ne sus pas pourquoi, je pensai à ma mère que je n'avais pas revue depuis un certain temps. J'interpellai Élise mais n'eus point de réponse. Je m'imaginai qu'elle était allée rejoindre son copain. Je décidai que j'allais souper avec ma mère. Je l'appelai. Elle répondit :

— Ah !, c'est toi, Pierre, le fils ingrat qui néglige sa relation avec sa procréatrice.

Je reconnus dans ce propos l'humour mordant de ma maman chérie. Et je la relançai :

— Maman, pardonne-moi de ne pas te rendre souvent visite. Depuis quelques semaines, je ne pense qu'au travail. Pour m'excuser de ma négligence impardonnable, m'inviterais-tu à souper avec toi ?

— Mon fils, bien sûr, mais en dehors de ma résidence. J'aimerais tant aller manger dans mon restaurant préféré que ton défunt père et moi fréquentions régulièrement. Tu sais où m'amener, Pierre ?

— Maman, si je ne me trompes pas, vous alliez goûter les fruits de mer au **Rascal**. Je réserve une table pour 18h. Attends-moi vers 17 h 30 à la porte d'entrée.

Je voulais lui réserver une surprise. J'envoyai un courriel à Élise et Lise pour qu'elles me rejoignissent au **Rascal**. J'espérais de tout cœur que les filles viendraient nous rejoindre.

Entre-temps, je me douchai et coupai ma barbe : ma mère détestait les mâles qui se conduisaient comme les hommes de Cro-Magnon. Je revêtis mon plus bel ensemble. Là encore, maman voulait me voir bien habillé. Elle disait que je lui renvoyais l'image de son mari. Avais-je besoin de vous signaler que j'étais son enfant chéri !

À 17 h 30, maman m'attendait à la porte de sa résidence pour personnes âgées. Elle était toujours habillée chic, ma mère. Elle portait une belle robe bleu foncé et une chapeau appareillé. Elle me surprenait toujours en se chaussant de souliers à talon haut. Elle disait qu'une femme, quel que fût son âge, devait paraître plus jeune. Je savais de qui je retenais ! Je la félicitai pour sa belle tenue.

Nous arrivâmes au **Rascal** à 18h pile. La réceptionniste salua ma mère et lui souhaita un bon souper. Moi, j'eus droit à un sourire timide.

Surprise ! les filles nous attendaient. Ma mère les serra dans ses bras et leur fit moult compliments sur leur allure et leur beauté. Elle fit l'espiègle :

— Pierre, tes filles ont un petit quelque chose de toi mais beaucoup plus de leur mère Hélène. Heureusement ! Trêve de plaisanterie : je suis entourée de plein de beau monde !

Le serveur nous offrit de prendre l'apéro. Ma mère commanda et, par politesse, les filles et moi l'accompagnâmes. Nous bûmes un vermouth, tout en discutant. Maman n'avait de cesse de poser des questions aux filles. Moi, j'écoutais sagement comme je le faisais toujours quand mes parents m'amenaient en cet endroit. Le serveur vint cueillir nos commandes. Nous nous entendîmes pour manger des fruits de mer, ce qui respectait le choix de ma mère. Les filles et moi étions de connivence, puisque je leur avais fait connaître les goûts de leur grand-mère quand je leur avais fait parvenir l'invitation. Il restait à choisir le vin et j'eus le privilège de proposer un Aligoté blanc, un vin au prix abordable. Je me souvins qu'Hélène m'avait réprimandé d'avoir choisi un vin fort coûteux lors du dîner de groupe au **Bistango**. Le plat de résistance fut composé de fruits de mer que tout le monde apprécia. Quand il fut temps de choisir un dessert, grand-mère et les filles se désistèrent. Je me retrouvai donc seul à grignoter un gâteau au fromage. Lise, n'ayant pu se retenir, vint picorer dans mon assiette. Nous passâmes outre au digestif. Quand le serveur me remit l'addition, je compris pourquoi Hélène avait réagi la dernière fois. Si toutes mes sorties au restaurant coûtaient aussi peu, elle passerait outre aux réprimandes.

J'allai reconduire maman à sa résidence pour personnes âgées, et elle me fit promettre de ne pas la laisser trop souvent dans l'oubli et de l'appeler tous les jours. Je m'y engageai bien que je ne fusse pas certain de l'honorer. En quittant l'auto, elle me fit un clin d'œil et me lança quelques propos rigolos. Ma mère avait toujours eu le sens de l'humour et de la répartie.

CHAPITRE 17

Quand je revins à la maison, mon cellulaire bipa. C'était Hélène. Elle s'exprimait d'une voix claire. Je la soupçonnai d'avoir pris une coupe de vin de trop. Elle se mit à rire.

— Pas du tout, mon cher. Je suis présentement dans ma chambre d'hôtel. Je me repose et sais-tu ce que je fais ?

— Bien sûr, tu lis ton roman aux six cents pages.

— Non, j'ai déjà reçu quelques dossiers de petits brillants. Des garçons et des filles intelligentes et au quotient élevé, ça pullule au Saguenay-Lac-Saint-Jean. Alors, il ne faut pas se surprendre que la colonie artistique et le monde des affaires de partout au pays soient investis par les gens de cette région. Je suis même allée rencontrer un groupe d'élèves dans une polyvalente et je n'y ai vu que des jeunes aux yeux brillants, pleins d'intelligence. Si je me fie à ce que j'ai observé depuis mon arrivée, la fondation Lachance va remettre des centaines de bourses.

— Je suis content pour toi. Ta mission part sur le bon pied ou décolle sur les chapeaux de roue. Ici, les filles sont de bonne humeur. Ce soir, tous les trois, nous sommes allés souper au restaurant avec ma mère. Les filles ont apprécié. Et, je te le dis tout de suite, le montant de l'addition fut raisonnable. J'ai toujours en tête ta semonce de l'autre jour.

— Enfin, le millionnaire devient raisonnable. On ne dilapide pas l'argent que le hasard a permis de gagner si facilement. Rappelle-toi que tu as fait des promesses que tu dois coûte que coûte tenir. Pierre, je te souhaite bonne nuit et je pense à toi.

Nous nous fîmes moult bises en susurrant des petits mots d'amour. 22h sonna, et le filles n'étaient pas encore revenues. Je montai me doucher et me coucher. La chaleur corporelle d'Hélène me manquait. Je m'enroulai dans la couette, fermai les yeux et rejoignis Morphée. La nuit fut piquée de rêves conseil. Tout le monde me proposait mille solutions à tous les problèmes que j'affrontais. Quand je me réveillai le lendemain matin, personne ne m'attendit pour me conseiller dans mon travail !

Au déjeuner, j'allai au bistro du coin. La serveuse m'accueillit en souriant.

— Monsieur Lachance, avez-vous rêvé ? Le brillant de vos yeux trahit le tempo de votre nuit.

— Josée, comment peux-tu lire dans mes yeux que j'ai rêvé cette nuit ? Oui, mais je ne me souviens de rien.

— C'est que vous avez fait des rêves conseil dont on se souvient rarement au réveil. Voilà que tout s'explique.

Elle me servit un café et des œufs brouillés que je mangeai lentement. J'essayai encore une fois de me souvenir d'un rêve qui aurait pu encore survivre dans mon subconscient, mais je n'y arrivai point. La serveuse, voyant que je me creusais les méninges, me dit :

— Monsieur, sans faire de jeu de mots, je vous donne un conseil : ne cherchez pas à savoir. Et elle se mit à rire.

Elle avait bien raison, la belle.

Je me rendis au bureau. Je saluai tout le monde. À peine étais-je assis que mon cellulaire bipa. C'était Julien qui me rappela que nous devions nous donner rendez-vous pour faire le bilan des trois premiers mois de placement.

J'allai le rencontrer à 10h. Quand je suis arrivé à son bureau, la secrétaire m'offrit un café et quelques beignets. Ça allait pour le café, mais je refusai les petites pâtisseries alléchantes. Depuis quelque temps, je peinais à maintenir mon poids santé.

Julien me vit et vint à moi. Nous nous serrâmes la pince. Il m'invita à m'asseoir face à son écran géant. Il me détailla toutes les données. Mes actions et mes produits dérivés avaient crû. Ce qui fit que ma fortune avait beaucoup augmenté. Quand je vis le rendement des trois derniers mois au bas de l'écran, je n'en croyais pas mes yeux. C'était vrai qu'avec des **cennes** on faisait des piastres, mais avec des millions on pouvait aussi faire des millions. Julien m'épiait avec le sourire aux lèvres. J'en déduisis que lui aussi s'enrichissait: je me rappelai qu'il ramassait quatre pour cent de la cagnotte empochée depuis trois mois. On était en 2015, les économies roulaient à plein régime, ce qui avait un impact sur les rendements à la Bourse.

Avant mon départ, Julien me remit le rapport complet des états financiers pour que je le relusse chez moi. Quand Hélène verrait les chiffres, elle ne les croirait pas.

J'avais été éduqué selon la philosophie janséniste. Papa voyait du mal partout quand on lui parlait d'argent. L'argent était sale pour lui et ne pouvait que conduire en enfer. Pour gagner son ciel, il fallait vivre dans la pauvreté et dans la misère. Le seul moyen de le mériter était de souffrir sur terre. Mon père remettait à ma mère l'ensemble de ses revenus. Cette dernière économisait à son insu, ce qui fit que la famille a accumulé un petit pécule qui permettait à maman de bien vivre. Moi, je n'allais sûrement pas cracher sur le magot, contrairement à mon père. Je ne me flagellerais pas pour me punir d'être riche.

De retour au bureau, je vis que Saka y avait déposé quelques dossiers qu'il m'incitait à lire le plus vite possible. J'y consacrai la fin de l'avant-midi. J'invitai la secrétaire et Saka à aller nous sustenter dans un petit restaurant peu connu dont la cuisine maison n'avait pas son égal. Nous nous y rendîmes ensemble. Mon but : les amener à se prononcer sur leur travail et leur rémunération. Ces deux-là abattaient un travail de Titan, il me fallait le prendre en considération et augmenter leurs émoluments. Je le ferais autour d'une bonne bouteille de rouge. Le repas, sans être copieux, fut délicieux.

Je ne retournai pas au bureau cet après-midi-là. Je me rendis chez moi. Il me pressait de faire du vélo. Je dévorai la route jusqu'à Fossambault-sur-le-Lac. Je pris quelques minutes de repos. Je me dis : « Pourquoi ne pas faire le tour du lac ? » Je ne le regrettai point. Le paysage m'accapara tout le long du trajet. J'admirai les belles demeures adossées au flanc des collines. Peut-être qu'un jour j'y élirais domicile pour étirer mes vieux jours. Je revins chez moi en passant par Pont-Rouge. Des champs de pommes de terre s'étiraient vers les montagnes. Une brise légère ourlait les champs d'avoine et le soya tapissait de jaune des prés entiers. Une douce lumière couvrait vallées et montagnes. Comme je le faisais toutes les fois que je terminais une randonnée, je me donnai à fond. Je quittai mon vélo en nage. La température n'était plus propice à plonger dans l'eau fraîche de la piscine. Je le regrettai. Il fallut me contenter de me doucher.

Quand je descendis au salon, les filles préparaient le repas du soir. Pédaler m'avait ouvert l'appétit. Je dévorai une quiche lorraine cuisinée par Lise. Élise, elle, nous fit goûter au renversé aux pêches, le dessert préféré d'Hélène. D'un commun accord, nous nous passâmes du café et du digestif.

Élise m'examina de haut en bas. Je vis bien qu'elle avait une envie folle de me dire quelque chose, mais elle s'en abstint. Je ne fus pas dupe et lui lançai :

— Élise, tu crois que ton papa est un peu plus enveloppé qu'avant, n'est-ce pas ?

— Papa, si tu tiens à ce que les filles et les femmes se pâment toujours devant toi, tu aurais intérêt à ne pas les décevoir. Oblige-toi à un bon régime minceur si tu veux que tes adoratrices soient encore séduites par ton charme.

Je n'osai point protester. Avant que l'âge fît son œuvre, je lui promis de me prendre en main.

Les filles avaient des rendez-vous. Je me retrouvai seul dans cette grande maison. Parfois, la solitude me pesait. Hélène était partie au loin; les filles avaient leur vie intime. Mon cellulaire bipa. Je croyais que c'était la voix d'Hélène, mais c'était celle de Francine Latendresse.

— Pierre, je t'appelle pour que tu remettes à Élise le compte rendu de mes déplacements en Abitibi. Je te l'envoie par courriel. Tout va bien ici et je rencontre des gens gentils et accueillants. Ici comme ailleurs, des jeunes se font remarquer par leur parcours scolaire tout à fait remarquable. L'équipe de sélection aura des choix difficiles pour sélectionner des élèves ou des étudiants méritants. Ici, la vie est calme, même en ville. Si je ne subis pas de contre-temps, je serai de retour dans quelques jours. Pierre, je te souhaite bonne nuit et bons rêves.

Je lui retournai la pareille. J'allai ouvrir mon ordinateur. En effet, je reconnus l'adresse courriel de Francine. Je cliquai et apparut un texte de quelques pages que je m'empressai d'imprimer. Cette femme écrivait bien, très bien même. Ses phrases coulaient de source et elle s'exprimait dans un vocabulaire varié et précis. Je l'enviais.

CHAPITRE 18

Mon cellulaire bipa une deuxième fois. Je pensai tout de suite qu'Hélène m'appelait, mais non je recevais un courriel. Je restai stupéfait : c'était encore cette invitation à un rendez-vous au **Baluchon**. Il était 21h. Je n'avais pas le goût d'aller prendre un verre avec cette inconnue. Décidément, elle en faisait une obsession. Moi, pas. Malgré tout, l'idée me vint de tirer cette histoire au clair. Je me changeai et filai au **Baluchon**. Je pris place en face du grand miroir dans le but de pouvoir observer les clients assis dans le bar. Je commandai une crème de menthe et j'attendis. Je piquai une jasette avec la serveuse. Jamais je ne la vis jeter un regard vers les clients attablés. J'en déduisis qu'elle n'y était pour rien concernant mon inquiétude.

Soudain, une jeune femme entra et vint tour droit vers moi. Je la reconnus tout de suite : c'était la jolie jeune fille du journal à potins qui m'avait mis dans tous mes états quand l'article n'avait pas respecté ma confidentialité. Elle me salua et me demanda si elle pouvait m'accompagner. Je lui fis les gros yeux mais acceptai quand même.

— Mademoiselle, vous avez du culot de revenir me harceler de vos questions insipides. Que me voulez-vous encore cette fois-ci ?

— Monsieur Lachance, je ne suis pas ici pour vous ennuyer mais pour tirer les choses au clair. D'abord, ce n'est pas moi qui ai tronqué mon article mais le directeur de l'information. J'en suis désolée et jamais plus je ne vais cautionner pareille falsification des faits. D'ailleurs, j'ai quitté le journal. Je n'ai plus de travail.

— Je suis désolé pour vous. Vous attendez quoi de moi ? Que je vous emploie ?

— Monsieur, je vais être franche avec vous: oui, je veux travailler non pas pour vous directement mais pour la fondation Lachance. Je sais que votre épouse et madame Francine Latendresse seront débordées par leur fonction de représentantes de la Fondation. J'aimerais les seconder. Le pays est grand, deux ambassadrices pour couvrir toutes ses régions demeure une tâche exigeante.

— Pour ce faire, Mademoiselle, il vous faudra appliquer à ce poste si Élise, la gestionnaire de la Fondation, juge nécessaire de l'ouvrir.

— Monsieur, je vous dévoile un secret: je suis la fille de Francine Latendresse. Quand maman est venue vous rencontrer au bar un certain soir, je l'accompagnais, mais je me suis tenue éloignée pour ne pas vendre la mèche. Si vous m'aviez vue, vous auriez sûrement constaté quelques ressemblances entre ma mère et moi.

Je restai bouche bée. Pendant quelques secondes, je la dévisageai et je vis qu'elle avait des traits de sa mère: de beaux grands yeux vert émeraude et la même façon de s'exprimer. Je demeurai incrédule.

— Quel est ton nom de famille?

— Audrey Latendresse, Monsieur. Je suis sa fille unique. Je n'ai jamais connu mon père, mais ma mère a pris grand soin de moi et m'a permis de faire de grandes études. J'ai en poche un bac en littérature et en journalisme. Aujourd'hui, il est extrêmement difficile de dénicher un poste dans les grands quotidiens et les chaînes nationales de télévision. Il est vrai que je n'ai pas beaucoup d'expérience, mais je crois pouvoir faire de la représentation pour la fondation Lachance.

— Je ne veux pas t'embêter, mais c'est ta mère qui t'a mise au courant d'un possible troisième poste de représentante de la fondation Lachance.

— Non, pas du tout. Couvrir tout le pays demandera beaucoup de temps. Ma mère m'a dit que ce sera une tâche colossale et que deux ambassadrices n'arriveront pas à visiter toutes les régions. D'où l'idée qui m'est venue de tenter ma chance. Ma mère n'a rien à voir là-dedans.

— Si tu comptes sur moi pour t'ouvrir le chemin, n'y compte pas. Je ne jouerai pas de mon influence auprès d'Élise, la gestionnaire de la Fondation. Le seul conseil que je te donne: prends rendez-vous avec elle et explique-lui ta demande.

Sur ce, elle et moi quittâmes le **Baluchon** chacun de notre bord. Cette jeune fille avait du cran et elle méritait que je glissasse quelques mots à Élise concernant la possibilité d'ouvrir un troisième poste d'ambassadrice. Évidemment, je ferais cela en douce. Et je me suis dit: « Que le hasard fait bien les choses! »

Les filles étaient de retour à la maison. Je montai me coucher. Avant de m'endormir, je réfléchis au fait que la fille de Francine pourrait devenir une employée de la Fondation. Mais comment amener le sujet sans qu'Élise me soupçonnât de m'immiscer dans sa gestion. Je n'eus pas le temps d'y penser que le sommeil m'emporta. Cette nuit-là, je ne fis pas de rêves conseil mais des rêves psychologiques. La fille de Francine devint une licorne aux pouvoirs magiques et sa mère me menaçait en crachant le feu!

Le lendemain, la levée du corps fut laborieuse. Douche, rasage et parfum me remirent sur le bon pied. Au haut de l'escalier, je flairai l'odeur de café. Les filles avaient étalé sur la grande table des plats de petits fruits. Je m'en servis pour garnir mes crêpes. Ce fut un déjeuner fort appétissant. Comme Élise roulait des yeux pétillants, je lui demandai si elle avait eu des nouvelles de sa mère.

— Oui, elle a communiqué avec moi hier soir. Elle m'a avoué que parcourir les régions pour sélectionner des élèves ou des étudiants méritants était une tâche parfois ardue mais valorisante. Elle m'a même suggéré d'engager quelqu'un ou quelqu'une pour couvrir la grande région de Montréal. Elle pense que deux ambassadrices ne suffiront pas à couvrir tout le pays dans les délais prescrits.

Ce portrait de la situation apporta de l'eau à mon moulin. Je fis la remarque suivante:

— Élise, pour compléter ton trio, je verrais bien un jeune homme ou une jeune femme se greffer à l'équipe.

— Pourquoi pas, admit-elle. Mais dépister pareil candidat ou candidate ces temps-ci risque de prendre un certain temps. Aujourd'hui, les jeunes n'en ont que pour les sciences et l'informatique. En tout cas, je ne perds rien en lançant une campagne de recrutement. J'y pense, papa, maman a essayé de te rejoindre hier soir, mais ton cellulaire ne répondait pas. Où étais-tu?

— Je ne suis pas obligé de répondre à ta question, lui répondis-je sèchement. Je suis allé au **Baluchon** boire un verre. Je me suis retrouvé par hasard en compagnie d'une jeune femme fort belle et distinguée. Nous avons épilogué sur les beautés de la nature et sur le beau temps. C'est tout. Si je te présentais cette jeune femme, je suis certain qu'elle te plairait. Demain, il est possible qu'elle communique avec toi pour te faire une proposition. Évidemment, tu n'y es pas obligée, mais il m'est d'avis que tu ferais une grave erreur en ne l'accueillant pas.

— Bon, le bon papa qui avait jadis affirmé qu'il ne se mêlerait point des affaires courantes de la Fondation, et le voilà qui retourne sa veste. Comme tu as du pif pour pointer quelqu'un qui cadrerait dans notre milieu, j'accepte de la recevoir si elle m'appelle pour une entrevue.

Je lui répétai qu'elle ne le regretterait pas. Je remerciai les filles pour avoir cuisiné ce déjeuner délicieux.

Je n'avais pas le goût d'entrer au bureau. Je décidai donc d'aller visiter le chantier de construction de la serre. Quand je traversai le pont, un voilier d'oies blanches triangulait le ciel vers le nord. J'avais oublié que l'été était terminé et que l'automne cognait à nos portes. Arrivé sur les lieux, je vis l'ampleur de la bâtisse. La structure de verre ruisselait au soleil. La pente des évacuateurs de pluie était à peine perceptible à l'œil nu. Je ne voyais aucune trace des citernes: elles étaient enfouies sous terre. J'avais peine à imaginer que pousseraient des fruits et des légumes dans cette immense bâtisse

J'entrai à l'intérieur de la serre. Des milliers d'ancrages étaient suspendus à la toiture. Des tuyaux parsemaient le sous-toit dans une symétrie parfaite. À force de tourner et de tourner, j'eus le tournis. Soudain, je vis Saka en compagnie du maître d'œuvre, regardant les plans du grand œuvre. Je ne fis point de cas de leur présence, Au contraire, j'allai saluer les ouvriers qui besognaient partout autour de moi. L'un d'entre eux me salua et m'approcha.

— Monsieur Lachance, quand le tout sera terminé, vous aurez en main l'une des plus belles serres du pays. Je crois que je serai un des premiers à déguster ces goûteuses fraises quand vous les cueillerez. Au moment où la serre Lachance produira à plein régime, elle pourra fournir des dizaines de marchés en fraises et en tomates. Sans être impoli, Monsieur, vous avez su placer vos millions gagnés à la Loto.

Je lui souris et le remerciai pour ces bons mots. J'entrepris de faire le tour de la serre, tout en saluant chacun des travailleurs que je croisais. Et je pris tout à coup conscience qu'il faudrait beaucoup d'employés et de un pour surveiller la croissance des fraisiers et des plants de tomates, et de deux pour en faire la cueillette et les emballer pour planifier la distribution dans les marchés. Je réalisai aussi que, pour partir en affaires, il fallait y mettre parfois des millions. J'eus une sueur froide dans le dos ! D'ailleurs, il faudrait bien un jour que je m'assisse avec Saka pour faire le compte de tout l'argent dépensé jusqu'à ce jour.

Je sortis de la bâtisse et, par hasard, croisai l'agronome. Je le saluai par une poignée de main franche. Il m'informa que les fraisiers et les plans de tomates seraient accrochés aux structures dès la mi-octobre. « Si tout va comme sur des roulettes, » me dit-il. Et je renchéris :

— Monsieur l'agronome, si tout va bien comme vous le dites, la serre Lachance sera en mesure de produire des fraises et des tomates dès le début novembre.

— Monsieur Lachance, si tout va bien oui, mais des impondérables peuvent se produire. Il reste à installer les systèmes d'irrigation et de chauffage. Quand tout fonctionnera correctement, oui, tout sera en marche à la mi-octobre. Si les fournisseurs respectent les délais de livraison, bien entendu.

Là-dessus, j'allai rendre visite à madame Lemieux. Je fus surpris : elle plaçait ses affaires personnelles dans des boîtes. Cela me chagrina. La vieille dame était sur le point de quitter sa demeure qu'elle habitait depuis des décennies. Elle me salua.

— Entrez, monsieur Lachance. Comme vous le constatez, je suis sur mon départ. Demain, j'habiterai en résidence. Je quitte ma demeure, celle que j'ai héritée de mon père et dans laquelle j'ai vécu avec mari et enfants. Il y a un temps pour partir, il y aura toujours un temps pour les regrets. Quand je me bercerai dans ma vieille chaise, j'aurai tout le temps pour ruminer le passé. Je vous cède la place et je suis convaincue que vous allez prendre un soin jaloux de cette vieille demeure toute de bois construite. Vous savez, si les murs parlaient, ils vous livreraient des secrets enfouis là depuis des générations.

— Madame Lemieux, je vous saurai toujours gré de remettre entre mes mains tout le passé précieux et tout l'avenir prometteur de votre terre. Sachez que j'en prendrai un soin jaloux. La terre, quoi qu'en disent certains urbains, est et demeurera la mère nourricière de l'humanité.

— Merci, monsieur Lachance, d'être venu me dire au revoir.

La dame s'empressa de me serrer dans ses bras et de me faire la bise, comme si j'étais un de ses fils. J'avais la larme à l'œil. Se pourrait-il que, dans sa vie, l'être humain fût plus qu'une mère !

Lors du retour au bureau, je ne vis que le visage de madame Lemieux, ce visage marqué par le passé mais plein d'un grand espoir d'une autre vie qui s'annonçait bien remplie. Les personnes âgées ont le vécu et le savoir qui les nourrissent d'une sereine résilience. Cela me rappela le visage souriant de mon père quand il m'affirmait combien il était heureux le jour où il avait refoulé le passé pour mieux revivre. Ma mère, elle, ne s'était probablement jamais posé la question : elle avait adopté sa nouvelle vie comme si rien n'avait changé. Le passé et le présent s'étaient confondus. Nous, les hommes, avions le don de nous angoisser quand la vie nous obligeait à couper avec notre passé.

Débarqué de l'auto, je filai droit au bureau. La secrétaire y avait déposé quelques autocollants. Je lus rapidement leurs messages : c'étaient encore des demandes d'aide provenant des organismes communautaires. Comme je serais assailli de requêtes similaires, j'allai voir Élise pour lui faire une proposition. Quand j'entrai dans le bureau de la Fondation, je reculai d'un pas : la fille de Francine discutait avec Élise. Je voulus rebrousser chemin, mais cette dernière m'interpella :

— Monsieur Lachance, je vous présente mademoiselle Audrey Latendresse. Le hasard fait bien les choses, mademoiselle est la fille de Francine.

La jeune fille me tendit la main que je m'empressai de serrer franchement. Si nous étions de connivence, rien n'y parut et Élise n'en fit point de cas.

Je quittai les filles et retournai à mon bureau. J'en profitai pour demander à madame Salamatou de m'apporter le livre comptable de la Serre qu'elle déposa minutieusement devant moi. Son parfum exhalait une odeur enivrante. Je la remerciai et ouvris le grand livre. Je faillis tomber en bas de ma chaise, tellement il contenait des colonnes de chiffres à vous faire dresser les cheveux sur la tête. Décidément, il fallait investir une fortune pour construire une serre hydroponique. Je survolai les colonnes et faillis m'étouffer quand je vis le total final. Je pris donc la décision de m'asseoir un moment avec Saka pour qu'il m'expliquât en long et en large le pourquoi de chacune des dépenses encourues depuis le tout début de la construction. Puis, je me rendis compte que le prix payé pour l'achat de la terre de madame Lemieux n'était pas encore comptabilisé dans le grand livre.

Je me demandai si j'allais manger ce midi-là, tellement j'avais une boule dans le plexus qui ne voulait pas partir !

Mon cellulaire bipa. C'était le notaire de madame Lemieux qui me donnait rendez-vous pour finaliser le contrat d'achat. Il me fallait donc retourner sur la rive sud une autre fois.

Quand j'arrivai chez le notaire, madame Lemieux m'attendait. Elle était fébrile. Je comprenais son malaise. On ne se départit pas d'un bien familial centenaire comme si c'était une vulgaire chose. Je lui mis la main sur l'épaule et lui répétai la promesse que je lui avais faite antérieurement :

— Madame Lemieux, faites comme si j'étais un de vos fils qui reprenait votre bien. Vous lui feriez confiance, n'est-ce pas. Eh bien ! je suis votre fils. La terre demeure encore la vôtre, et vous pourrez venir y faire une visite quand bon vous semblera.

Je crus que mes propos attendrirent aussi le notaire. Il entreprit de nous lire chaque page du contrat. D'après mes connaissances, chaque clause m'apparut claire. Madame signa la première d'une main tremblotante ; je suivis en écrivant mon nom en fioritures, la signature d'un homme d'affaires que j'étais devenu pour le meilleur et pour le pire.

Quand nous sortîmes, madame Lemieux et moi, son fils nous attendait patiemment près de son auto. Il me salua et me dit que la récolte des légumes avait été abondante. J'étais content pour lui. J'en profitai pour lui réitérer une offre d'emploi à la serre.

— Monsieur Lachance, je vais y réfléchir. Vous savez, moi, j'ai cultivé la terre de mes mains et avec de la machinerie. Aller travailler dans une serre hydroponique demande des compétences que je n'ai pas. J'imagine que les employés doivent suivre une formation de base pour maîtriser l'art de la culture hors sol. Je ne dis pas non. Je vais y réfléchir.

— Monsieur Lemieux, les gens de la serre Lachance seraient très heureux de vous accueillir. Le travail en équipe ne devrait pas vous intimider. Vous savez, chacun a son rôle et personne ne travaille en solo.

Je fis mes salutations à tous les deux et repartis le cœur léger. Une seule tâche m'attendait à partir de ce jour-là : m'occuper de la gérance de la serre Lachance avec Saka.

CHAPITRE 19

Je retournai à la maison. J'avais eu quelques chaleurs quand j'avais apposé ma griffe sur le contrat et j'allai me doucher. L'eau fraîche me détendit. Quand je me séchai, je jetai un coup d'œil furtif à ma chevelure dans le miroir. Des cheveux blancs la striaient. Je supposai que l'âge n'y était pour rien et que les tracas du millionnaire y laissaient leurs traces ! Je descendis à la cuisine. Lise venait tout juste de mettre au four des petits pains fourrés aux œufs. Leur arôme m'ouvrit l'appétit. J'en profitai pour cueillir quelques informations concernant la construction du site web de la fondation Lachance.

— Papa, tout va bien. Les filles et moi respectons les délais. Nous devrions terminer le tout vers la fin du premier trimestre, soit à la fin novembre début décembre. Cependant, je te rappelle que je ne pourrai construire celui de la serre Lachance. Mes études passent avant tout.

— Ça va, Lise. Je te comprends et j'accepte ta décision. Comme tu le dis depuis toujours, terminer des études universitaires aujourd'hui est de la plus haute importance. Je ne dénigre pas les études professionnelles collégiales. Les cégep fournissent l'occasion à des jeunes de devenir des techniciens dans des domaines essentiels, mais avoir en poche un diplôme universitaire demeure l'objectif ultime. Aujourd'hui, la société moderne demande de plus en plus de qualifications autant humaines que scientifiques. Quand je suis devenu millionnaire, tout de suite j'ai pensé bâtir des projets qui vous permettraient de vous servir de vos diplômes dans des domaines spécifiques. Toi, c'est la création ; Élise, la gestion. Quand je me lasserai de voir à tout, je vous laisserai la place. Plus les projets avancent, plus je me rends compte qu'un jour pas si lointain vous prendrez la relève. Tout à l'heure, j'ai vu des cheveux blancs dans ma tignasse, et je me suis dit que je quitterai le boulot avant qu'elle devienne toute blanche.

Pendant tout ce monologue, Lise ne dit mot. C'était une jeune fille qui maîtrisait ses émotions. Au fil des années, elle avait tracé sa voie, imperturbable et disciplinée. Elle s'était forgé un carapace à toute épreuve. Élise était plus émotive, parfois plus vindicative, mais Lise fonçait droit devant elle en affichant une volonté inébranlable. Ses études universitaires terminées, j'avais la certitude qu'elle créerait sa propre entreprise dans son domaine d'expertise. Ce destin lui appartenait, elle seule le définirait. Je ne sus pas si elle lut dans mes pensées, mais ce qu'elle ajouta à mes propos un peu trop philosophiques me firent réfléchir.

— Papa, Je suis d'accord avec toi. Il sera toujours préférable de décrocher un baccalauréat universitaire dans un domaine de notre choix. Mais, si tout le monde a dans sa besace une formation universitaire, je crois que l'économie dans son ensemble n'arrivera pas du tout à combler les besoins essentiels de la vie courante. Je te donne un exemple : si tu veux bâtir une maison et que tu n'as que des universitaires comme employés, tu vas construire quoi ? Une maison sans mur, sans système électrique, sans aqueduc, bref sans commodités. Moi, je vais obtenir mon baccalauréat, mais je veux créer ma propre compagnie et m'entourer de techniciens et d'une main d'œuvre spécialisée. Sans eux, j'aurai beau faire mille projets. Hélas ! je multiplierai les échecs. Le plus bel exemple, c'est la serre Lachance. Pour qu'elle produise, Saka et l'agronome vont devoir s'entourer d'ouvriers capables de suivre les consignes et d'agir en conséquence.

Je remerciai Lise pour cette leçon de vie. Je fis le lien avec ma propre situation. Julien administrait ma fortune ; Saka planifiait la construction de la serre ; Pierre Desjardins, l'agronome, s'occupait de la production ; les ouvriers faisaient rouler la machine. Si un maillon de la chaîne avortait, adieu la production !

Tout en philosophant, Lise et moi avons dévoré les petits pains fourrés aux œufs. Le goût de roupiller me prit et j'allai m'étendre dans le hamac. L'air du temps était frais, mais les rayons du soleil me dorlotèrent si bien que je dormis jusqu'à 15h. Je me réveillai en sursaut. « Encore une journée qui file ! » me dis-je.

Mon cellulaire bipa. C'était la belle voix d'Hélène.

— Bonjour, Pierre. Je ne te demande pas comment tu vas. Avec toi, tout va. Ici, je multiplie les rencontres. J'en ai encore pour quelques jours, après je rentre à la maison. Je crois avoir présumé de mes forces : la tâche de représenter la fondation Lachance apporte son lot de surprises. Imagine-toi que le directeur d'un cégep m'a demandé de rencontrer les étudiants. Ils étaient quelque deux cents dans l'amphithéâtre. Moi qui n'avais jamais affronté un tel groupe, j'ai eu quelques sueurs. Les jeunes m'ont posé mille questions. Ils firent preuve d'une grande curiosité et d'un grand intérêt. Quelques-uns sont venus me rencontrer et tous sont repartis avec un dossier informatif de la Fondation. Ce qui me remplit de satisfaction, c'est la curiosité et l'intérêt qui animent ces jeunes. Surtout chez les filles. Ce qui m'amène à confirmer que Francine et moi ne pourrons jamais faire le tour du pays sans aide. Je crie déjà au secours !

— Hélène, je suis heureux pour toi. Malgré la fatigue ressentie, tu adores ce que tu fais. Ne lâche pas. Tu te rends compte que tes rencontres portent fruit. Quand Francine et toi aurez visité tout le pays, la fondation Lachance sera connue. Et c'est à ce moment que vos efforts vous combleront. Ce que tu fais présentement motive la jeunesse à se dépasser. Surtout si la Fondation peut aider des étudiants moins fortunés à poursuivre des études universitaires et par la suite se spécialiser dans des domaines d'avenir. Hélène, est-ce que tu visites aussi des écoles secondaires ?

— Oui, je rencontre les directions des écoles et je les informe des objectifs de la fondation Lachance. Je laisse des affiches et des dépliants informatifs. Je ne leur demande pas de rencontrer les élèves. Si certaines le désirent, je vais sûrement obtempérer à leur demande.

Je sentis dans sa voix quelques trémolos.

— Pierre, je m'ennuie de toi. Tu me manques. Le soir, je m'enrobe dans la couette en fermant les yeux, croyant que tu me serres dans tes bras. J'ai hâte de retourner à la maison. Toutefois, les gens sont accueillants et la nourriture est goûteuse et délicieuse. J'ai dégusté de la tourtière du Lac-Saint-Jean et la fameuse tarte aux bleuets. Elles n'ont pas fait mentir leur réputation de mets gastronomiques. Malgré tout, je fais attention à ma ligne : tu vas retrouver ton amoureuse telle qu'elle était avant son départ. Je t'embrasse. Ce soir, je fais comme si tu étais à mes côtés !

Sur ce, elle ferma son cellulaire, ne me laissant même pas le temps de lui envoyer mille bisous ! J'avais oublié de lui demander si elle et Francine communiquaient de temps en temps. Comme je suis lunatique !

Je rentrai à la maison et allai feuilleter le journal dans mon bureau. Les bonnes nouvelles se faisaient rares, sauf celles de la Bourse qui atteignait des plafonds records. C'était bon pour ma fortune ! Et mon cellulaire bipa à nouveau.

— Pierre, c'est Francine. Je ne te demande pas si tu t'ennuies de moi. Ne me réponds pas.

— Francine, heureux d'entendre ta belle voix. Ici, c'est la roue qui tourne toujours. La construction de la serre occupe une grande partie de mon temps. Comme je n'ai pas la bosse des affaires, j'apprends sur le tas, mais je m'efforce de tout gober ce que Saka me refile comme dossiers. Toi, où en es-tu dans ta mission ?

— Tout va de surprise en surprise. Je rencontre des groupes d'élèves dans les écoles secondaires. Je suis surprise par l'intérêt que crée la fondation Lachance. Surtout chez les élèves peu fortunés. Eux vont tout faire pour obtenir une bourse pour aller au cégep. Je crois que la fondation Lachance devra consacrer un bonne partie de son fonds à ces jeunes peu favorisés. Je visite aussi les cégeps. J'ai croisé quelques petits génies qui iront loin dans la vie si on leur en donne la possibilité. Je leur ai promis que la fondation Lachance serait généreuse. Quoique j'adore être une ambassadrice de la Fondation, je trouve la tâche très chargée, voire épuisante. Quand la journée est terminée, il ne me reste que peu d'énergie. Alors, je vais manger et je me terre dans ma chambre. Le lendemain, c'est la routine qui recommence : appels téléphoniques, planification des heures de rendez-vous. Je pensais visiter deux ou trois écoles par jour. J'ai vite oublié. Pour la visite d'un cégep, il faut y consacrer toute la journée. Si tu veux savoir quand je vais entrer au bercail, je ne peux fixer une date. J'ai à planifier encore quelques visites. D'ici quelques jours, je devrais retourner dans ma ville et revoir ma fille.

— Justement, en parlant de ta fille. Elle m'a fait une belle surprise un de ces soirs. De temps en temps, je recevais un mystérieux courriel qui m'invitait au **Baluchon**. Eh bien, c'était ta fille ! Quand j'ai quitté le bureau, je l'ai vue en grande conversation avec Élise. Il se pourrait bien que la Fondation accueille une troisième ambassadrice.

— Non, non, la petite cachottière, non seulement elle a du front, mais elle a osé t'asticoter pour obtenir un poste à la Fondation.

— Francine, disons que ta fille te ressemble. Elle a de l'assurance ; elle est volontaire ; elle est débrouillarde. Puis, ce qui ne lui nuit pas, elle a tes beaux yeux et parle une langue correcte et pure. Bravo ! Francine.

— Pierre, je présume que tu n'es pas intervenu en sa faveur. Enfin, j'espère. Avant de terminer notre conversation, je te souligne que j'envoie un rapport journalier à Élise et que je communique avec Hélène tous les soirs. Ce qui fait que nous vivons sensiblement les mêmes joies et les mêmes peines et qu'Hélène me précise que, pour elle aussi, la tâche est ardue et épuisante.

— Francine, j'ai promis de ne pas trop me mêler de l'administration de la fondation Lachance. Qu'Hélène et toi vous appeliez chaque jour signifie que vous vous entendez bien. Ce qui me rassure.

Sur ce, nous coupâmes la communication. Cette femme-là me surprendrait toujours. Ce que je n'aurais jamais pensé. De fait, la Fondation a recruté une vraie ambassadrice pour la représenter.

Élise me téléphona pour m'avertir qu'elle ne serait pas présente pour le souper. Elle avait rendez-vous avec son ami de cœur. Lise s'était réfugiée dans sa chambre : elle avait un travail à terminer et à remettre pour le lendemain. Je pris conscience que, chaque fois qu'Hélène était absente de la maison, je me retrouvais souvent seul. Je cognai à la porte de la chambre de Lise pour lui demander si elle souperait avec moi. Elle me répondit que non : elle mangerait tard dans la soirée, tout juste avant le coucher. Je m'improvisai cuisinier du moment et me mijotai une omelette au fromage au camembert de Portneuf. Je fus surpris de ma réussite culinaire.

CHAPITRE 20

Comme la temps était doux en ce début d'octobre, j'allai marcher au bord du fleuve. Je voulais atténuer la solitude qui me pesait. Je croisai quelques promeneurs que je saluai d'un beau bonsoir. Je marchai certainement une demi-heure. La pénombre s'installa rapidement, ce qui m'incita à revenir plus tôt à la maison.

Quand j'avais le cafard, mon bureau me servait de refuge. Écouter de la musique classique me faisait grand bien. Alors, je goûtai la musique de Liszt, soit la sonate pour piano en si mineur et le concerto pour piano numéro 1. La musique me propulsait dans un univers où j'avais l'impression de léviter. Je me laissais entraîner dans cette ouate de douce légèreté. À ce moment-là, j'étais certain que mon âme s'immergeait dans un bonheur intense. Soudain, je sortis de ma torpeur : mon cellulaire bipa. C'était Audrey Latendresse au bout du fil.

— Bonsoir, monsieur Lachance. Vous reconnaissez ma belle voix.

— Oui, mademoiselle Latendresse, que me vaut ce coup de fil ?

— Monsieur, si je vous rejoins, c'est pour vous remercier d'avoir intercédé auprès d'Élise. J'ai obtenu le poste de troisième ambassadrice de la fondation Lachance. Selon ses dires, je rejoins une équipe du tonnerre.

— Mademoiselle, je suis content pour vous, mais soyez assurée que vous avez obtenu le poste grâce à votre formation universitaire et à votre entregent. La fondation Lachance peut s'enorgueillir de vous avoir parmi son personnel. J'espère que vous saurez vous y plaire.

— Monsieur, est-ce que ma mère est au courant de ma démarche ?

— J'ai malheureusement vendu la mèche à ta mère sans le vouloir. Elle semblait surprise, mais sans plus. De toute façon, elle l'aurait su tôt ou tard. Elle va sûrement communiquer avec toi pour te féliciter. Il te reste à faire tes preuves, c'est tout.

— Monsieur, nous nous croiserons au bureau de la fondation Lachance. Dès demain, la secrétaire va me remettre un tas de dossiers que je dois lire et approfondir.

Nous nous souhaitâmes bonne nuit.

Je quittai le bureau et montai à ma chambre. Le sommeil me gagna lentement et je m'endormis profondément. Je ne sus pas si j'avais rêvé, mais je me réveillai la tête lourde et les muscles endoloris. Je pris une douche à l'eau froide, ce qui me revigora. J'avalai un bon déjeuner et filai au bureau. Saka y était.

— Bonjour, Saka, aurais-tu quelques minutes à me consacrer? J'aimerais revoir avec toi le bilan des dépenses effectuées jusqu'à ce jour.

— Certainement, Monsieur.

Saka demanda à madame Salamatou de lui remettre le grand cahier des finances et vint me rejoindre dans la salle de conférence. Pendant une heure, il éplucha colonne par colonne le bilan des dépenses.

Je réalisai que construire une serre hydroponique coûtait fort cher. Saka me détailla le tout, en répondant à toutes mes interrogations et remarques. Quelques millions venaient de s'envoler. Saka me rassura.

— Monsieur, tout va bien, tout se déroule selon les délais prescrits. La culture des fraises et des tomates va débuter vers le mi-octobre, tel que prévu.

Pour me rassurer, il m'invita à l'accompagner à la serre pour me renseigner sur l'ampleur des travaux. Il sentit que j'avais besoin d'en savoir davantage. Nous arrivâmes sur le chantier vers 10h. Le contremaître nous accueillit le sourire aux lèvres. Ce dernier expliqua toutes les étapes complétées avec force détails. Je compris pourquoi des millions avaient été engloutis dans ce projet jusqu'à ce jour-là. Je me dis que tout allait pour le mieux. J'étais rassuré. Toutefois, j'avais hâte de voir les fraisiers accrochés aux barres de soutien. Et les plans de tomates aussi. Je pensais que tout était sur le point de se terminer, mais Saka me ramena sur terre.

— Monsieur, le complexe est sur le point d'être terminé, mais il reste à venir la démarche la plus importante : l'engagement et la formation du personnel qui va s'occuper de prendre soin des fraisiers et des plans de tomates.

Sur ces entrefaites, l'agronome s'avança vers nous. Il me présenta son plan d'embauche. Selon lui, il fallait lancer l'offre d'emploi tout de suite et offrir des salaires de beaucoup supérieurs à la moyenne pour effectuer ce genre de tâche.

— J'ai besoin de travailleuses et de travailleurs responsables. Si la serre Lachance offre de bons salaires, elles et ils viendront en grand nombre offrir leur service. Je les accueillerai ici pour les interroger et me faire une idée sur chacune ou chacun. Elles ou ils seront formés sur place. Je vais recevoir les fraisiers et les plans de tomates dans dix jours. D'ici là, je connais une bonne dizaine de personnes prêtes à en prendre soin, résuma l'agronome.

À la suite de ses propos, j'enchaînai tout de suite :

— Monsieur Desjardins, quand vous parlez de bons salaires, vous avancez quel taux horaire ? lui demandai-je

— Si vous voulez que Saka et moi fassions un job correct, il faut accorder 20 $ de l'heure, les avantages sociaux en sus. Vous savez, Monsieur, cultiver des fruits et des légumes hors-sol, ça demande du doigté et de la passion. Aujourd'hui, le bien-être du personnel passe aussi par un bon salaire qui, lui, entraînera les travailleuses et travailleurs à considérer la Serre comme la leur. En agissant ainsi, nous nous assurons de produire en quantité et surtout en qualité, assura l'agronome.

Saka opina du chef.

Je soupirai d'aise mais surtout de satisfaction. Enfin, la machine était en marche. J'avais choisi d'investir une fortune dans une serre hydroponique. Saka et l'agronome menaient la barque de main de maître. Pourquoi m'inquiéterais-je ? Je devais faire confiance à ces hommes de qualité. Tout était sous contrôle. « La vita era bella ! » comme disait mon bon ami Julio.

Saka et moi retournâmes au bureau. J'invitai madame Salamatu et Saka à dîner au **Momento**. Tout ce beau monde se retrouva devant une bonne bouteille de vin rouge et un filet mignon de bœuf à la moutarde. Madame Salamatou avait choisi ce plat de résistance. Une discussion autour de la bonne chère occupa une bonne partie du repas. Je constatai que Saka et madame avaient le fin palet. Le café et le dessert ajoutèrent au bonheur d'être attablés tous les trois. J'étais en bonne compagnie !

Je ne retournai pas au bureau et filai à la maison. Puisque le temps était au beau fixe, je montai mon vélo et roulai jusqu'à la rivière Jacques-Cartier. Les feuillus avaient revêtu leurs couleurs automnales. La lumière solaire fouillait les entrailles de l'humus. Parfois, des feuilles se détachaient des érables et voltigeaient vers un terreau inconnu. Quand j'arrivai à la rivière, les rayons solaires dansaient sur les eaux rigoleuses. Des milliards d'étincelles mitraillaient les eaux sombres et bouillonnantes. Je demeurai prostré quelques instants et repris la piste. Une petite brise me collait au dos. Je revins à la maison, pédalant à un train d'enfer. Arrivé à la maison, la sueur me brûlait les yeux. Me doucher me réconcilia avec la fraîcheur du moment. Quand je descendis au salon, 18h sonna. Les filles n'étaient pas encore entrées au bercail. Je me demandai si elles viendraient souper. J'entrepris de lire le journal. Que de mauvaises nouvelles à chaque page tournée ! Puis, j'entendis les portes d'une auto claquer : les filles arrivaient enfin !

Élise entra en maugréant ; Lise, en chantonnant. Quel contraste ! Je n'osai demander à Élise quelle mouche l'avait piquée, mais je le saurais bien tôt ou tard. Je remarquai que Lise était entrée avec une boîte. J'en conclus qu'elle contenait le souper du trio. Eh bien ! j'avais raison. Lise étala sur la table des contenants de mets chinois. Je me précipitai et dévorai les nouilles et le poulet Tao en peu de temps. Les filles me regardèrent m'empiffrer. J'étais redevenu jeune adolescent qui dévorait tout à pleines dents !

— Papa, la Fondation doit réunir le conseil d'administration pour préciser certains points qui m'agacent au plus haut point. Je travaille comme une forcenée ; la secrétaire aussi. J'ai l'impression que nous besognons pour un salaire de famine. Je suis arrivée ce matin au bureau et la secrétaire avait déposé quelques dizaines de demandes provenant des organismes communautaires de partout. Je m'inquiète aussi pour nos ambassadrices qui vont tirer de la langue plus tôt qu'on le pense. Maryline n'arrive plus à classer tous les dossiers concernant les finances. Quand est-ce que nous allons arrêter de besogner sans voir la lumière au bout du tunnel ?

Élise était rouge comme une tomate. Ses lèvres tremblotaient. Lise me fixa en haussant les épaules. J'essayai de calmer mon aînée.

— Élise, diriger une fondation ne doit pas devenir une course infernale. Quand tout ton monde reviendra au bureau, tu feras le point. S'il est nécessaire de changer la trajectoire, tes adjointes vont t'aider. Arrête de tout prendre sur tes épaules. C'est normal qu'après un départ sur les chapeaux de roues tout s'emballe. Quelques mois s'étant écoulés, il est temps de faire le point. Attends, le moment n'est pas encore venu de chambarder toute la structure. Puis, convoquer le conseil d'administration est vraiment la bonne idée. Fais la liste de tes priorités et présentela-lui. Tu prends ça trop à cœur, ma belle. Tu te calmes et tu réfléchis. Une belle soirée en compagnie de ton petit ami de cœur va sûrement t'apaiser.

Élise fit la moue et rétorqua :

— Papa, ne joue pas avec mes nerfs. La situation est déjà assez difficile. Laisse mon ami de cœur en dehors de nos problèmes domestiques.

Elle sortit, s'engouffra dans son auto et décolla en trombe. Je reconnus bien là son caractère. Lise haussa les épaules et s'éclipsa dans sa chambre.

Comme la journée avait été pleine de rebondissements, je me réfugiai dans mon bureau. La musique m'aiderait à me détendre, car mon cerveau avait réellement besoin de décompresser. J'écoutai des morceaux de violoncelle, soit des pièces de Beethoven, de Shubert, de Chopin, de Fauré, de Rachmaninov et la **Rhapsodie hongroise** de David Popper. Ces mélodies divines me projetèrent dans une atmosphère indéfinissable. La musique classique me faisait rêver et m'introduisait dans un univers éthéré. Quand le violoncelle se tut, je demandai aux chansons de Richard Desjardins de me redonner mon âme d'amoureux et d'amant du pays. Le concert prit fin : je me sentis délesté de mes préoccupations du jour.

J'étais sur le point de me coucher quand mon cellulaire bipa. C'était Hélène.

— Bonsoir, Pierre, j'allais me coucher quand je n'ai pu résister à l'idée de t'appeler. Ici, tout va bien. Dans trois jours, je devrais être de retour à la maison. Je m'ennuie de toi et des filles.

— Hélène, tu me manques. J'aurais tant aimé que tu sois là pour me soutenir. La journée a été pénible. Saka m'a mis au courant des montants astronomiques que va coûter la construction de la serre. Élise s'est plainte d'être débordée de travail. Toi qui es absente et qui vas revenir de ta mission très fatiguée. Ouf ! Je prie Dieu pour que le sommeil vienne vite !

— Pierre, le temps arrange toujours les choses. Demain sera un autre jour, pour toi et pour moi. J'ai hâte de t'embrasser, de te toucher et de te caresser. Bonne nuit !

— Hélène, bonne nuit et livre-toi à ce que tu fais le mieux : rêver à moi !

Cet appel me fit grand bien. Je me détendis, montai dans ma chambre et me couchai, enrobé de ma couette. Mais une présence me manquait !

Le 20 octobre, Hélène et Francine étaient revenues de leur mission. Elles en firent rapport à Élise et au conseil d'administration. Les propositions d'Élise pour améliorer les conditions de travail du personnel de la fondation Lachance furent toutes entérinées par consensus de la part des membres du conseil. Une nouvelle personne s'ajoutait au groupe, soit madame Aminou. Cette dernière rencontrerait les responsables des organismes communautaires de la région de la capitale nationale et classerait toutes les demandes provenant de ces milieux. Elle aurait aussi comme tâche de s'occuper du fichier des demandes de bourses venant de tous les milieux. Ce serait pour elle un travail à temps partiel. Audrey Latendresse, la fille de Francine, se rendrait dans le Bas-Saint-Laurent pour y faire la tournée des écoles secondaires et des cégeps. Enfin, les finances de la fondation Lachance se portaient à merveille : le rendement des placements en Bourse montait en flèche. Ce qui satisfit les membres du conseil d'administration. « La vita era bella ! » comme disait mon bon ami Julio.

À la fin de la réunion, monsieur Bellumeur, le président d'Énergie solaire, m'aborda en ces termes :

— Monsieur Lachance, dois-je vous rappeler notre entente conclue par une franche poignée de main il y a quelques mois. Entente qui stipulait l'achat et l'installation de quatre éoliennes pour fournir la serre Lachance en électricité.

— Monsieur Bellehumeur, je n'ai pas oublié. D'ailleurs, j'avais projeté d'aller vous rencontrer pour finaliser le tout. Une question me taraude : est-ce possible d'installer les éoliennes dès le début de décembre ? Vous savez, la serre veut économiser de l'électricité le plus vite possible, surtout au cours de l'hiver qui s'en vient.

— Les éoliennes sont en construction et seront prêtes à être installées dès la date fixée par vous, répliqua monsieur Bellumeur en souriant. Mes spécialistes seront à pied d'œuvre quand vous me ferez signe.

— Quand j'aurai obtenu le permis de la Ville et l'acceptation de tous les voisins, je vous ferai signe.

Là-dessus, nous sortîmes de la salle de réunion, et j'invitai monsieur à prendre un bon cognac dans mon bureau. Ce qu'il accepta avec grand plaisir. J'en profitai pour lui présenter Saka et madame Salamatou dont je vis qu'il appréciait au plus haut point la beauté et la personnalité accueillante. Monsieur nous quitta plus tard en complimentant encore une fois madame Salamatou.

En ce qui concernait la serre, Saka m'informa que les fraisiers et les plants de tomates étaient en place. L'agronome n'avait eu aucune difficulté à recruter des femmes et des hommes intéressés et compétents. La formation fut l'affaire de quelques jours, tout au plus. Les délais avaient tous été respectés. Selon les prévisions attendues, la production et la cueillette des fraises et des tomates débuteraient vers la mi-décembre. Enfin, si la déesse Déméter était de notre bord !

Hélène, mon épouse, vint me retrouver au bureau. Dieu du ciel qu'elle était belle cet avant-midi-là ! Elle portait une robe aux couleurs vives qui glissait sur sa taille de guêpe. Il était vrai que cette femme faisait tout pour conserver ses attributs de jeunesse malgré sa quarantaine avancée. Nous convînmes de nous revoir pour un souper en tête à tête à l'**Initiale**, restaurant renommé pour sa gastronomie. Plus je la regardais, plus j'avais le tournis !

Ma rencontre avec monsieur Bellumeur me fit comprendre que je devais le plus vite possible acquérir le permis d'installation des éoliennes. Tout de suite, je contactai madame Salamatou pour qu'elle préparât la demande que j'irais moi-même remettre entre les mains du directeur général de la ville. Elle me répondit que le dossier serait finalisé dès demain. Elle savait tout, elle connaissait tout et maîtrisait tout, cette dame !

Par contre, pour obtenir l'approbation des propriétaires voisins de la serre, il me fallait rejoindre le fils de madame Lemieux. Lui seul pourrait intercéder en ma faveur auprès d'eux. Déjà que certains d'entre eux occupaient un emploi à la serre. Cela ajouterait à l'argumentaire de monsieur Lemieux. J'essayai de le rejoindre. Sonnèrent trois coups et je l'avais au bout du fil.

— Monsieur Lemieux, excusez-moi de vous déranger, mais j'ai une demande à vous faire : est-ce que vous seriez disponible pour aller rencontrer tous les voisins immédiats de la serre pour qu'ils acceptent que quatre éoliennes soient construites tout près de leur milieu de vie ?

— Monsieur Lachance, il me fera plaisir de rencontrer chacune et chacun et de les convaincre d'accepter le projet. D'ailleurs, selon les dernières rumeurs qui circulent, plusieurs de mes voisines et voisins occupent ou occuperont un emploi à la serre Lachance. Il me sera aisé d'obtenir leur accord. Cependant, je ne me présenterai pas devant eux les mains vides, je veux avoir la documentation et pouvoir leur remettre en main propre pour qu'ils n'acceptent pas aveuglément que des éoliennes brisent le paysage et fassent du bruit, selon ce que les rumeurs circulent.

— Monsieur Lemieux, les éoliennes qui seront érigées derrière la serre ne seront pas très hautes et produiront peu de bruit, à peine le bruissement d'une légère brise de temps en temps. Je compte sur vous. Ah oui ! quand allez-vous commencer à travailler à la serre ?

— Moi, je vais y travailler lors de la récolte. C'est l'entente que j'ai obtenue de l'agronome. C'était aussi le souhait de ma mère. Elle veut que je sois disponible pour ses déplacements et que je réponde à ses désirs de temps en temps. Comme mes frères et sœur demeurent en région éloignée, je deviens donc une aide précieuse pour elle.

— Monsieur Lemieux, je vais aller au siège social d'Énergie solaire cueillir la documentation et j'irai vous la remettre le plus tôt possible. Ah oui ! j'oubliais : informez votre mère qu'une partie de sa maison sera transformée en une garderie pour les enfants des employés qui travaillent à la serre puisqu'il ne fut pas nécessaire de faire venir des travailleurs étrangers. Je vous souhaite une bonne journée et vous aurez toute la documentation en main dès demain.

Sur ce, j'allai prendre un café avec la phratrie de la fondation Lachance. Tout le monde était détendu : les yeux pétillaient. Le soleil inondait les murs de ses rayons dansants. Le café goûtait bon pour une fois. Hélène, mon épouse, épiait Audrey, la nouvelle venue. Savait-elle que cette jeune femme était la fille de Francine ? Je me méfiais toujours des réactions de ma femme ! La question ne se fit pas attendre :

— Pierre, la jeune femme qui jase avec Élise est-elle une parente de Francine ?

— Eh oui ! Hélène, c'est la fille de Francine. Je n'y suis pour rien dans son embauche. La petite **ratoureuse** a pris l'initiative elle-même de postuler le poste de troisième ambassadrice. Mais, je ne dévoilerai pas le chemin tortueux qu'elle a emprunté pour arriver à ses fins. Tout ce que je peux dire : telle mère, telle fille.

— Elle a toute une personnalité. Élise a eu du flair. Elle sait comment se présenter et parle une langue correcte avec une diction parfaite. Elle va en impressionner plusieurs dans le Bas-Saint-Laurent. Je te soupçonne quand même d'avoir ajouté ton grain de sel dans cette sélection.

— Pour être franc avec toi, je suis allé au **Folichon** parce que j'avais reçu un courriel m'y invitant. Quand je suis arrivé au bar, une jeune femme m'a flirté, pardon m'a accosté. Pendant notre discussion, elle a vendu la mèche : elle m'avoua être la fille de Francine et la jeune journaliste qui avait fait publier un article sur moi dans un journal à potins. Le directeur dudit journal a biaisé son article et elle a décidé de quitter son poste. Elle m'a abordé pour que je la pistonne afin d'obtenir un emploi à la fondation Lachance. Elle savait qui j'étais, non pas de par sa mère mais de par un lien entre moi et la Fondation. Elle a du culot, la petite : elle a obtenu ce qu'elle visait. Elle s'est présentée au bureau de la Fondation. Résultat : Élise l'a embauchée. Jamais je n'oserais influencer les choix d'Élise !

Hélène me figea d'un regard qui disait tout. Elle me donnait l'absolution, malgré qu'elle me soupçonnât d'avoir péché.

Nous rentrâmes à la maison. Comme la faim ne nous étreignit pas, nous grignotâmes quelques petits pains fourrés au foie gras en buvant un verre de vin blanc sec. Pas de dessert, cette fois-là. Nous aurions le plaisir au souper en tête à tête de déguster la bombe d'Alaska, la classique.

Hélène décida de demeurer à la maison : elle avait besoin de refaire ses forces, car la tournée avait grugé pas mal de son énergie. Moi, j'allai visiter la serre pour une xième fois. C'était mon projet et je tenais à le voir évoluer. Toutefois, avant de partir, Hélène voulut en savoir plus sur nos avoirs financiers.

— Pierre, je ne suis pas inquiète, mais j'ai comme l'impression que les millions s'envolent comme les feuilles à l'automne. Dans mes rêves, je vois des liasses de dollars voler en tout sens. Es-tu convaincu que la fondation Lachance et la serre Lachance sont bien administrées ?

— Hélène, Saka est un gestionnaire hors pair. Quand je demande d'ouvrir les livres, il s'y prête volontiers et m'explique tout avec clarté. Chaque colonne des dépenses explique le pourquoi de chacune. Il est vrai que les millions s'envolent, mais construire une serre hydroponique est un projet de grande envergure. Quant aux finances de la fondation Lachance, le conseil d'administration a survolé le compte rendu fourni par Maryline et le tout respecte les normes comptables et ne fait pas rapport de dépenses exagérées. Non, Hélène, personne ne tire les dollars par les fenêtres. Puis, les cours boursiers augmentent, notre stock d'actions rapporte beaucoup. Un jour cependant, la Bourse va tomber en marché baissier. Avant que cela ne se produise, Julien, qui a du flair, va vendre des stocks de nos actions qui ont crû beaucoup. Et on reviendra sur le marché au moment opportun. Bref, on vend quand ça monte, et on achète quand ça baisse. Voilà pour la petite leçon sur le fonctionnement de la Bourse. Ce processus vaut aussi pour les placements de la fondation Lachance, j'imagine.

Hélène parut satisfaite. Je la vis s'étendre dans sa grande chaise. Deux minutes s'écoulèrent, et madame sombra dans un sommeil profond.

J'en profitai pour me rendre à la serre. Le pont était achalandé. D'ailleurs, Saka m'avait fait remarquer que le temps pour aller d'une rive à l'autre s'éternisait. Je crus saisir dans cette remarque que le bureau d'administration devrait déménager ses pénates sur la rive sud. Il avait raison, mais on ne pouvait pas courir deux lièvres à la fois. Donc, on procéderait à ce transfert le printemps ou l'été prochains.

Quand j'arrivai à quelques centaines de mètres de la serre, je pris connaissance de son immense structure. Un jour, j'inviterais les journalistes à écrire des articles et à publier des reportages sur cet œuvre. La région aurait de quoi être fière de ce bâtiment. J'entrai en douce. Des dizaines d'employés s'adonnaient à différentes tâches. On aurait dit une ruche qui bourdonnait d'activités. Les uns s'occupaient des fraisiers; les autres, des plants de tomates. J'abordai l'agronome en ces termes:

— Monsieur, je vois que votre personnel besogne avec connaissance et application.

— Bien sûr, je m'enorgueillis d'avoir sélectionné les bonnes personnes pour effectuer cette tâche. Mais en ai-je le mérite ? Plusieurs d'entre elles avaient une connaissance approfondie de la culture hors sol. Certaines viennent d'endroits où la culture hydroponique avait pris racine ; d'autres sont de la place et cultivaient déjà des fraises et des légumes. La rémunération y est pour quelque chose : un bon salaire et des avantages sociaux alléchants y contribuent. Je suis fier de ma main d'œuvre.

Je fis encore une fois le tour. Je donnai la main à toutes et tous. On me saluait et je voyais dans leurs yeux de la gratitude. Je me dis intérieurement : « Si les millions gagnés à la loto servent à rendre les gens d'ici heureux, j'aurai gagné mon pari. » Déjà, j'en étais certain. Je saluai l'agronome et me rendis à la maison des Lemieux. Elle était vide, sans vie. Elle avait perdue son âme. Vite, il fallait la transformer en garderie. Ce qui permettrait à des employés de placer leurs enfants en sécurité.

CHAPITRE 21

Je revins au bureau et j'avertis Saka qu'il aurait à se lancer tête première dans un autre projet, celui de transformer la maison des Lemieux en garderie.

— Monsieur, il y a longtemps que j'y pense. L'idée n'origine pas de moi mais de ma femme. Tout de suite, elle m'a fait remarquer que cette maison serait un site idéal pour y établir une garderie. J'avais tellement de préoccupations à gauche et à droite que je n'ai pas pensé vous refiler le tuyau. Excusez l'expression, mais c'est une maudite bonne idée ! Cependant, je n'aurai pas le temps de me pencher là-dessus avant un certain temps. Je vous propose une solution : ma femme pourrait faire toutes les démarches, à savoir obtenir le permis, engager une décoratrice qui verrait à transformer l'intérieur, acheter tout le matériel et embaucher le personnel. Les enfants des employés pourraient fréquenter la garderie dès le mois de décembre. J'ai remarqué que certains demandent de quitter la boîte plus tôt afin d'aller cueillir leurs enfants à une garderie.

— Saka, tu es convaincu que ta dame va accepter.

— Pourquoi pas ? Elle pourra travailler l'après-midi à la fondation Lachance pour un certain temps et consacrer l'avant-midi à surveiller les travaux de réfection de la maison Lemieux en garderie.

— Saka, je te charge d'aller sonder Élise à ce sujet. Tu la connais un peu : elle tient à ses prérogatives. Avant d'aller jouer dans son jardin, je te conseille de t'y prendre avec des pincettes.

Le bonhomme se mit à rire. Je vis dans ses yeux qu'il allait faire preuve de tact.

Je rentrai à la maison. Hélène était assise en robe de chambre et lisait toujours et toujours son éternel roman dont elle avait cessé la lecture puisque partie en mission quelques jours. Je l'embrassai une fois, deux fois, trois fois sur ses lèvres pulpeuses. Son odeur corporelle provoqua des effets subliminaux chez l'Homo sapiens que j'étais. Le désir s'enfla à tel point que l'envie de faire l'amour me cisailla le bas du ventre. La femelle répondit à mes attentes. Elle sourit et, bras dessous bras dessus, nous montâmes à notre chambre où fut célébré le plus beau des bals. Nos corps dansèrent et nos âmes s'embrasèrent. La tourterelle roucoula aux appels de son tourtereau. La sueur perlait nos corps. Les oiseaux ajoutaient leurs chants aux psalmodies des amants. La danse prit fin dans l'apothéose d'un plaisir électrisant. Par la suite, nous nous sommes consumés dans la rêverie et dans les souvenirs de notre vie amoureuse d'antan.

Deux heures plus tard, Hélène et moi filâmes au restaurant **L'Initiale** où nous fûmes accueillis par la propriétaire. Elle nous conduisit à une table où nous attendaient champagne et petites bouchées végétariennes, à la viande, au poisson ou aux fruits de mer. Nous fîmes tinter nos verres pour renouveler notre alliance. Puis le repas nous fut servi avec minutie et discrétion. Nous avons dégusté les plats coup de cœur de la maison accompagnés de vins tous plus divins les uns que les autres. Le sommelier avait élaboré une carte variée et originale. Quand le dessert fut servi, Bacchus commença à me marteler d'étourdissements : j'étais ivre ! La voix épaisse, j'ai susurré à Hélène :

— Je ne pourrai conduire l'auto pour notre retour : je suis quelque peu étourdi et mes réflexes sont lents. Je me sens envahi par une sorte de nonchalance.

Hélène me sourit. Sa diction était molle quand elle commenta.

— Moi aussi, je me sens toute drôle. Si tu pensais me demander de conduire l'auto pour le retour à la maison, ne compte pas sur moi : j'ai aussi la berlue.

Le garçon, qui s'apprêtait à desservir les plats du dessert, avait tout entendu. Il nous proposa d'appeler un taxi. Ce que je m'empressai d'accepter. Quant à ma Audi, héritée de mon père à son décès, la maison se chargerait de la stationner dans un parc tout sécuritaire. À la sortie du restaurant, l'hôtesse d'accueil me remit une carte sur laquelle était inscrite l'adresse du parc-auto. Madame la propriétaire nous remercia et nous souhaita bon retour, sourire aux lèvres. Elle osa avancer :

— Madame, Monsieur, vous n'êtes pas les premiers à quitter la maison en état d'euphorie. Ici, on se laisse souvent surprendre par cette atmosphère décontractante. On boit du bon vin, on relaxe et on se rend compte que Bacchus a fait son œuvre. Et elle partit à rire !

Le chauffeur du taxi vint nous ouvrir la portière. Je crus, à voir son regard rieur, que ce n'était pas la première fois qu'il cueillait des clients grisés. Chemin faisant, je m'assoupis ; Hélène aussi. Je sursautai dès que l'auto taxi stoppa devant notre maison. Je payai la note, sortis du véhicule et me rendis de peine et de misère devant la porte. J'ouvris, fis quelques pas et m'affalai sur le divan. Je crus avoir sommeillé quelques instants. Hélène, elle, était déjà montée à notre chambre. Quand je la rejoignis, elle avait déjà sombré dans les bras de Somnus. Je ne fis ni un ni deux : je fis voler mes vêtements ici et là dans la chambre, je culbutai dans mon lit et allai rejoindre Morphée. Nous dormîmes du sommeil du juste jusqu'au matin.

Le lendemain, il fallait que la vie reprît son cours. La levée du corps fut pénible ; ça bourdonnait dans ma caboche. Se livrer à quelques excès était loin d'être habituel pour moi. Ce qui avait la fâcheuse conséquence de me plonger dans une **malaisance** temporaire mais souffrante. Hélène, elle, était déjà debout. Je me douchai, ce qui me ragaillardit et me redonna une tête plus regardable. Quand je descendis à la salle à manger, les filles bouffaient leurs bols de céréales garnis de petits fruits des champs. Elles souriaient et avaient sûrement envie d'être taquines, mais je leur fis de gros yeux.

Élise se risqua à m'aborder en ces mots :

— Papa, je regarde par la porte patio et je ne vois pas la Audi. J'imagine que le restaurant **L'Initiale** l'a confisquée en garantie pour non-paiement d'addition, ou bien son propriétaire ne pouvait plus la conduire. C'est ce même monsieur qui me gronde quand j'arrive tard dans la nuit, saine et en pleine possession de mes moyens. Papa, je te pardonne ta petite frasque. La vie serait monotone si on ne s'en tenait qu'à la routine journalière. Parfois, il est bon de la noyer avec Dionysos.

Je ne la relançai pas. Je me servis un café et le lapai lentement. Je me risquai à manger une rôtie qui s'ajouta à la boule qui roulait dans mon estomac. Je demandai aux filles :

— Où est-votre mère ?

— Elle est partie au bureau, répondit Lise. Elle a décidé de passer outre à ses maux de tête et d'aller s'occuper d'une affaire urgente. De quoi s'agit-il ? Je n'en sais rien.

Dans les faits, Hélène avait rendez-vous avec son médecin de famille. Quand elle y entra, la femme médecin l'accueillit et lui demanda de s'asseoir. Elle avait en main les résultats de ses derniers examens et en fit le rapport à Hélène.

— Madame Lachance, vous vous portez très bien. Vos inquiétudes n'avaient aucun fondement : votre bilan de santé est parfait. Les examens n'ont relevé aucune anomalie. Cependant, quand vous vous sentirez fatiguée, ne tardez pas à économiser votre énergie.

— Madame, je suis rassurée. Si vous me conseillez de ne pas abuser de mes forces, je vais le faire.

Sur ce, il y eut prise de tension, tâtonnements et résultat de prise de sang. Puis, Hélène quitta le bureau, soulagée de ne pas avoir entendu une ou des mauvaises nouvelles.

Elle se rendit à la Fondation où une pile de demandes de bourses encombrait déjà son bureau. Sur les entrefaites, les filles arrivèrent, suivies de votre humble serviteur. Les employés remarquèrent que j'avais l'air quelque peu fripé. Saka fut le premier à s'en apercevoir.

— Monsieur, comment au Québec qualifie-t-on quelqu'un qui a l'air **magané** le lendemain de la veille ? On dit qu'il a passé la nuit sur la corde à linges.

Tout le monde pouffa de rire. J'avais si piètre figure que ça ! Je me rendis à la cafetière, me servis un café brûlant et me réfugiai dans mon bureau. Je rongeai mon frein tout l'avant-midi, sans raison d'ailleurs.

Midi sonna. Je revins à la maison et me retrouvai tout fin seul. Je bus un bouillon de poulet, et ce fut suffisant pour que je réprimasse une grimace de dégoût. La solution : aller m'écraser et roupiller dans mon hamac, emmitouflé dans ma courtepointe, cadeau de ma mère.

Je fus réveillé par l'arrivée de ma Audi conduite par un jeune homme que je ne connaissais point. Mais, en l'observant de plus près, je reconnus l'un des garçons de table du restaurant **L'Initiale**. Derrière ma voiture, un autre l'attendait. Je le remerciai du service en lui remettant un généreux pourboire que j'allai dénicher dans mon cagibi secret. Le garçon repartit le sourire aux lèvres. Mais qui avait bien pu penser à cette démarche qui me ramenait mon auto ? J'oubliai vite, me pelotonnai à nouveau dans ma couverture et me rendormis.

L'arrivée du clan coupa court à ma rêvasserie. Hélène me demanda si j'avais retrouvé un semblant de normalité. Je grognai quelques paroles désordonnées.

— Petite nature ! L'approche de la cinquantaine te fait aisément vaciller. Damas expie ses péchés !

— Je t'en prie, Hélène, ne gaspille pas ta salive à me houspiller. Je crois que mon foie n'a plus l'endurance d'antan. La prochaine fois qu'on ira au restaurant, je ferai profil bas.

J'eus droit à sa petite mimique habituelle de femme au-dessus de tout. C'était vrai qu'Hélène était faite à toute épreuve. Tous le jours, je louais la vie de l'avoir mise sur mon chemin.

Élise prépara le souper auquel je refusai de goûter : mon cœur chaloupait encore. Hélène et les filles prirent plaisir à manger des pâtes en prenant un bon vin rouge. J'avais envie d'aller dégurgiter je ne savais où. Je tentai de feuilleter le journal, mais mal m'en pris, j'avais le tournis. Je démissionnai sur le coup. J'avais faim, mais non pour manger du solide. Je lapai un bouillon de poulet qui fit grand bien à mon estomac en bouillis. Je me traînai à mon hamac : je respirais mieux à l'extérieur. Deux heures plus tard, disparu le mal de bloc ! Je réintégrai l'intérieur. Hélène lisait toujours son roman sans fin et Élise et Lise avaient gagné leur chambre. Ma partition de vie, je la jouai encore en solo ce soir-là. Je me confinai dans mon bureau et amadouai mon esprit en écoutant du new age. Je me laissai bercer par la douce musique de Vangelis, d'Enya et de Jean-Michel Jarre. Ce fut Hélène qui me sortit de mon divin envoûtement. Je ne me fis pas prier pour monter me coucher, J'oubliai la suite !

CHAPITRE 22

Entre le 20 et la fin octobre, je m'obligeai à me rendre à la serre pour voir l'évolution de la culture des plants. Chaque jour, madame Salamatou déposait sur mon bureau des dizaines de missives. Je passais une heure et plus à lire et relire des demandes de dons provenant parfois d'organismes que je ne connaissais pas. J'étais devenu un touche à tout au bureau à tel point que je me lassai. Donc, chaque après-midi dont le beau temps me graciait, j'allais gravir une montagne. J'apportais un petit goûter que je dévorais au sommet. J'en profitais aussi pour capter des photos des paysages tout en couleurs. Ces excursions me faisaient grand bien et me revivifiaient. Le temps était parfois doux, parfois frisquet. Ça faisait du bien à l'âme !

Fin octobre, la culture en serre suivait sa progression telle que prévue par Pierre Desjardins, l'agronome. La maison de madame Lemieux était en transformation pour devenir une garderie. Hélène partait pour la Côte-Nord ; Francine, pour la Gatineau. Audrey, la fille de Francine, filait vers le Bas-du-Fleuve. Le projet de plate-forme de la fondation Lachance prenait forme. Celui de la Serre débutait, le contrat de réalisation ayant été accordé à une firme indépendante. Bref, « La vita era bella ! » comme disait mon bon ami Julio.

Quelques jours plus tard, Hélène m'appela. Tout allait bien sur la Côte-Nord. Les gens étaient accueillants, bienveillants et accordaient un grand intérêt à la mission de la fondation Lachance. Côté climat : elle fut même surprise par une petite bordée de neige. Elle se devait d'être prudente, car elle roulait encore en pneus d'été. Cela m'inquiétait beaucoup. Je n'arrêtais pas de lui dire de prendre ses précautions. Élise reçut aussi un appel de Francine. La mission à Gatineau allait bien : tout se déroulait selon la planification. Audrey, la fille de Francine, continuait son petit bonhomme de chemin en Gaspésie. Elle affirma à Élise qu'elle était vraiment dans son élément. Elle n'en revenait pas de l'accueil et de la gentillesse des Gaspésiens. Selon ses dires, beaucoup de jeunes projetaient de venir étudier à Québec ou à Montréal. Elle remarqua que certains lui avouaient que, sans bourse d'étude, ils ne pourraient jamais rêver de devenir des agronomes, des ingénieurs, des médecins, des enseignants. Elle voyait des éclairs dans leurs yeux.

Trois jours plus tard, Francine revint de son périple à Gatineau. Un soir, Hélène m'appela pour me signaler son retour. Elle couchait à Baie-Comeau afin de se reposer et le lendemain elle reprendrait la route pour revenir au foyer. Je lui réitérai ma demande insistante d'être très prudente. S'il neigeait, je lui conseillai de rester sur place.

Cette nuit-là, je dormis à peine. Une sourde fatalité m'écrasait. Le sommeil vint sur le tard, ce qui fit que, le lendemain matin, je me levai à 9h. Je n'arrêtais pas de penser à Hélène. Je me douchai, m'habillai et décidai d'aller prendre mon déjeuner au bistro du coin. Ma serveuse préférée m'accueillit avec un grand sourire et un bonjour éclatant. La bonne humeur régnait toujours en cet endroit où tout le monde se connaissait. Un client régulier de la place m'aborda.

— Monsieur Lachance, quand allons-nous goûter vos fraises ? Est-ce que vous allez cacher un marron dans les plus grosses ?

On pouffa de rire dans la salle. Je dévisageai le comique et lui lançai :

— Jeune homme, je vous promets de vous en apporter ici même lors de la première cueillette. Vous aurez le loisir d'en manger à satiété, mais elles ne contiendront aucune surprise, à savoir des billets de cent dollars. D'ailleurs, je vous invite à visiter la serre avec moi. Vous allez être ébahi, vous allez rester bouche bée. Donc, samedi midi, venez me rejoindre ici et je vous amène visiter l'établissement. Surprise : tous les clients présents voulaient participer à la visite. J'acceptai avec plaisir ! Quand je me levai pour quitter la place, je jetai un coup d'œil à l'écran de télé. La lectrice de nouvelles signalait un accident grave qui venait de se produire sur la Côte-Nord. Tout de suite, je pensai à Hélène qui avait quitté ce matin Baie-Comeau pour revenir à la maison. Une sueur froide m'inonda le dos : je pensai au pire.

Je sortis du bistro et tentai de rejoindre Hélène sur son cellulaire. Si elle était stoppée par l'accident sur la route de retour, elle allait sûrement me répondre. Ce fut le silence total. Je m'en allai au bureau, saluai tout mon monde et me plongeai dans la lecture du courrier. J'oubliai Hélène pendant quelques instants. Quand j'eus survolé toutes les missives, j'essayai à nouveau de la rejoindre. Point de réponse. Pour encore oublier, je répondis à quelques appels.

11h sonna. J'essayai de joindre Hélène à quelques reprises, mais ce fut en vain. J'étais de plus en plus inquiet. Madame Salamatou vit bien que quelque chose me tourmentait. Je lui répondis :

— Madame, j'essaie de rejoindre Hélène, mais elle ne me répond pas. Un grave accident est arrivé sur la route menant à la Côte-Nord. Justement, ma femme quittait Baie-Comeau ce matin pour revenir à la maison. Est-elle bloquée sur la route ou lui est-il arrivé un malheur ?

— Monsieur, il ne sert à rien de vous torturer l'esprit. Si votre femme ne vous répond pas, soit que son cellulaire est éteint, soit que la communication ne se fait pas sur ce territoire. Arrêtez de vous creuser les méninges, cela est inutile dans les circonstances. Tentez d'oublier en vous occupant l'esprit.

Justement, l'idée d'aller visiter la maison des Lemieux me vint. Je quittai le bureau, traversai le pont et arrivai sur les lieux quelque dix minutes plus tard. J'entrai et vis que les travaux de réaménagement progressaient à vitesse grand V. L'entrepreneur prévoyait terminer les travaux de réfection vers le 20 novembre.

Une fois sur place, j'en profitai pour saluer les employés de la Serre. Tout roulait normalement. L'agronome s'était entouré d'une belle équipe qui besognait ferme. L'image d'une ruche surgit dans ma tête. Je remarquai que les fraisiers fleurissaient déjà. On mangerait des fraises de la serre Lachance dans le temps des fêtes. Telle était ma certitude !

Je retournai à mon auto, tentai de rejoindre Hélène, mais en vain. Je pensai retourner au bureau, mais l'heure du midi approchait et je me rendis directement chez moi. À mon arrivée, quatre autos occupaient l'entrée, dont une de la Sûreté du Québec. En quittant mon Audi, je faillis perdre conscience. J'imaginai le pire. Quand je mis les pieds dans la maison, Élise et Lise pleuraient à chaudes larmes. Elles me virent et accoururent se jeter dans mes bras : elles étaient inconsolables. Un suite de mots incompréhensibles sortaient de leur bouche.

— Maman, maman a eu un grave accident de la route tout près de Tadoussac. Papa, papa, elle est morte, écrasée par un lourd fardier. Papa, papa, notre maman est partie pour toujours. Papa, papa, papa !

Leurs cris m'arrachèrent le cœur. Je voulus les consoler, mais pas un mot me vint. Une boule de douleur pressait ma poitrine. Je vis le visage crispé d'Hélène au plafond. Ce n'était plus mon Hélène, ma douce Hélène. Puis, comme si l'étau se desserrait, je criai mon désespoir, ma rage, ma révolte. Tout explosa dans ma tête, dans mon corps. Je serrai encore plus fort mes filles. Et je m'affaissai, perdu dans une peine immense. Je restai prostré pendant quelques minutes, incapable de dire quoi que ce fût. Quand je rouvris les yeux, je vis Francine qui essuyait ses larmes ; je vis Saka adossé au mur les yeux embués ; je vis madame Salamatou trembloter, mouchoir à la main. Deux policiers faisaient le pied de grue près de la porte d'entrée. Quand ils virent qu'ils pouvaient m'aborder et me parler, ils s'approchèrent de moi.

— Monsieur Lachance, nous avons appris que l'auto de votre épouse avait été heurtée par un lourd camion remorque. Malheureusement, elle n'a pas survécu. La route était en excellente condition. L'enquête est en cours. Vous connaîtrez plus tard les causes de l'accident. Monsieur, veuillez nous excuser, le devoir nous appelle.

Le cœur me débattait, je hoquetais. Je levai les yeux et je vis que Francine tenait les filles par la main. Il me sembla qu'elle leur parlait doucement. Lise était inconsolable. Élise cachait mal sa peine, ses épaules tressautaient. Madame Salamatou vint me parler doucement.

— Monsieur, la fatalité a frappé. Vous ne pouvez rien y faire. Je comprends votre immense peine, mais il vous faut accepter ce coup du sort, ce fatum.

Et je me remis à sangloter.

— Madame, toute ma vie était centrée autour de celle d'Hélène. Voilà que le destin me l'arrache soudainement. Nous étions liés pour la vie, pour toujours. Maintenant, je combattrai seul le désespoir, la solitude et la révolte. Hélène partie, comment vais-je m'extirper de ce puits de douleur sans fond ?

En attendant mes cris de douleur, Élise s'approcha de moi et essaya de me consoler.

— Papa, Lise et moi allons te supporter. Maman est partie, mais il faudra continuer de vivre pour cultiver sa mémoire. Chaque action, chaque geste que nous allons poser seront pour se souvenir d'elle. Elle est morte, mais nous devons vivre, travailler et continuer nos projets. Nous le ferons en pensant à elle chaque seconde, chaque minute de nos vies. Je suis certaine qu'elle sera toujours à nos côtés en pensée. Maintenant, il faut nous efforcer de nous remettre sur pieds. Papa, nous n'avons pas le choix. Nos projets sont en marche, nous ne pouvons pas les négliger. C'est ce que maman nous dirait. Peut-être qu'elle nous envoie ce message de sa comète, de son étoile ou de son ciel.

Le silence me figea. Je voulus me relever, mais mon corps refusa. Une main étreignit mon épaule. C'était celle de Francine. Elle me prit par le bras et me pria de la suivre. Bras dessous bras dessus, elle m'entraîna à l'extérieur et s'adressa à moi doucement :

— Pierre, regarde le soleil ; il est encore là pour nous réchauffer. Regarde la nature qui nous entoure ; demain, elle veillera sur toi et, jour après jour, elle te soutiendra. La nature et nous sommes liés non pas dans la mort mais dans la vie. Tout ton monde va te soutenir et sans cesse t'aider à combattre ta douleur. Aujourd'hui, elle te gruge, elle te fait mal ; demain, tous tes proches vont t'aider à l'atténuer, à te la faire oublier. C'est ce qu'Hélène veut du haut de son univers. Aujourd'hui, je comprends ta peine inconsolable. Tu peux pleurer, tu as le droit de pleurer. Il faut t'armer de courage. Tu devras aller identifier Hélène à la morgue et préparer les funérailles. Si tu penses avoir besoin de mes services, je serai là, bien présente. Élise et Lise vont te supporter dans ce malheur. Maintenant, je te laisse : madame Salamatou, Saka et moi retournons au bureau.

Saka m'approcha et me dit de sa voix calme :

— Monsieur, vous allez consacrer les prochains jours à pleurer votre dame. Moi, je vais m'occuper de tout. Cette entreprise est aussi la mienne. Chaque geste posé et chaque décision prise le seront comme si vous le posiez ou la preniez. Nous nous reverrons à la cérémonie d'adieu au salon funéraire.

Saka sortit de la maison, le dos voûté, amenant madame Salamatou avec lui. Cela me fit grand bien de voir cet homme traîner sa peine comme si c'était la mienne. Maryline arriva en coup de vent. Quand elle vit Élise, elle accourut vers elle et la serra dans ses bras. Elle lui murmura à l'oreille des mots de consolation que je saisis à peine. Longtemps, les deux s'enlacèrent. Puis, Maryline alla vers Lise. Là aussi, elle l'entoura et lui susurra des mots qui l'apaisèrent.

CHAPITRE 23

Quand nous nous retrouvâmes seuls, un silence écrasant perdura encore longtemps. Je demandai aux filles si elles viendraient avec moi identifier leur mère à la morgue. Les deux dirent oui et se mirent à pleurer.

À 15h30, mon cellulaire bipa. C'était le thanatologue du salon funéraire qui m'appelait pour que j'allasse identifier le corps de madame Lachance, ma douce épouse. Il fallut bien que je répondisse oui. Le rendez-vous fut fixé à 17h pile. Je pris en note l'adresse du centre et fermai mon Fido.

— Papa, comment dois-je m'habiller ? questionna Lise. Je porte rarement du noir.

— Lise, habille-toi comme tu veux. Personne ne remarquera tes vêtements.

— Maman voudrait que nous soyons respectueuses des conventions, spécifia Élise. Quand grand-mère maternelle est morte, elle s'était habillée de noir pour aller l'identifier. Elle avait été frappée mortellement par une auto. Moi, je m'habille en noir.

Elle monta à sa chambre. Quand elle apparut dans le salon, elle était tout de noir vêtue. Lise rejoignit la sienne et revint tout de blanc vêtue. Je jetai un coup d'œil à l'extérieur : les cumulus croisaient les cumulonimbus poussés par un vent rageur. Cet étrange mariage me rappela la double personnalité d'Hélène : toute douce mais toute fougueuse.

Nous nous rendîmes à la morgue. Quand le thanatologue retira la couverture, c'était bel et bien Hélène dont le visage baignait dans une béatitude qui me toucha au plus profond de mon âme. Les filles pleurèrent. Je demandai au thanatologue si son corps était mutilé.

— Non, Monsieur, elle est possiblement morte d'une hémorragie interne. J'ai relevé quelques contusions, sans plus. Voulez-vous qu'un médecin légiste procède à une autopsie ?

— Non, je ne veux pas qu'on dissèque ma bien-aimée.

Je sortis, accompagné des filles qui sanglotaient. Soudainement, je cernai toute la substance de cette tragédie. Comment allais-je continuer de vivre sans ma compagne de tous les jours ? Je conduisis l'auto, les larmes à l'œil. Ma vie serait bouleversée à jamais. Mes filles, assises derrière, sentirent mon désarroi et mirent leur main sur mes épaules. Je ressentis dans leur tremblement qu'elles avaient des trémolos dans la voix que j'entendais à peine. Nous arrivâmes à la maison : il était temps puisque je n'avais plus d'énergie. La peine et la douleur me rongèrent à nouveau. Je pleurai à chaudes larmes. Les filles essayèrent de me consoler, mais j'avais trop mal.

Ce soir-là, j'oubliai le souper ; les filles aussi. Je me renfermai dans mon bureau. J'écoutai Pavarotti. Ses romances me propulsèrent dans un univers où je retrouvai ma belle Hélène. J'écoutai aussi Tyre le Coyotte parce que les plaintes de la guitare nourrissaient ma peine. Élise vint me retrouver pour me dire que ma mère m'attendait.

— Élise, qui lui a dit qu'Hélène était décédée ? Je voulais lui annoncer moi-même.

— Papa, j'ai décidé de prendre les devants. Grand-maman devait le savoir avant qu'elle ne l'apprît par les bulletins de nouvelles à la télévision. Viens, elle t'attend.

Elle me prit la main et me conduisit au salon. Ma mère m'entoura et me murmura les plus beaux mots pour me consoler. Sa voix était douce et calme. Puis, elle se ressaisit et me parla avec conviction :

— Pierre, c'est terrible perdre sa femme. Quand ton père est parti, je croyais que ma vie allait s'écrouler. Oui, j'ai arrêté de vivre, mais je me suis résignée et j'ai mis toutes mes forces à me reconstruire. Je pense encore à ton père ; tu penseras toujours à Hélène. Mais il te faudra te redresser un jour ou l'autre, car l'instinct de survie te le commandera. Hélène est partie ; toi, tu es toujours là et tu dois t'appuyer sur tes filles qui, en ce moment, t'implorent de ne pas les enfermer dans un maelstrom de douleur et de peine. Tu es entouré de personnes qui t'aiment et qui t'estiment. Des dizaines de personnes vont t'épauler chaque jour. Ce sont elles qui vont te faire oublier ton affliction. Chaque fois que tu penseras à Hélène, tu penseras à Élise, à Lise, à moi et à toutes celles et tous ceux que tu côtoieras tous les jours dans l'avenir. Et surtout, ne te culpabilise pas de la mort d'Hélène. Le destin avait tracé sa voie : elle devait partir pour un autre monde. Pierre, tu vas continuer à admirer le soleil, les étoiles, le ciel et la nature. C'est le devoir de tout être humain de s'imprégner de ces éléments. Tu y puiseras les forces nécessaires pour revivre pleinement. Puis, mon garçon, je serai encore là pour t'épauler. Parfois, je partagerai ta peine, parfois je te gaverai d'espoir. Si tu viens me voir plus souvent !

Elle esquissa son plus beau sourire. Mon corps se détendit ; mon esprit se raviva ; mes yeux s'asséchèrent. Je sortis de la maison, regardai le firmament et je crus voir Hélène qui se berçait sur la lune. Mes yeux se mouillèrent. Mais je me ressaisis : je poussai un grand soupir. Élise vint me voir pour me dire que grand-maman avait émis le désir de coucher ici, dans ma maison. Je ne dis mot. Élise perçût que mon silence l'approuvait.

J'entrai dans la maison. Lise fixait le mur, anéantie. J'allai l'entourer et la collai contre ma poitrine. J'entendais son cœur battre comme quand j'entendais celui d'Hélène lorsque nous nous serrions l'un contre l'autre. Élise était prostrée ; les larmes coulaient ; ses épaules tressautaient ; ma mère avait gagné la chambre des visiteurs. J'entrouvris la porte pour la voir : elle égrenait son chapelet. Je n'osai la déranger. Sans doute qu'elle priait pour nous tous !

Minuit sonna à l'horloge grand-père du salon. Je me résignai à aller me coucher. J'espérais finir par m'écraser quelques heures, mais le sommeil ne vint pas. Du moins, il vint si tard que l'aurore se pointait dans le feuillage. Je priai Hélène de me laisser dormir. Elle m'écouta et je sombrai dans un univers vide que j'essayais d'identifier, mais je n'y parvins point. Ce furent les rayons du soleil qui sonnèrent le réveil. Machinalement, j'étendis un bras, étant certain de toucher Hélène. Son absence me fit tellement mal que je criai ma révolte. Élise accourut et tenta de me calmer, mais je n'arrêtais pas d'hurler. Ce fut ma mère qui vint me calmer. Quand je m'apaisai, je me douchai, m'habillai et descendis à la salle à manger. Lise avait préparé le déjeuner : œufs brouillés, rôties dorées et café noir. C'étaient les mets préférés d'Hélène quand elle voulait nous faire plaisir. Je mangeai, je grignotai plutôt. Une douleur intense sciait ma poitrine. Je le dis aux filles qui s'inquiétèrent. Élise, qui s'adonnait au yoga, me montra comment respirer et me détendre. Ce qui me fit grand bien.

Mon cellulaire bipa. C'était le directeur du salon funéraire. Il voulait me rencontrer pour fixer une date pour la cérémonie d'adieu à Hélène. Je lui répondis que je serais au salon dès 11h.

— Papa, j'y vais avec toi. Ne va pas là seul. Et laisse-moi conduire, intervint Élise.

Vers 10h30, Élise et moi nous rendîmes au salon funéraire pour fixer la date de la cérémonie et choisir l'urne. Ma mère tenait à une cérémonie religieuse qui aurait lieu sur place. Je souhaitais que des chants appropriés soient interprétés. Il fut décidé que la cérémonie aurait lieu le 12 novembre à 14h30. Nous retournâmes à la maison. Je voulus aller reconduire ma mère à sa RPA, mais elle refusa net sous prétexte que les filles et moi avions besoin de son soutien.

Je sursautai quand je vis entrer les sœurs et les frères d'Hélène. Ce fut encore une scène de larmes. Toutes et tous m'offrirent leur réconfort et leur soutien. Lise avait préparé un petit goûter pour le midi de telle sorte que tout le monde put se servir. À un certain moment, mes yeux interrogèrent Élise. Elle haussa les épaules. C'était donc elle qui avait organisé ce rendez-vous qui, en passant, me fit grand bien. Toutes et tous relevèrent de beaux souvenirs de leur enfance et de leur adolescence vécus avec leur sœur. Je me surpris à sourire quelques fois. En fin d'après-midi, nous nous donnâmes rendez-vous le 12 novembre au salon funéraire.

Ce jour-là, je ne soupai point. Je trouvai refuge dans mon bureau. Il me fallait composer un éloge funèbre qui rendrait hommage à ma bien-aimée. J'eus peine à écrire quelques lignes car, chaque fois que je pensais à elle, les larmes coulaient et je perdais l'inspiration. Je me réfugiai dans la musique qui m'aviva : je réussis à composer quelques paragraphes. Je fermai la lampe et demeurai alangui, noyé dans ma douleur. Ce fut à ce moment que je pensai aux propos de ma mère. On ne cultivait pas sa peine, on la contrôlait, on l'apprivoisait. À partir de ce moment, je me fis la promesse de reprendre ma vie en main, en sachant très bien que je n'oublierais jamais l'amour de ma vie.

Ce soir-là, je me couchai, plus détendu et serein. J'implorai Hélène de m'amener dans son monde. Je la vis au plafond qui souriait. Elle me parlait, mais je n'entendais pas ses paroles. Cela suffit à me plonger dans un sommeil réparateur.

Le lendemain, je déjeunai avec ma mère qui rayonnait. Elle me dévisagea et comprit que j'allais dompter ma peine. Je lui demandai si elle voulait retourner chez elle. Elle me répondit d'un ton catégorique :

— Non, Pierre, les filles ont besoin du soutien de leur grand-mère. Elles sont solides, tes filles, mais elles ont perdu le lien le plus fort, celui avec leur mère. Maintenant, il leur faut une autre mère, et c'est moi qui vais jouer ce rôle. Pour un certain temps.

Ma mère avait parlé, ma mère avait décidé. Il n'y aurait pas de retour en arrière. Je capitulai.

CHAPITRE 24

Avant de me rendre au bureau, j'arrêtai au bistro du coin pour avertir ma serveuse adorée que je tiendrais ma promesse d'amener la **gang** visiter la serre samedi. Je lui rappelai l'heure du rendez-vous, soit midi.

Quand j'entrai au bureau, je saluai tout mon monde comme si la vie continuait normalement. Madame Salamatou avait les larmes à l'œil ; Saka me donna l'accolade. Je leur dis qu'il fallait que la roue continuât de tourner et que la routine était le meilleur remède à toute absence d'une personne chère. Je m'effaçai en allant prendre un café. Je me présentai au bureau de la Fondation. La secrétaire vint m'offrir ses condoléances que je reçus avec grand respect. Élise était debout devant la grande fenêtre. Dieu qu'elle ressemblait à sa mère ! À la vue du bureau d'Hélène vacant, j'eus une boule à la gorge. Je revins au mien et demandai à Saka s'il accepterait de venir avec moi à la serre.

— Monsieur, il serait préférable que nous y allions au moment où le personnel prend son heure de dîner. Ainsi, toutes et tous pourront vous offrir leurs condoléances. Je vous avertis, il y aura bien des trémolos dans leur voix. Quand madame venait à l'occasion visiter la serre avec moi, toutes et tous étaient charmés par son entregent et ses bons mots. Non seulement elle savait plaire, mais elle ne manquait jamais une occasion de jaser avec chacune des travailleuses. Pardonnez-moi, Monsieur, mais l'émotion me gagne chaque fois que je pense à elle.

Saka proposa de conduire. Nous arrivâmes à la serre sur l'heure du midi. Toutes et tous dînaient à l'extérieur, tant le beau temps s'y prêtait. Chacune et chacun vinrent me donner la main en m'offrant leurs condoléances. Les uns avaient une boule dans la gorge ; les autres me serraient la main très fort. Toutes et tous me vouèrent un grand respect. Certaines des travailleuses me parlèrent de ma femme : leurs yeux brillaient. Il y avait de la tendresse dans l'air. Saka s'entretint avec l'agronome. Je quittai le cœur serré. Cette rencontre fut une belle leçon de vie !

Avant de retourner au bureau, Saka et moi visitâmes la maison des Lemieux. Le lieu deviendrait sous peu la garderie des enfants de plusieurs des employés de la serre Lachance. Quand nous fûmes sortis de la demeure, je fis une promesse à Saka.

— Une fois que la garderie sera prête et le personnel en place, je veux que celles et ceux qui y laisseront leurs enfants paient un montant minimum. Hélène m'avait conseillé de le faire. Elle disait : « Il faut traiter les travailleuses et les travailleurs de la Serre avec respect. Elles ou eux te le rendront au centuple. »

Saka fut bien d'accord ; Hélène lui avait soumis la proposition, mais il attendait que je me prononçasse. Voilà, c'était fait.

Au bureau, j'avais une pile d'autocollants et de missives qui m'attendaient. Toujours des numéros de téléphone et des demandes de dons provenant des organismes communautaires. Madame Salamatou serait débordée dans quelque temps.

Je quittai la boîte et rejoignis ma mère à la maison. Elle roupillait dans la chaise d'Hélène. Pour la première fois, je remarquai que le roman qu'elle lisait reposait toujours sur la table de séjour. J'eus encore la gorge serrée par l'émotion.

Je marchai sur la pointe des pieds jusqu'à mon bureau pour ne point réveiller maman. Le jour des funérailles, je désirais qu'une chanteuse vînt interpréter deux ou trois chansons préférées d'Hélène. J'exigerais qu'elle interprétât **Le cœur est un oiseau** de Richard Desjardins, **Quand on est en amour** de Patrick Norman et **Quand les hommes vivront d'amour** de Raymond Livresque. Une seule chanteuse pourrait me faire vibrer en les interprétant. Le problème : elle demeurait à Montréal et j'ignorais son adresse et son numéro de téléphone. L'idée me vint de feuilleter mes agendas des années 90 quand j'étais étudiant. Comme le hasard faisait bien les choses, je vis le nom de ma consœur Françoise Chabot, soprano. Et tout à côté, en gros caractères, son numéro de téléphone. Je craignis que ce numéro ne fût pas à jour: nous étions en 2015 et la plupart des gens utilisaient un cellulaire. Tout de même, je m'empressai de le composer et entendis une belle voix au bout du fil.

— Pierre Lachance, que me vaut cet appel? Parfois, il m'arrive de penser à mes consœurs et confrères des années 90. Et en voilà un qui surgit!

— Françoise, j'ai le regret de t'annoncer la mort de ma femme Hélène et je voudrais tellement que tu viennes chanter à ses funérailles. Je me souviens encore des chansons que tu interprétais avec brio lors de nos rencontres dans les soirées de karaoké. Es-tu disponible? Je suis prêt à vider ma bourse pour que tu acceptes ma demande. La cérémonie aura lieu le 12 novembre en après-midi.

— Pierre, je t'offre d'abord mes condoléances. Je veux bien acquiescer à ta demande, mais je n'ai pas d'auto et je dois être accompagnée de mon violoncelliste pour chanter. Si tu organises notre transport, je suis disponible.

— Françoise, je me plierai aux exigences les plus folles pour que tu viennes chanter le 12 novembre. Je vais envoyer quelqu'un te chercher ainsi que ton violoncelliste.

— Pierre, je vais te **texter** en temps et lieu mon adresse. Mais quelles chansons veux-tu que j'interprète?

— Ce sont les chansons suivantes: **Le cœur est un oiseau** de Richard Desjardins, **Quand on est en amour** de Patrick Norman et **Quand les hommes vivront d'amour** de Raymond Livresque.

— Je n'aurai pas besoin de mon violoncelliste. Je vais y aller seule et chanter en solo. Pierre, les gens présents à la cérémonie vont pleurer en entendant ces chansons.

— Françoise, je suis content que tu acceptes de venir chanter. Je te donne mon adresse courriel pour que tu puisses me faire part de tes émoluments.

Si tu as d'autres exigences, je m'y plierai volontiers. Oui, Françoise, je veux que les gens pleurent ! Lors des adieux, les pleurs apaisent la douleur et la peine. Après, la vie reprend son cours. Il faut avancer. C'est ce que tout le monde autour de moi s'appliquera à faire.

Voilà, ce que je désirais le plus venait de se réaliser. Était-ce la chance ou le hasard qui répondait à toutes mes exigences ?

Vers 16 h 30, les filles arrivèrent. Ma mère avait retrouvé son énergie et faisait la popote. Nous mangerions des mets préparés à l'ancienne. Une odeur de tarte aux pommes émanait de la cuisine et parfumait la salle à manger.

Ma mère nous invita à déguster son rôti de porc au four et patates jaunes. Ce fut un délice ! La tarte aux pommes aussi ! Les filles et moi n'eûmes que des bons mots. Maman avait été, était et serait toujours un excellent cordon bleu.

Pour mieux digérer la cuisine de ma mère, je décidai d'aller marcher. Tout de suite, Élise décida de m'accompagner. Nous longeâmes la rive nord du fleuve. L'eau dévalait vers l'est : c'était la marée basse. Quelques oiseaux nocturnes nous frôlaient de leurs ailes tapageuses. Des étoiles piquaient le firmament et la lune nous souriait. Pendant toute la randonnée, Élise glissait quelques réflexions sur la vie. Selon elle, la vie avait été bonne avec sa mère.

— Parfois, je me révoltais, mais maman venait me consoler. C'était elle qui polissait mon caractère en m'instruisant de ses judicieux conseils. Parfois, je me rebellais et maman m'amenait à accepter les aléas de la vie qui m'éraflaient. Toujours, elle me ramenait à la réalité des choses. Maintenant, quand je perdrai mes repaires, qui me ramènera sur le plancher des vaches ?

Je tentai du mieux que je le pus de la consoler. Le silence était le meilleur remède en ces circonstances. Sans dire un mot, nous retournâmes à la maison.

Maman lisait. Surprise : elle avait entrepris de lire le roman qu'Hélène avait laissé sur la table de séjour ! Décidément, il y avait comme un message subliminal dans ce geste. Elle ne se retourna même pas pour nous saluer. J'en conclus qu'elle s'était métamorphosée en Hélène ! Quand ma femme lisait, elle vivait dans sa bulle.

Je cognai à la porte de la chambre de Lise. Je ne reçus aucune réponse. J'ouvris et je la vis assise devant son ordinateur. Elle écrivait son journal intime. Je voulus m'approcher de plus près, mais elle refusa net. Je compris et revins au salon.

Je me retrouvai plus tard dans mon bureau. J'en profitai pour continuer à écrire l'éloge que je devais lire lors de la cérémonie religieuse au salon funéraire. L'inspiration venant, j'écrivis encore quelques paragraphes. Puis, la fatigue accumulée tarit ma source d'inspiration. Je fermai mon ordinateur et retournai au salon. Ma mère avait déposé le roman sur ses genoux et sommeillait paisiblement. Je revis l'image d'une femme que j'avais tellement aimée !

Je sortis prendre l'air sur le patio. Élise fixait les étoiles. Quand elle me vit, elle murmura :

— Je cherche dans quelle étoile elle a bien pu se réfugier. Au cégep, notre prof de philosophie digressait parfois sur la vie surnaturelle qui nous attendait après la mort. Il épiloguait sur le fait que, quand on meurt, notre esprit s'envole quelque part. Notre ciel, c'est nous qui le créons. Il disait qu'une autre vie nous attendait au fin fond de l'univers, ce grand cercle sans fin, et qui nous ramenait quelque part dans une étoile, dans une comète, dans une autre galaxie ou dans un trou noir. Moi, je pense que maman voyage vers l'étoile la plus brillante. Chaque soir, quand le firmament me permettra d'admirer les étoiles, je chercherai celle où l'esprit de maman s'est réfugié. Quand je l'aurai repérée, je communiquerai avec elle en pensée.

Quel étrange cours de philosophie enseignait-on dans ce cégep ! Je ne fis aucun commentaire : dans notre monde moderne, les orientations philosophiques se multipliaient à vitesse grand V. Celle-ci valait ce qu'elle valait. Je laissai Élise fixer le ciel et montai me coucher.

CHAPITRE 25

Les derniers jours avant la cérémonie d'adieu à Hélène furent fort occupés. J'allai tous les jours au bureau, à la serre et à la maison des Lemieux. J'appréciai au plus haut point la visite à la serre avec les clients du petit bistro. Je fus heureux de tenir ma promesse. Quand j'y mis les pieds, tous m'offrirent leurs condoléances et me dirent des bons mots qui me réconfortèrent. Comme le disait mon vieux père : « Heureusement, il y a encore du bon monde dans le voisinage ! » Eux me remercièrent en me serrant la main et, surtout, en me félicitant d'aider la communauté qui m'entourait.

Un jour, Francine m'invita à dîner. J'aurais tant voulu accepter son invitation, mais je refusai. J'aurais été incapable de lui tenir compagnie sans que je m'épanchasse sur la mort d'Hélène. Je n'avais nullement envie de partager avec elle certains souvenirs. Je lui dis franchement que je craignais qu'un mauvais esprit signalât à un journal que Pierre Lachance avait dîné en compagnie d'une belle inconnue. Je ne voulais absolument pas donner prise aux journaux à potins. Ce serait pour une prochaine fois sans spécifier le moment. Je sentis dans les yeux de Francine une grande déception !

Un matin, je reçus un appel de Julien. Il voulait me voir à tout prix. Arrivé à sa bureau, il m'offrit ses condoléances. Il me regarda dans les yeux.

— Pierre, le drame que tu viens de vivre a et aura des conséquences pour tes affaires. Je parle du point de vue juridique. Il va falloir refaire ton testament, si tu en as un.

— Julien, je n'ai pas de testament, Je prévoyais aller voir le notaire, mais le travail occupait tout mon temps : j'ai alors complètement oublié.

Julien me coupa la parole :

— Quoi ! Tu n'as pas de testament ! Aujourd'hui ou demain matin, tes filles te retrouvent inanimé dans ton lit. Que vont-elles faire ? Qu'est-ce qui va leur arriver ? Pierre, quand on devient un homme d'affaires et, par surcroît riche comme Crésus, on légalise sa situation financière. Tout de suite à part ça ! Tu ne pars pas sans avoir contacté ton notaire, et tu vas le rencontrer là, sur-le-champ.

— Mais je ne connais pas de notaire !

Julien leva les bras en l'air, complètement estomaqué.

— Je comprends que tu aies la tête ailleurs. Mais, avant que tu deviennes riche, tu étais enseignant, tu avais toute ta tête.

Je l'entendis murmurer :

— Pas de testament !... pas de testament ! les yeux au plafond.

Il redevint sérieux.

— Pierre, je m'occupe de faire venir mon notaire ici cet après-midi, je te donne rendez-vous à 15h. Pas de testament ! C'est bien les enseignants, ça. **Perdus** leur nuage ! Viens avec toute ta tête, car la séance sera longue.

Cette dernière remarque me fit bien sourire. Puis, il reprit son sermon.

— Quant aux rendements de tes placements, ils croissent jour après jour. Disons que tu as la chance des gens heureux. Ton homme de confiance,

Saka Aminou, en demande toujours plus pour l'administration de la Serre. Tu es chanceux d'avoir un gestionnaire de ce calibre. Il m'explique tout, même la moindre petite dépense. Si ça continue, la serre va te coûter au bas mot dix millions avant d'entrer en production. C'est beaucoup d'argent, mon Pierre. J'accepte tes visées philanthropiques, mais j'espère de tout cœur que la vente des petits fruits et des légumes sera rentable. Un jour, tu devras mettre un cran d'arrêt à toute sortie d'argent de ton compte. Excuse-moi de te vilipender, mais tu m'as demandé de t'occuper de tes sous, alors je m'en occuperai au point de te surveiller dans toutes tes sphères d'activités.

Julien se leva, me tendit la main que je serrai très très fort. J'avais bien fait de lui confier ma fortune. N'empêchait qu'il venait de mettre les points sur les i. Dorénavant, je serais dans son collimateur !

Je filai à la maison. Ma mère m'attendait avec son bouillon de poulet et ses tartines au foie gras. Pour une fois, l'appétit m'était revenu. Maman m'informa que les filles ne viendraient pas manger à la maison. Elles allaient au salon funéraire pour préciser certains détails. Je soupçonnai Élise d'être derrière cette opération. En fait, j'avais oublié que je devais aller rencontrer le direction du salon funéraire. J'appelai Élise sur son cellulaire. Après deux sonneries, elle me répondit :

— Papa, j'ai pris sur moi de prendre en charge la cérémonie d'adieu de maman. Le directeur m'a informé qu'une de tes anciennes consœurs de l'université viendrait chanter le jour des funérailles. J'aurais aimé le savoir, car je connais une amie qui a une voix superbe et qui aurait interprété les chansons que tu as choisies avec grande émotion. D'ailleurs, c'étaient celles que maman préférait.

— Élise, la chanteuse en question, une soprano, arrivera demain par avion ; j'irai la chercher à l'aéroport sur l'heure du midi. Elle va impressionner tout le monde, j'en suis certain.

Ma mère, me voyant bien étendu dans ma chaise longue, me demanda :

— Tu ne vas pas au bureau cet après-midi.

— Maman, j'ai un rendez-vous avec le notaire de Julien, mon planificateur financier, à 15 h, à son bureau. Quand Julien apprit que je n'avais pas de testament notarié, il me fit une sainte colère. Alors, à 15h, présence obligatoire !

— Pierre, Hélène et toi n'aviez pas signé de testament. C'est bien de votre génération d'attendre à demain pour régulariser vos affaires de famille. Julien avait bien raison de te tancer. Quelle génération sans cervelle !

Je ne dis mot, ce qui calma le tempérament bouillant de ma sainte mère. Cependant, elle avait bien raison. Je demandai à maman de me réveiller à 14 h 30. Je me détendis et parvins à roupiller une heure. Ce qui me fit grand bien et élimina un petit mal de bloc.

Je quittai la maison et me rendis au bureau de Julien. Son notaire et lui m'attendaient. L'officier public ouvrit devant moi un grand cahier qui m'intrigua. Il m'expliqua que je devais répondre à de nombreuses questions. Je me fis tout réceptif et répondis en toute connaissance. Après avoir obtenu tous les détails, il me dit que le testament serait prêt dans quelques jours. Je quittai le bureau et rentrai chez moi en me creusant les méninges : pourquoi toutes ces obligations pour régulariser une situation aussi simple ?

De retour à la maison, je vis que les filles jasaient avec ma mère. Des plats mijotaient sur la cuisinière. L'appétit me revenait. Le lendemain, nous vivrions une journée chargée d'émotions.

Le souper fut servi. Tout était délicieux : du plat de résistance jusqu'au dessert. Le cordon bleu souriait de satisfaction.

Maman se plongea dans le roman d'Hélène devenu le sien. Élise partit on ne savait où et Lise se terra dans sa chambre. Moi, j'allai marcher pour me détendre et réfléchir sur la vie. Ma vieille mère s'invita. Je la pris par la main et nous descendîmes jusqu'au fleuve. Nous nous assîmes sur la berge. Ma mère me confia que, quand papa était parti, la peine l'avait tenaillée des mois durant. Un jour, elle retrouva la paix, le calme et la force de vivre. Mais elle ne pourrait jamais oublier papa.

— Les liens forgés avec les années de vie commune sont inaliénables. Pierre, tu vas vivre aussi ton lot de souffrance, de peine et de révolte, et le temps aplanira tout. La sérénité va gagner petit à petit ton cœur. Ta vie va irrémédiablement changer. Il va toujours y avoir un vide que tu n'arriveras jamais à combler. Peut-être aussi que tu t'obligeras à chercher une autre voie, un autre chemin pour t'épanouir.

Après ces profondes réflexions, maman et moi remontâmes vers la maison. La vieille sage m'avait tracé la voie.

À l'arrivée, Lise nous attendait. Elle retourna dans sa chambre et en sortit avec des feuilles. Je venais tout juste de m'asseoir qu'elle me demanda de lire ce qu'elle avait écrit. Et elle retourna dans sa chambre.

J'entrepris la lecture du document. Ma surprise fut totale : Lise avait composé l'éloge qu'elle dédiait à sa mère. Les larmes embuèrent ma vue. Quelle belle initiative de la part d'une si jeune fille !

J'allai la rejoindre. Je la félicitai pour les beaux mots et les belles pensées qu'elle adressait à sa mère. Je lui demandai qui allait lire son texte. Elle me répondit :

— Évidemment, ce sera moi. Ce que j'ai ressenti en composant ce texte correspond en tout point à ce que ma mère aurait écrit. Ces mots et ces pensées m'habitent comme si maman me les avait fait parvenir de son étoile. Pour la cérémonie, je serai tout de blanc vêtue. J'étais son ange, je le serai pour toute ma vie sur terre. Ce texte, je le connais par cœur.

Je pris bien soin de ne pas lui dire que j'avais aussi écrit un texte élogieux. Je lui laisserais toute la place.

J'allai à mon bureau et appelai Françoise Chabot. Elle me confirma qu'elle arriverait à l'aéroport vers midi le 12 novembre. Il fut convenu que je la cueillerais aux portes et la ramènerais chez moi. Nous en profiterions pour nous rappeler de beaux souvenirs de nos études universitaires. Le goût d'écouter de la musique classique me revint. Les **Quatre saisons** de Vivaldi apaisèrent mes sens.

L'audition terminée, je montai à ma chambre. Je me douchai pour mieux accueillir le sommeil, mais Morphée ne se présenta point. J'appréhendais la journée du lendemain. J'étouffais déjà. Je priai Hélène de me dégager de cette angoisse qui m'oppressait. Comme si elle m'avait entendu, je dormis paisiblement jusqu'à l'aurore. Je me levai, regardai par la fenêtre du toit et admirai une étoile qui scintillait plus que les autres. Décidément, Hélène veillait sur nous ! Je préparai mes vêtements pour la journée. En avant-midi, j'optai pour des vêtements de détente ; pour l'après-midi, je porterais mon habit de sortie, assorti d'une chemise et d'une cravate noires. Je compris que j'entrais en période de deuil et que le noir le symbolisait. Je répondrais ainsi aux intentions de ma mère. Je m'habillai et descendis à la salle à manger.

Ma mère m'attendait. Elle m'accueillit, sourire aux lèvres.

— Bonjour, Pierre, la levée du corps ne fut pas trop pénible à ce que je vois. C'est mieux ainsi, car la journée sera longue. Je t'ai préparé ton déjeuner favori : des rôties dorées nappées de sirop d'érable. Quand tu étais jeune enfant, tu me demandais sans cesse d'en déguster. Comme tu étais gourmand !

— Maman, ce mets était aussi un des favoris d'Hélène. Quand elle était enceinte des filles, rien ne lui faisait plus plaisir que de se goinfrer de rôties dorées ou de crêpes. Pour les préparer, j'y mettais toute mon attention et tout mon cœur. Elle me disait chaque fois que j'étais son chef préféré ! Une émotion soudaine m'envahit. Ma mère me jeta un coup d'œil. Elle vit bien que j'avais le cœur gros. Elle s'approcha de moi, m'entoura de ses bras chauds et me massa le front. Elle se retira sans dire un mot. Un long silence imprégna la salle à manger. Je le brisai :

— Maman, je dois aller au salon funéraire vérifier si tout est en ordre.

— Pierre, les filles sont déjà au salon. Selon ce qu'elles m'ont dit avant de partir, ce devoir leur revenait. Elles voulaient t'épargner cette épreuve. Je me suis rangée à leur avis. Tu as des filles prévenantes, Pierre. Ce sont elles qui te soutiendront à l'avenir. J'espère que tu ne sombreras pas dans une espèce de lassitude qui les emprisonnerait dans un perpétuel inconfort.

Je me rendis au bureau. En entrant, je saluai tout le monde. Les filles étaient revenues du salon funéraire. Quand elles me virent, elles vinrent me voir. Élise s'avança.

— Papa, nous avons pris la responsabilité d'aller vérifier si tout était en place au salon. Des pots de fleurs parsèment le parterre et des dizaines de cartes de condoléances placardent le tableau tout près de l'urne. Le salon sera ouvert aux visiteuses et visiteurs à 13h. Vers 11h, nous retournerons à la maison pour grignoter un sandwich et nous habiller pour la circonstance.

J'invitai tout le monde à venir à la cérémonie. Saka avait demandé à Pierre Desjardins, l'agronome, d'envoyer une délégation pour représenter le personnel de la Serre. Audrey, la fille de Francine, était revenue de sa mission dans la Bas-Saint-Laurent. Elle m'offrit ses condoléances, et des larmes inondaient son visage. Elle aussi perdait un gros morceau !

Il était 11h30. Je me rendis à l'aéroport cueillir Françoise Chabot. Quand je la vis, je reconnus la jeune fille qui pétillait d'énergie. Elle vint à ma rencontre, me serra dans ses bras et m'embrassa sur les joues. Elle avait fière allure et sa démarche trahissait son caractère déterminé. Je la ramenai chez moi pour manger un brin.

À 13h pile, les deux familles accueillaient les gens qui venaient de tous les milieux pour offrir leurs condoléances. Le défilé s'étira jusqu'au début de la cérémonie. Au milieu de celle-ci, le célébrant invita Lise à lire son hommage à sa mère.

Avant de prendre la parole, Lise jeta un regard sur la foule et commença par ses mots : « Parents et amis, Hélène, ma mère, aurait tant voulu continuer son voyage terrestre, mais la fatalité en a décidé autrement. Il faut donc respecter cet impondérable de la vie. Dans son étoile, là-haut, elle continue et continuera de nous envoyer des messages d'amour et de fraternité. Et c'est pourquoi je lui dédie ce poème :

J'admire les yeux de ses sœurs,
Je vois les siens pleins de douceur.
J'admire le regard de ses frères
Je vois le sien plein de lumière

Maman a été pour nous un soleil
Elle était présente à notre réveil
Maman stimulait notre éveil
Elle nous ébahissait de merveilles

Maman nous nourrissait de son sourire,
Elle nous illuminait de son plus beau rire.
Maman tempérait notre impatience
Elle nous enrobait de sa confiance

Maman estimait tout son monde
Elle distribuait des saluts à la ronde
Maman était comme un grand livre
Elle y puisait une intense joie de vivre

Maman vivait parfois des tourments
Elle les transformait en bons moments
Maman avait horreur du mensonge
Elle l'évinçait pour qu'il ne la ronge

Maman symbolisait la sagesse
Elle se réfugiait dans la tendresse
Elle ressemblait à une princesse
Maman était aussi notre déesse

Maman avait vraiment bon cœur
Elle se sacrifiait avec bonheur
Maman alliait bonté et générosité
Elle la mère Thérésa de l'humilité

Maman, hélas ! a rejoint son étoile
On la voit le soir dans la grande toile
Maman a gagné son univers, son ciel
Elle a quitté le sensoriel pour l'essentiel

Maman, tu nous manqueras pour toujours
Toutes et tous, ici, te retrouveront un jour
Maman, tu nous as légué ton souvenir
Que, jour après jour, nous allons chérir

Lise quitta le lutrin aux applaudissements de la foule. L'angoisse me taraudait la poitrine. Je refrénai une envie folle de pleurer. Les épaules d'Élise tressautaient. Ma mère méditait, les yeux fermés.

L'oraison funèbre du célébrant fut courte, mais elle étala devant nous l'essentiel de la vie d'Hélène. Ses propos ébranlèrent quelque peu l'incroyant que j'étais.

La cérémonie religieuse close, le célébrant invita tous le parents et amis à se rendre à la salle communautaire du quartier pour un goûter et, surtout, pour fraterniser une dernière fois en souvenir d'Hélène.

Puis, Françoise interpréta la dernière chanson, soit **Le cœur est un oiseau** de Richard Desjardins. Je ne pus retenir mes larmes. Ce cri de liberté m'étreignit et m'atteignit jusqu'au tréfonds de mon âme. Élise et Lise me soutinrent jusqu'à la sortie. L'air frais me redonna contenance.

Le buffet servi à la salle communautaire du quartier était délicieux selon les dires des gens. Mais l'appétit ne me vint pas. Tous ces parents et amis vinrent me saluer et me proposèrent leur soutien. Tout à coup, ma mère, les filles et moi nous retrouvâmes seuls. Voilà ce qui nous attendait pour le reste de nos jours. Le retour à la maison se fit dans un lourd silence. La réalité quotidienne ne serait jamais plus pareille.

CHAPITRE 26

La nuit qui suivit me priva de sommeil. Je révisais sans cesse tous les beau souvenirs que j'avais vécus avec Hélène. L'aurore venue, Morphée me prit dans ses bras et me berça jusqu'à 10h. Je fis ma toilette, descendis dans le salon et bus un café, celui préparé par ma mère qui soit vous assommait, soit vous ramenait sur le pavé des vaches après quelques gorgées.

À 11h, je me carrai dans mon bureau et écoutai de la musique classique religieuse, soit **Alléluia!** les plus beaux chœurs sacrés. Ces airs religieux m'imprégnèrent d'une aura impalpable. Quand tout fut terminé, je vis ma mère qui avait sans doute écouté les chants sans que je m'en aperçusse. Elle mit la main sur mon épaule et me confia:

— Pierre, ces chants m'ont ramenée au temps de ma prime jeunesse quand je faisais partie de la chorale paroissiale. Nous chantions en latin des hymnes divines. Ça me conforte dans ma foi. Quand je mourrai, Pierre, je veux qu'une chorale vienne interpréter quelques grands airs.

— Maman, tout en écoutant cette musique religieuse, m'est venue une idée. Après cette cassure dans ma vie, je désire faire le point, faire halte, m'arrêter quelques jours pour réfléchir, pour méditer. J'ai la sensation qu'un grand vide m'habite et je veux tirer certaines choses au clair. J'ai soif de cogiter, même de léviter. M'éloigner de la routine quotidienne me ferait grand bien.

— Mon fils, si c'est pour te remettre sur pied, je t'encourage à le faire. Au pays, des abbayes accueillent les **poquais** psychologiques comme toi. Que dirais-tu d'un séjour à l'abbaye Cistercienne de Rougemont ? La discipline monacale va te faire grand bien.

La proposition de maman ne tomba pas dans l'oreille d'un sourd. En après-midi, je communiquai avec l'abbaye Cistercienne de Rougemont. Je fis une demande de séjour pour une retraite personnelle. J'allais prendre part aux louanges divines chaque jour selon un horaire déterminé. Je réservai la troisième semaine de novembre.

L'après-midi, je séjournai au bureau. J'en profitai pour faire le point avec Saka. Je l'informai de mon séjour à l'abbaye Cistercienne de Rougemont. J'y consacrerais la troisième semaine de novembre. Saka parut surpris :

— Monsieur, c'est la semaine prochaine ! Quand vous reviendrez de votre séjour de silence et de réflexion, je vous présenterai un rapport écrit. Tout sera clair, précis mais concis. Présentement, tout va bien. Vous n'aurez pas à vous inquiéter. Allez en paix, Monsieur. Parfois, il faut exorciser nos démons.

— Un jour, Saka, tu auras besoin d'aller exorciser tes démons, comme tu dis. N'attends pas qu'une quelconque obsession te dévore. Je vois que tu travailles sans arrêt. Quand le temps sera venu, tu me feras signe. Ici, tu es plus que mon bras droit, tu deviendras copropriétaire de la serre Lachance. Je te donnerai cinquante pour cent de mes actions. Sans toi, où en serais-je ?

Saka me dévisagea, comme si je lui faisais la surprise du siècle. Je lui serrai la pince fermement et passai la porte du bureau de la Fondation. Je vis Élise en grande réflexion. Francine révisait des demandes de bourses. Des piles de dossiers s'empilaient sur son bureau. Je m'imaginai qu'elle devait aussi réviser les dossiers d'Hélène. La tâche deviendrait ardue et pénible à la longue. Audrey, sa fille, écrivait des notes à l'ordinateur. Décidément, Hélène leur manquait. J'en parlerais ce soir à Élise.

Je retournai au bureau et informai Saka que je me rendais à la serre. Avant d'aller séjourner à l'abbaye, je m'obligeai à aller saluer les employés.

Quand j'entrai dans la bâtisse, la fourmilière s'activait dans tous les coins. L'agronome me vit et s'approcha.

— Monsieur, vous avez vu nos fraisiers : ils prennent de la couleur, n'est-ce pas ?

Je lui souris et répondis :

— Eh bien ! les fraises et les tomates seront à point au bon moment. Avant que vous commenciez la cueillette, je vous demande de m'avertir. Je veux que madame Lemieux récolte les premières fraises devant un parterre de journalistes et de reporters. Cette dame est à l'origine de ce projet, et je tiens à lui en être reconnaissant. Elle et vous ferez partie des premiers clichés ou photos. Ce sera un gage de respect envers vous. Grâce à vous et à vos employés, la serre Lachance se targuera d'une belle réputation.

J'eus droit à son plus beau sourire. Je sortis de la serre et me rendis à la maison des Lemieux. En entrant, je ne reconnus plus la maison : tout l'intérieur avait été transformé pour accueillir les enfants des employés. Madame Aminou recherchait et engageait le personnel. Au salaire proposé, les CV afflueraient. Mon cellulaire bipa.

— Pierre, François Bellehumeur. Je vous annonce que vos éoliennes sont prêtes. Je veux connaître la date du début des travaux de mise en fonction.

— Monsieur Bellehumeur, vous devez contacter Saka, le gestionnaire de la Serre. Lui a en main toutes les coordonnées : emplacement, direction du vent dominant, excavation, etc. Moi, je quitte la semaine prochaine pour un séjour à l'abbaye Cistercienne de Rougemont. J'ai besoin de faire le vide : pas mal d'événements ont chamboulé ma vie ces derniers temps. J'ai grand besoin de silence, de paix et de recueillement.

— Pierre, je te souhaite un séjour apaisant. Il m'arrive parfois, quand je me livre à des sautes d'humeur, de me dire que j'aurais aussi besoin de repos et de calme. Surtout depuis qu'Élise est partie. C'était mon poteau !

— Monsieur, ne me rendez pas coupable de vos sautes d'humeur. Je suppose qu'Élise apaisait votre bouillant caractère de sa voix douce et de son regard qui vous déstabilisait. Je ne m'inquiète pas pour vous : vous êtes un homme d'affaires aguerri et je suis sûr que vous êtes entouré de personnes capables de vous calmer quand il y a lieu de le faire, lui dis-je en riant.

Monsieur Bellehumeur partit à rire. À bien y penser, il est certain que le départ d'Élise avait chamboulé ses plans. Sa petite flèche lancée ne m'indisposa nullement.

Je traversai le pont et bifurquai à droite à la sortie pour revenir chez moi. Ma mère était plongée dans sa lecture. Ce comportement ressemblait étrangement à une femme que j'avais connue ! Elle ne leva même pas les yeux pour me dire bonjour. Le souper cuisait. Une odeur de rôti taquina mes narines. Ce qui excita mes papilles : la faim reprenait ses droits. Ma mère daigna me saluer.

— Pierre, as-tu toujours l'intention d'aller te ressourcer dans une abbaye ?

— Oui, maman, je passerai une partie de la semaine prochaine à l'abbaye Cistercienne de Rougemont. Un moine m'accueillera mardi en après-midi. Je participerai aux louanges divines tous les jours.

Ma mère sourit. J'étais certain qu'elle avait prié pour que je vécusse pareille retraite. Ce soir-là, j'en ferais part à Hélène qui serait pour toujours ma guide. À condition que le firmament fût clair.

Les filles arrivèrent vers 18h. Le souper fut servi et fut fort apprécié. Le clan commençait à s'habituer aux plats et aux desserts cuisinés par ma mère. Les filles, elles, n'en finissaient plus de la louanger. Je me méfiais de leur stratagème. Derrière ces compliments se cachait le fait de n'avoir plus à cuisiner. Un petit digestif mit fin à ce repas.

Élise m'aborda et me demanda de la suivre dans mon bureau.

— Papa, le départ de maman a déstabilisé tout le bureau. Tantôt, la tâche de chacune sera doublée, voire triplée. Francine m'a proposé de sonder quelques-unes de ses amies pour que l'une d'elles accepte de devenir ambassadrice de la Fondation. Et ça presse !

— Élise, si j'ai un conseil à te donner, lance une offre d'emploi. Tu devrais savoir que, quand la phratrie envahit une organisation, les problèmes de relation de travail s'accumulent. Si des amies de Francine appliquent pour le poste, libre à elles. Mais tu te réserves le droit de choisir la meilleure candidate. Vaut mieux jouer selon les règles de l'art.

— Alors, dès demain, je lance le concours. J'aimerais que tu fasses partie de l'équipe de sélection.

— Non, Élise, je ne me mêle pas de la gestion de la Fondation. Qui gère la boîte ? C'est toi. À toi de faire accepter ta position. Francine la comprendra. Je suis certain que ce que tu veux elle aussi le veut. Quand elle a postulé pour le poste d'ambassadrice, elle l'a obtenu grâce à sa compétence et à sa personnalité. Je t'en prie, pas de favoritisme ! Mardi prochain, je quitte la région pour cinq jours de retraite dans une abbaye. Le décès de ta mère m'a bouleversé. Je vais là-bas pour me ressourcer et m'introspecter. Ta mère et moi vivions en osmose. Elle était mon puits d'inspiration, ma guide, ma compagne, mon amoureuse. Maintenant, je cherche et je chercherai l'équilibre qui nous animait, ta mère et moi. Pour ce faire, j'ai absolument besoin d'aller me régénérer dans le silence et la paix.

Élise fut surprise mais accepta ma décision.

— Papa, tu n'as pas à t'inquiéter, toi, Saka voit à tout. Quel gestionnaire de haut calibre ! Au bureau, toutes admirent cet homme solide et efficace. De plus, il est beau comme un cœur et s'habille à la mode. Quand madame Aminou vient travailler au bureau, elle nous a à l'œil. Francine fait exprès et roucoule chaque fois que le beau Saka se pointe le bout du nez dans la porte. Trêve de plaisanteries, je te souhaite une bonne retraite personnelle et reviens-nous frais et dispos, mentalement s'entend.

La noirceur s'était invitée. Je m'habillai chaudement et allai marcher le long du fleuve. Les rayons lunaires miroitaient sur les eaux calmes. Y régnait un silence apaisant. Je croisai quelques marcheurs qui, de temps en temps, observaient le firmament à la recherche de la Grande Ourse, de la Petite Ourse ou d'autres étoiles. Moi, j'en vis une qui scintillait plus que les autres. En l'observant attentivement, une sensation étrange s'immisça en moi. Je me posai alors quelques questions existentielles : quand on trépassait, où s'en allait notre esprit, notre âme ? Je croyais toujours qu'il y avait un ciel quelque part. Le divin habitait-il un ciel pur, une étoile, une comète, une planète éloignée ? Dans le grand cercle de la vie, y avait-il un endroit où notre âme s'installait éternellement et revenait un jour sous la forme d'une autre vie ? Quand j'étudiais dans un collège, notre professeur de philosophie se posait ce genre de questions. À partir de ce moment-là, j'arrivai à la conclusion que plusieurs cieux existaient. Soudain, je sursautai : j'avais passé une bonne partie de la soirée assis sur la berge, essayant de résoudre l'énigme de ma vie céleste après ma mort terrestre. Je repris le chemin du retour, la tête encore pleine de mes réflexions philosophiques. Quand j'entrai dans ma demeure, la lumière lunaire tapissait de ses rayons les fenêtres du salon. Je montai me coucher. Ce soir-là, je ne me braquai pas contre l'envie de dormir. Et je filai jusqu'au matin dans les bras d'Hypnos.

Au déjeuner, je reçus un appel de Francine Latendresse. Elle voulait s'entretenir avec moi. Je lui donnai rendez-vous dans un petit restaurant situé tout près de chez elle. Je ne voulais pas me retrouver avec elle dans un endroit que je fréquentais régulièrement. Elle serait présente vers 10h.

Je retrouvai Francine à l'endroit déterminé. Comme d'habitude, elle avait fière allure, vêtue d'un ensemble bleu ciel qui la valorisait. Elle était assise à une petite table, sise dans un coin discret. Elle déjeunait. Elle m'invita à m'asseoir en face d'elle. Je ne me fis pas prier !

Elle m'aborda en ces termes :

— Pierre, je ne passerai pas par quatre chemins : la situation à la fondation Lachance est difficile. Élise a dû t'en parler d'ailleurs. Pour arriver à tout faire, il faudrait engager une autre secrétaire et une autre ambassadrice. Le milieu de novembre frappe à la porte et nous n'avons pas encore visité la grande région de Montréal, sans oublier celle de Québec. J'ai proposé à Élise de recruter quelqu'une de mes amies, ce qui n'a pas semblé lui plaire. Je suppose qu'elle craint que je lui fasse ombrage. Qu'en penses-tu, toi, le vieux sage ?

— Francine, je ne veux pas me mêler de la gestion de la Fondation. Cependant, il est préférable de recruter son personnel en publiant une offre d'emploi. C'est la norme dans tous les domaines. En procédant ainsi, on évite les conflits d'intérêt. Si tu connais des personnes qui sont intéressées par un poste à la Fondation, demande-leur d'appliquer pour obtenir l'emploi. Le comité de sélection dénichera bien la candidate idéale pour être ambassadrice. Il en ira ainsi pour le poste de secrétaire-adjointe.

Là-dessus, Francine afficha son air sérieux et rappliqua :

— Toi, Pierre, comment vas-tu survivre à la mort d'Hélène ? Tu sembles moins tendu. De toute façon, la vie est rectiligne : elle bouscule sans merci ; elle chagrine tout : nos amours, nos espérances, même nos joies quotidiennes. Il ne se passe pas une journée sans que la fatalité frappe à grands coups de malheurs et d'impondérables. Je te trouve très courageux. Le temps arrange tout, et la vie normale reprendra son cours un de ces jours. Quand ? Je l'ignore. Bon, assez philosopher maintenant. Quels sont tes projets à venir ?

— Mardi prochain, je m'en vais me recueillir dans une abbaye à Rougemont. La mort d'Hélène a créé un grand vide dans mon for intérieur. Une retraite personnelle me permettra de refaire le plein. Je suis las, épuisé mentalement. Je vais me saouler de silence et de paix.

— Pierre, je te fais la promesse de te soutenir en tout temps. Quand tu connaîtras une période noire, appelle-moi. Ensemble, nous affronterons ton mal de vivre. Avant que tu reviennes à une vie normale, tu vas encore sombrer dans des périodes dépressives. J'ai connu le mal d'amour, Pierre.

Là-dessus, nous nous quittâmes en nous réconfortant, collés l'un contre l'autre. Je pensais m'abreuver de chaleur, mais je fus imprégné d'une sensation de froideur. Francine n'avait pas cette touche qui vous triture les sens.

CHAPITRE 27

Dimanche, je préparai ma valise. Je choisis des vêtements décontractés. J'allais me réfugier dans une abbaye, il n'était donc pas obligatoire de porter veston et cravate. Comme j'allais vivre cinq jours en retrait de la vie publique, je m'obligeai à apporter quelques livres de lecture. J'optai pour **Les Confessions** de Saint-Augstin et **Le prophète** de Khalil Gibran que je retrouvai, poussiéreux, dans ma bibliothèque. J'aurais certainement des moments libres qui me permettraient de relire ces œuvres. J'étais fin prêt pour me plonger dans la réflexion et l'introspection.

Lundi, je ne pus me passer de ma routine coutumière. J'allai au bureau. Une pile de missives m'attendait. Je consacrai deux heures à leur lecture. Les demandes de soutien sourdaient de partout. J'allai dîner avec Saka qui me l'avait demandé. Il exigea qu'à mon retour nous nous penchassions sur les finances de la Serre qui, à ses dires, enflaient de plus en plus.

L'après-midi fut consacré à une visite de la serre. Les fraises et les tomates croissaient et rougissaient à la satisfaction de l'agronome. Ensuite, je voulus m'assurer que les locaux de la garderie étaient prêts à accueillir les petits des employés. Surprise: la responsable était déjà sur place. La garderie ouvrirait ses portes dans une semaine. Déjà, une dizaine d'employés avaient réservé leur place.

Cette tâche de supervision commençait à peser lourd. De plus en plus, je revenais la tête grosse, souvent affligé de maux de tête.

Je rentrai à la maison. Ma mère était plongée dans sa lecture. Je ne fis ni un ni deux, je montai à ma chambre, me déshabillai et me douchai en alternant eau chaude et eau froide. Je me séchai, courus à ma chambre et me roulai dans ma couette. Ce ne fut pas long avant que je perdisse la notion du temps. Je dormis comme une bûche. Il fallut que Lise vînt me secouer pour me dire que le souper était prêt.

Je descendis à la salle à manger. Ce n'était pas ma mère qui avait cuisiné le souper. Je la vis sourire, la vieille **ratoureuse**. Lise avait fricoté un plat de pâtes, une carbonara végétarienne. Ma mère y goûta et en mangea à peine. Les filles riaient sous cape. Par contre, elle bouffa le renversé aux pêches, dessert préféré d'Hélène. J'offris aux filles de siroter un digestif poire cognac. Ma mère en raffola.

Une auto se stationna derrière la mienne. L'ami de cœur d'Élise fit son entrée. Il voulait me parler. Je le conduisis à mon bureau. Il paraissait mal à l'aise.

— Monsieur Lachance, j'aime votre fille Élise. Vous vous en doutiez, n'est-ce pas ? Eh bien ! je vous le confirme maintenant.

— Jeune homme, des gestes et des attitudes trahissent parfois nos comportements, surtout ceux dictés par l'amour. J'ai bien vu que tes yeux s'enflammaient quand la belle Élise te faisait les yeux doux. Ce que tu veux, c'est ce que je veux aussi. Alors…

Le jeune me coupa la parole :

— Monsieur, je vous demande la main de votre fille. Elle tenait à ce que vous acceptiez. Nous allons nous fiancer à Noël. Si évidemment vous nous donnez votre consentement.

— Allez de l'avant, Élise et toi. La vie vous sourit. Vous êtes beaux, pleins d'énergie. Profitez du moment où tout le monde est à vos pieds. Je garde un souvenir impérissable de mon union avec Hélène. J'espère qu'il en sera ainsi dans quelques années pour vous deux. À Noël, vous vous fiancerez. Le mariage aura lieu au printemps, je suppose.

— Oui, monsieur. Il n'est jamais trop tôt pour réaliser le plus beau moment de vie d'un couple.

— Allez, jeune homme, Élise vous attend.

Je donnai volontairement un ton solennel à mes propos. Dans des circonstances similaires, le père d'Hélène m'avait entretenu dans un style ampoulé, dénué de toute affection. J'étais sorti de l'entretien tout en émoi.

Je retournai au salon. Ma mère applaudissait les amoureux. Lise alla embrasser sa sœur. J'offris au prétendant un bon cognac qui le fit grimacer. Élise me gronda. Ma mère en redemanda. Fait rarissime, nous décidâmes de jouer aux cartes. Je proposai de jouer à la **Dame de pique**. Ce qui fit grand plaisir à ma mère, une experte à ce jeu. Ainsi se déroula la soirée. À 11h, nous avions complété cinq parties, et ma mère en avait gagné quatre ! Je criai à la tricherie, mais je savais fort bien qu'elle était une maîtresse joueuse, une championne. D'ailleurs, à la résidence pour personnes âgées où elle habitait, elle passait pour la plus futée.

L'ami de cœur d'Élise quitta notre demeure, le cœur léger. Le visage d'Élise irradiait de bonheur. Je dis bonne nuit à toutes et me réfugiai dans ma chambre. Le sommeil vint. Les rêves aussi. Ce maelstrom de délires se déroula pendant ma période de sommeil paradoxal. Au réveil, je ne pris pas la peine de les interpréter : je ne connaissais rien à l'oniromancie. Je me levai, me douchai et allai déjeuner au petit bistro du coin. Je fus reçu par une serveuse que je ne connaissais point. Mais elle me servit mon déjeuner préféré sans qu'elle me le demandât. Tout en sirotant mon café, je lus le journal du matin. Je faillis m'étouffer en prenant une gorgée : un article, coiffé du titre **Pierre Lachance chez les moines** faisait la une du journal. Je la lus attentivement et je compris que le multimillionnaire que j'étais allait se réfugier dans une abbaye pour fuir la réalité quotidienne qui l'accablait. Ça parlait au diable, qui avait bien pu oser refiler cette information sur ma vie privée ! Les crêpes passèrent de travers dans ma gorge ; le café prit un goût amer. Je pris sur moi-même en me disant que les cancans s'épuiseraient quand je serais dans l'urne un de ces jours.

Le mardi, je roulai sur la 20 et me rendis à l'abbaye de Rougemont où je fus accueilli par un moine d'une gentillesse infinie. Je vécus cinq jours dans le silence et l'apaisement. J'en profitai pour prendre de longues marches dans le verger. Je me plongeai dans la lecture des **Confessions** de Saint-Augustin les premiers jours. Je me suis reconnu dans certains thèmes dont « l'inquiétude constitutive de l'homme, la pression du passé sur le présent, la chaîne des habitudes, le vague des passions, les séductions des amitiés et des amours, l'errance spirituelle et la proximité de Dieu ». Et je relus **Le prophète** de Khalil Gibran les deux derniers jours. Sa manière de traiter les thèmes de la vie courante m'ont rejoint au plus profond de mon âme. Rien n'échappait à sa réflexion : « amour, joie, liberté, douleur, connaissance de soi, beauté, couple, passion, mort, la vie la plus intime, comme les problèmes les plus quotidiens, hymne à la vie et à l'épanouissement de soi ». Je suis revenu chez moi dans un état d'esprit délétère. Je me sentis soulagé. Je n'étais plus le même homme. Une inquiétude m'obsédait : serais-je capable de revenir sur le plancher des vaches et de retomber dans la routine parfois ennuyeuse ?

À mon retour le dimanche soir, ma mère m'accueillit à bras ouverts. Elle me dévisagea.

— Pierre, on dirait que la méditation dans le silence t'a fait grand bien : tu me sembles plus calme, plus détendu. Est-ce le repos ou la contemplation qui t'ont métamorphosé ainsi ? Tu dégages une telle sérénité. Je ne reconnais plus mon fils !

— Maman, je viens de vivre des moments si intenses que revenir à la vie normale me fait peur.

— Tu t'y feras. Maintenant, prends ça un jour à la fois. Surtout, continue de méditer chaque jour à un moment qui te le permettra. Il faut allier nourriture terrestre et spirituelle. C'est ce qu'Hélène te dirait si elle te côtoyait encore.

Elle emprisonna mon visage de ses mains douces et me baisa le front. J'avais une mère incomparable, et qui remplirait à l'avenir l'essentiel de ma vie. Pour le moment, j'étais convaincu que je m'abstiendrais de goûter aux plaisirs terrestres.

CHAPITRE 28

Quelques jours plus tard, décembre se montrait le bout du nez. La température devint plus froide, plus sèche. Et la première neige recouvrit les pelouses, les jardins et les parcs. Je flairais déjà le plaisir d'entreprendre ma saison de ski de fond.

À mon retour au bureau, Saka vint vers moi.

— Monsieur, avez-vous aimé votre séjour à l'abbaye ? Est-ce que vous êtes revenu prêt à affronter de nouveaux défis ?

— Saka, la retraite m'a fait grand bien. J'ai lu, j'ai réfléchi, j'ai décidé de m'éloigner de certaines responsabilités. Je ne veux plus me rendre tous les jours à la serre ; je n'ai plus envie de me prendre au sérieux.

— Justement, je veux vous entretenir à ce sujet. C'est donc dire que, si vous vous délestez de vos responsabilités, il faudra engager quelqu'une ou quelqu'un pour vous suppléer. Moi, je ne pourrai voir à tout. Déjà que la tâche est lourde, il me faut une aide, une personne capable de me seconder. Je vois à la planification et à la gestion des finances. La personne que je vais engager va faire la navette entre la serre, la garderie et le bureau et me faire rapport tous les jours. Il faudra aussi penser à engager un représentant qui va négocier avec les marchés locaux, les supermarchés et les grossistes. Les fraises et les tomates ne se vendront pas par enchantement. Si je résume : j'ai besoin de deux autres personnes, et ça presse.

— Saka, c'est toi qui es le maître du jeu. Si tu crois fermement qu'il te faut engager du personnel, libre à toi d'agir. Moi, j'ai investi des millions pour aider mes concitoyens, sans plus. Comme tu as pu t'en rendre compte, je n'ai pas la bosse des affaires. Le seul bon coup que j'ai réalisé jusqu'à maintenant, c'est de t'avoir engagé.

— Merci pour le compliment. Maintenant, la serre Lachance coûte cher à entretenir. Pour couvrir nos frais, je ne suis pas certain que la production suffira. En janvier, j'aurai un portrait plus complet de la situation financière. Dès le 15 décembre, nous entreprendrons la cueillette des fraises et des tomates. Pour contrer la concurrence des États-Unis et du Mexique, il va falloir vendre moins cher que ces deux pays. Si nous vendons nos fraises et nos tomates 20 pour cent moins cher, nous devrions couvrir nos frais d'administration. Ensuite, si nous produisons à toutes les saisons, nous allons faire de l'argent. À une seule condition : resserrer les dépenses et souhaiter que les consommateurs de partout achètent nos produits. Savez-vous combien nous avons englouti dans la boîte à venir jusqu'à maintenant ?

— Évidemment non, répondis-je.

— La facture dépasse les dix millions, Monsieur. Et ce montant ne comprend pas l'installation des éoliennes qui est cours de réalisation.

Je souris et répliquai :

— Saka, tu as construit une serre modèle, engagé du personnel compétent, transformé la maison des Lemieux en garderie et tu vas produire les fraises et les tomates les meilleures du continent. Pourquoi t'inquiètes-tu ? J'avais provisionné vingt millions pour l'achat de la terre des Lemieux, la construction de la serre et l'installation des éoliennes. Remarque : ce n'est pas une invitation à se lancer dans de folles dépenses, mais la somme de vingt millions sera toujours là pour te soutenir. C'est une sacrée bonne marge de crédit, ça ! Alors, je n'en ai cure de me soucier si ça va coûter cher ou pas. Ce qui me préoccupe, c'est la bonne marche de l'entreprise. Je te fais entièrement confiance. Tu n'as pas à te préoccuper de payer hypothèque ou emprunt. Alors, la production et la mise en marché vont faire le reste, mon Saka. Et mets-toi bien ça dans la tête : tu as carte blanche. Quand je ne serai plus là, tu deviendras propriétaire à parts égales.

Sur ce, je quittai le bureau et entrai dans celui de la fondation Lachance dire bonjour à toutes ces belles dames. Francine m'envoya la main ; Élise aussi. Madame Salamatou était cachée derrière des piles de fiches. Partout des dossiers tapissaient les bureaux et la grande table de réunion. Je compris le désarroi d'Élise qui devait coûte que coûte engager du personnel. Je supposai que la démarche pour combler les postes suivait son cours.

Les jours suivants, je me blottis dans ma routine quotidienne : présence au bureau, aller-retour à la serre, petites visites à la garderie, déjeuner au bistro du coin, dîners avec les gens de mon entourage. Le temps s'épuisait ; moi aussi. Le jour vint où je me demandai sérieusement si la fortune me prodiguait tant de bonheur. Certes, mon entourage et moi nagions dans le bien-être, mais j'aspirais à beaucoup plus. Les grandes bordées de neige annonçaient de belles randonnées. Je pourrais aller skier dans les montagnes et les vallées. Cette activité me ferait grand bien. Sur le sommet des monts, je visionnerais les plus beaux paysages. De grandes réflexions philosophiques sur la vie nourrissaient alors mes doutes sur mon rôle sur la Terre en tant qu'être humain. C'était bien beau d'être mécène, mais ma soif de m'élever au-dessus du matériel m'assiégeait jour après jour. Avant la mort tragique d'Hélène, j'y pensais mais, depuis son départ, elle m'obsédait. L'amour que nous nous vouions Hélène et moi me comblait physiquement et spirituellement. Ma femme me guidait, me conseillait. Elle me nourrissait de sa beauté, de son intelligence et de sa grande force de caractère. Alors, je ne m'interrogeais jamais sur le pourquoi des choses de l'existence. La vie familiale me ourlait de son cocon. « La vita era bella ! » comme disait mon bon ami Julio.

Le 20 décembre arriva. L'agronome Pierre Desjardins m'appela et me fit une belle surprise.

— Monsieur Lachance, demain, nous commençons la cueillette des fraises et des tomates. Les supermarchés attendent nos produits avec impatience. Vous m'aviez parlé d'inviter des personnes de votre entourage pour cueillir les premières fraises et tomates en guise de remerciement. Cela tient-il toujours à votre agenda ?

— Bien sûr, demain je me présente avec les personnes concernées. Il y aura prises de photos, peut-être un journaliste et un reporter pour souligner cet événement. J'y serai vers 9h.

Sur ce, je fermai mon cellulaire et je filai au bureau.

Saka m'attendait avec impatience : l'agronome l'avait déjà mis au courant du projet. Ensemble, nous établîmes la liste des invités. Madame Lemieux, Julien, monsieur Bellehumeur et tous les employés du bureau participeraient à la cérémonie. Pour ne pas froisser ceux de la fondation Lachance, j'allai les voir et les invitai aussi. Je dis à Élise que je tenais à ce qu'elle fût là ainsi que Francine. J'y tenais mordicus. Au souper, je réitérai mon invitation à ma mère et à Lise.

Le lendemain matin, tout le monde était au rendez-vous à la serre Lachance. Surprise : j'avais cru que personne de la presse écrite ou télévisuelle ne serait présent. Au contraire, caméras, micros et journalistes attendaient impatiemment. Je me livrai à une courte présentation, et Saka résuma en quelques mots toute l'historique de la création de la serre Lachance. Puis suivit la coupe du ruban. Étaient présents à mes côtés tous les êtres chers qui avaient cru en ce beau projet. Madame Lemieux eut l'honneur de cueillir les premières fraises. Les reporters et les journalistes entreprirent de me bombarder de questions mais, comme je ne voulais pas être la vedette du jour, je les renvoyai à Saka, le véritable maître d'œuvre de ce gigantesque ouvrage. Il expliqua avec force détails tout le processus de déroulement de la production, de la cueillette et de la distribution.

La célébration terminée, je reconduisis madame Lemieux à sa résidence. En cours de route, je lui soulignai l'absence de son fils.

— Monsieur Lachance, mon fils est très malade. Ses jours sont comptés : il ne lui reste que quelques semaines à vivre. Il est présentement dans une maison pour fin de vie.

Je restai bouche bée. J'eus un pincement au cœur. Lui qui prévoyait faire la cueillette des fraises et des tomates à la serre. Je voulus atténuer sa peine :

— Madame, l'existence sur la Terre est remplie d'impondérables qui bouleversent la vie des gens qu'on aime. Je ne connaissais pas beaucoup votre fils, mais quelque chose en lui me charmait. Quelle triste fin pour un homme qui avait le goût de vivre ! J'ai de la peine pour vous. Survivre à la mort d'un de ses enfants exige courage et force. Je suis de tout cœur avec vous. Un jour, si vous voulez atténuer votre peine, je serai toujours là pour vous consoler. Il est certain que je veux le voir avant son grand départ.

Madame ne me répondit pas. Des larmes embuaient se yeux de mère. Quelques minutes plus tard, je la déposai devant l'entrée de sa résidence. Je retournai chez moi.

Arrivé à la maison, je vis ma mère retirer de la cuisinière quelques petits pâtés faits de viande de veau. Elle avait préparé une salade aux carottes. Je me léchais déjà les babines. Le jour où ma mère déciderait de décamper, je serais un peu beaucoup désarmé. Les filles aussi. Je me refusais à envisager son départ. Cependant, je connaissais bien maman pour ses gestes imprévisibles ! D'ici là, j'apprécierais au jour le jour sa cuisine, sa bonne humeur et son rire carillonnant.

Je mangeai en sa compagnie. Elle s'était murée dans un silence inquiétant. Et ce que j'appréhendais, elle me le servit subito presto :

— Pierre, demain, je rentre au bercail. Mes vieilles amies se meurent de ne pas me voir à leurs côtés. Tu sais, à la résidence, le clan est tissé serré. De plus, je m'ennuie de leurs rires, de leurs blagues, de leur bonhomie contagieuse. Ici, je suis bien, trop bien même, mais je veux que les filles et toi occupiez toute la place. Il n'est pas dit que je ne reviendrai plus. Ces temps-ci, j'ai grand besoin de revoir mes amies.

— Maman, je suis vraiment peiné, mais j'accepte votre décision. Votre vie est là-bas avec votre monde. Cependant, soyez assurée que vous serez toujours la bienvenue ici, dans la maison d'Hélène, pardon, dans ma maison.

À ces mots, je fus envahi par un vague à l'âme qui me cloua sur place. Maman s'en rendit compte.

— Tu vois, Pierre, tu vis encore avec Hélène. Elle ne te quittera jamais, quoi que tu fasses. Elle t'a marqué au fer rouge. C'est une des raisons qui me font quitter ta maison. Seuls, les filles et toi exorciserez ce mal de vivre. À moins que tu envisages de bifurquer dans une autre vie plus spirituelle, plus monacale.

Sa remarque me frappa en plein cœur. Avait-elle pressenti ce quelque chose que j'envisagerais un jour ?

Cet après-midi-là, la neige tombait à gros flocons. Je restai à la maison. Ma mère s'était encore une fois réfugiée dans la lecture. Moi, je m'isolai dans mon bureau. Je fouillai dans ma bibliothèque et retirai du rayon **À la recherche du temps perdu** de Marcel Proust. Le temps se prêtait à ce genre de lecture. Je plongeai dans le livre à la recherche d'espoir et de compréhension de mon moi. Depuis le départ de mon amoureuse, j'essayais de m'accrocher à une raison de vivre, de m'épanouir. Mais je me frappais à un mur d'ombre, de noirceur. Je ne trouvais plus de réconfort et de spontanéité dans le travail et la routine. Je lus pendant deux heures, plongé dans la recherche d'un absolu. Je fermai le livre. J'observai la nature par la grande fenêtre de mon bureau. La neige tombait toujours. Elle tapissait pour mieux dorloter les pelouses, les arbustes et les sapins. Là-dessus, je quittai mon fauteuil, rejoignis ma mère qui sommeillait calmement. Elle, elle avait fait son nid : elle se réfugiait dans son monde, dans son univers éthéré, dénudé de toute contrainte imposée par la vie moderne. Ma mère, la bienheureuse ! Je n'osai la réveiller.

Les filles arrivèrent quelques instants plus tard: ma mère reprit ses esprits. Elle dit aux filles:

— J'ai cuisiné des petits pâtés faits de viande de veau et une salade aux carottes. Ton père et moi en avons mangé ce midi. Mettez-les au four quelques minutes. Profitez-en, ce sont les derniers mets que je vous ai préparés: votre grand-mère s'en retourne demain à sa résidence.

Les filles me regardèrent en haussant les épaules. Elles n'y comprenaient plus rien. Elles ne passèrent aucune remarque: grand-mère avait décidé de partir, elles ne pouvaient en aucun temps la faire revenir sur sa décision. Elles se plieraient à son diktat. De fait, les filles mangèrent sur le coin de la table, muettes comme des carpes. Dorénavant, elles savaient fort bien ce qui les attendait: cuisiner leur reviendrait de droit. Par obligation ou par plaisir, c'était selon.

La soirée se déroula dans le silence. Les filles quittèrent la maison pour aller vivre des moments plus heureux avec leurs amies. Ma mère se remit à la lecture. Moi, je décidai de farter mes skis pour ma première randonnée dans les pistes du Camp Mercier. Cette tâche terminée, je continuai la lecture de Marcel Proust. Inconsciemment, je cherchais la voie qui me rendrait zen. Une heure de cette lecture me plongea dans une recherche rationnelle de mon moi qui me fit grand bien. Je pensai, à ce moment, qu'une heure de réflexion de ce genre me dégagerait de mon angoisse existentielle.

Je montai me coucher. Le temps de me pelotonner dans ma couette, je sombrai dans un profond sommeil qui dura presque toute la nuit. Quand je quittai mon lit, je fus émerveillé par la blancheur qui recouvrait les alentours. Enfin, l'hiver était de retour. Je me débarbouillai et descendis me faire un café, car je me retrouvai seul dans la grande salle à manger: me mère et les filles dormaient encore. Alors, je me suis dis: « Pierre, pourquoi tu ne préparerais pas le déjeuner? » Je me suis mis à la tâche de cuisiner des crêpes maison. Cela fait, je fis des œufs brouillés au fromage. Une demi-heure plus tard, le clan s'était agglutiné autour de la table pour bouffer ma cuisine. Les filles mangèrent avec appétit. Ma mère, comme d'habitude, **picocha** dans son assiette et grignota à peine une rôtie. Lise me félicita :

— Papa, tu n'es pas piqué des vers comme cuisinier apprenti. Est-ce que tu vas préparer le déjeuner tous les matins ? Je crois que je ne pourrai jamais mieux faire que toi. Un petit conseil : chaque matin, tu devras varier ton menu.

Je ne lui répondis pas. J'étais conscient que je venais de faire une erreur, car la petite prenait pour acquis que je préparerais le déjeuner tous les matins. Élise se chargea de la remettre à sa place.

— Lise, à partir d'aujourd'hui, c'est toi qui vas laver la vaisselle. Moi, je vais superviser votre travail à vous deux.

La coquine quitta la salle à manger la tête en l'air, imbue de son droit d'aînesse qui lui accordait prédominance en tout. Lise lui jeta un regard plein de reproche. Encore une fois, Élise nous étala sa superbe !

Je dis aux filles et à ma mère que je partais skier pour la journée. J'allai endosser mon costume, glissai mes skis dans le coffre de ma Audi et me rendis au Camp Mercier. La plupart des skieurs présents au centre me dévisagèrent. Je crus voir dans leur regard une lueur d'envie ou d'admiration. L'un deux s'approcha de moi.

— Monsieur Lachance, je vous serai toujours reconnaissant d'avoir investi votre fortune dans une fondation et une serre. Je vous remercie doublement puisque mon fils y travaille. Il en est l'agronome de service.

— Eh bien ! monsieur Desjardins, le hasard fit bien les choses. Je suis content pour votre fils. Il est compétent et est devenu indispensable à la serre Lachance.

Sur ce, nous nous donnâmes une poignée de main et j'enfilai mes skis. Je décidai d'emprunter la piste du Pic, comme on la surnommait. Elle nous permettait d'admirer le flanc nord du mont Saint-Anne. Une vue imprenable s'offrait aux skieurs. Pendant une heure, je skiai lentement, glissant sur la poudreuse damée à la perfection. Je restai quelques minutes sur le Pic, admirant les méandres de la rivière Sainte-Anne et les pitons qui s'éternisaient dans le lointain. Cette nature accueillante ne cessait de m'émerveiller. Je descendis le Pic, les cheveux au vent et le cœur léger. J'avais encore la maîtrise de la technique. Le ski de fond représentait pour moi l'occasion de me défouler, de faire le vide ou de me plonger dans mes sempiternelles réflexions sur ma vie sur Terre. Quand je revins au camp de base, j'étais en nage mais détendu. Je grignotai un délicieux muffin avant de quitter et revins tout de go à la maison. La glace était cassée !

Arrivé à la maison, je me douchai, m'habillai en homme d'affaires et filai à la serre. La curiosité me démangeait : je voulais voir comment se déroulait la cueillette des fraises. Un employé taquin m'invita à remplir un casseau. Ce que je fis avec grand plaisir et avec doigté, la fraise étant un petit fruit délicat. Après, j'allai à l'entrepôt. J'y vis des centaines de boîtes prêtes à être livrées aux marchés. Le responsable m'affirma que les cueilleurs avaient peine à fournir à la demande. Les consommateurs québécois acceptaient un produit de qualité.

Ensuite, je fis une courte visite à la garderie. Elle accueillait douze petits, la grande majorité étant des filles ou des fils des employés de la serre Lachance. La préposée était prête à accepter des petits venant des habitants des alentours. Ce service demeurait une excellente initiative. Les employés appréciaient ce coup de main. J'ignorais combien il en coûtait pour le maintenir, mais j'étais convaincu que d'assurer le bien-être des employés était rentable à tous les niveaux.

Je quittai la garderie et me montrai le bout du nez au bureau. Saka me remit le bilan des ventes. Je le lus attentivement et me rendis compte que la machine roulait à plein régime. Évidemment, ni hypothèque à payer ni emprunt à rencontrer permettaient de ne comptabiliser que le profit des ventes. Chaque mois, il ne resterait qu'à payer les dépenses courantes pour entretenir la serre Lachance et payer le salaire et les avantages sociaux des employés. Selon le bilan, elle produirait un rendement appréciable. Mes actions prendraient de la valeur. J'en connaissais un qui en profiterait dans un avenir proche !

Des lettres s'empilaient sur mon bureau. Comme je n'avais plus le goût de les lire et d'y répondre, je demandai à madame Salamatou de s'en occuper. Elle accepta de bonne grâce en me soulignant toutefois que le surplus de travail s'accumulait de jour en jour. Je lui fis une proposition :

— Madame, demandez à Saka d'engager quelqu'une à temps partiel pour vous donner un coup de main. C'est vous qui êtes en charge d'analyser toutes les demandes de dons et de lire tout le courrier. Saka va comprendre et va satisfaire à votre demande. Ici, on ne vous demande pas d'être des esclaves ni des employés qui s'échinent au travail.

Je quittai le bureau et retournai à la maison. Ma mère avait déposé sa valise au pied de la porte. J'avais oublié que je devais la reconduire à sa résidence. Tout le long du trajet, elle répétait sans cesse qu'elle avait hâte de retrouver ses amies pour décorer son appartement pour les fêtes. Elle était responsable de la décoration de l'arbre de Noël de la salle à manger. Elle devait monter un spectacle pour agrémenter la journée du Jour de l'An. Elle serait très occupée dans les prochains jours. Je la déposai à l'entrée. Un résident l'attendait à la porte d'entrée. Je le vis entourer ma mère et lui déposer un baiser sur la joue. Ma mère avait une vie affective qu'elle ne m'avait jamais dévoilée !

Les jours précédant Noël, je respectai scrupuleusement la routine : visite au bureau et à la serre et ski de fond. Je voyais à peine les filles qui couraient les centres d'achats à la recherche de cadeaux originaux. Moi aussi, j'allai fouiner dans les boutiques en quête d'**étrennes** pour elles et ma mère. Habituellement, Hélène s'occupait de cette tâche avec grand intérêt. Pris-je plaisir à cette exercice ? Je ne saurais vous le dire. Pendant ces quelques jours, je me sentis comme un robot : j'agissais machinalement, sans intérêt pour quoi que ce fût. Vraiment, je m'enfonçais dans l'habitude qui me tuait. Ce n'était pas bon signe ! Heureusement que le ski de fond me régénérait, me redonnait de l'entrain, sinon j'aurais basculé dans l'apathie.

Le 25 décembre, le clan fêta Noël. Nous allâmes assister à la messe de minuit. Au retour à la maison, chacune et chacun déballèrent leurs cadeaux. Les baisers et les remerciements fusèrent. Les fiançailles d'Élise et de son ami de cœur furent le clou de la soirée. Le réveillon apaisa les gourmands et le vin coula. L'ami de cœur anima la fin de la soirée en jouant du piano et en interprétant des airs de circonstance. Ce fut une belle fête ! Mais je vécus cruellement l'absence d'Hélène. Maman s'en aperçut et les filles n'arrêtaient pas de m'embrasser. Sûrement pour cette raison, maman accepta de coucher à la maison.

L'ami de cœur d'Élise parti, un long silence me figea. Je me remémorai ces belles soirées de Noël animées par Hélène. Des larmes embuèrent ma vue, et les filles vinrent me consoler. J'aurais dû être heureux des fiançailles d'Élise et je m'en excusai auprès d'elle.

Je montai me coucher. Pelotonné dans ma couette, je réussis tant bien que mal à trouver le sommeil, tant le hamster roulait vite dans ma tête. Mais Morphée finit par m'hypnotiser. Je filai jusqu'à 11h. Ce sont les chants de Noël qui me réveillèrent. Puis, ça sentait bon dans toute la maison !

Je pris d'assaut la chambre de bains. Je me douchai, me rasai et enfilai mon pyjama rouge. Quand les filles me virent descendre les premières marches de l'escalier, elles s'écrièrent :

— Papa, papa, remonte te changer, de la visite t'attend !

Je rebroussai chemin, me vêtis à la mode du jour et rejoignis la visite surprise. En effet, la plupart des employés de bureau de la fondation Lachance et de la serre Lachance m'applaudirent en me voyant. Une boule d'émotion m'étreignit. Francine prit la parole :

— Monsieur Lachance, au nom de toutes et de tous qui sont ici, je vous remercie pour votre générosité et votre reconnaissance. J'ajouterai que nous sommes toutes et tous heureux de travailler pour la fondation Lachance et la serre Lachance. Levons nos verres en l'honneur de monsieur Lachance.

Les verres tintèrent et les mercis fusèrent. Je me retins pour ne pas trop m'émouvoir. Je vis sur la grande table une diversité de plats qui aiguisaient les appétits. Tout ce beau monde se précipita vers la table et les assiettes se remplirent aussi vite. Moi aussi, je goûtai à ce délicieux brunch. J'étais tout de même curieux : qui avait organisé cette rencontre ? Ce n'était sûrement pas Saka puisqu'il était absent. Élise s'approcha et s'expliqua devant tout le groupe :

— Papa, Lise, nos amies, les employés des bureaux et moi nous sommes cotisés pour t'offrir cette petite fête. C'était l'occasion de fraterniser et de souligner ta grande générosité. Tu aurais pu te recroqueviller sur ta fortune et vivre dans l'aisance jusqu'à la fin de tes jours. Au contraire, tu as décidé que le magot servirait à aider nos concitoyens. C'est tout à ton honneur. Toutes et tous, ici, te vouent la plus grande des reconnaissances.

Mon boniment fut court et concis. Je les remerciai de me faire confiance. J'ajoutai que je leur accordais tout le crédit de la réussite des deux sociétés.

Le jour de l'An arriva. Au déjeuner, je présentai mes vœux à mes filles. On ne fêta pas à la maison. Élise et Lise étaient conviées chez des amies. Je passai donc la journée seul. Je consacrai l'après-midi entier à lire Saint-Augustin. C'était ma façon de me nourrir intellectuellement et spirituellement. Je mangeai peu. Mon cellulaire bipa. C'était ma mère au bout du fil.

— Pierre, je te souhaite une bonne année. J'espère de tout cœur que la recherche du bonheur te satisfera autant que le fait d'avoir investi une partie de ta fortune pour aider tes concitoyens. Est-ce que je peux parler aux filles afin de leur présenter mes vœux ?

— Maman, les filles sont allées rejoindre des amies. Je suis seul dans ma bulle.

Ma mère épilogua sur les failles de la vie moderne. Pour elle, on devait toujours fêter le Nouvel An en famille. Elle s'en prenait au modernisme qui écartait toute fête familiale et chrétienne à la fois. Selon elle, le diable était à nos portes !

Je ne répliquai point. Ma mère tenait mordicus aux traditions. Hélas ! les temps changeaient à vitesse grand V. Les gens ne se réfugiaient plus dans la religion, s'arrimaient au dieu de l'argent et consommaient jusqu'à plus soif. Ils avaient depuis belle lurette rejeté tout ce qui était religieux et vivaient selon les principes d'une laïcité ouverte. Une certaine frange de la société avait beau contesté ce principe, il était là pour toujours. Cependant, ce fait n'empêchait nullement les gens de respecter les jours de fête chrétienne. Mais on le faisait par choix.

Comme ma mère avait le droit d'inviter une personne à son souper du jour de l'An, j'acceptai de la rejoindre à sa résidence. Je fus accueilli avec enthousiasme par les dames et les messieurs. On me fit asseoir à la table de trois joyeux veufs qui me houspillèrent le souper durant. Je compris qu'à leur âge vénérable ils avaient adopté une nouvelle vie où les souvenirs douloureux du passé s'estompaient dans le temps. L'un d'entre eux fouinait dans mon regard. Il m'observa attentivement plusieurs fois et osa m'interroger :

— Monsieur Lachance, est-ce vous qui avez gagné soixante millions au Lotto Max ?

— Oui, Monsieur, j'ai été chanceux. Je vous dirai que devenir multimillionnaire du jour au lendemain a apporté son lot de responsabilités. Dès ce jour, je me posai la question : que vais-je faire de ce magot ? Eh bien ! j'ai décidé d'investir dans des sociétés qui viendraient en aide aux gens. La fondation Lachance distribuera des bourses et des dons aux organismes communautaires et la serre Lachance donne du boulot à des dizaines de travailleuses et de travailleurs. Voyez-vous, une grande partie de cette fortune fera œuvre utile pour des années à venir. En fait, cet argent ne m'appartient pas, je l'investis pour le bien de ma société.

— Malheureusement, il ne pleut pas beaucoup de mécènes comme vous dans notre pays. Je vous félicite. Cependant, profitez de la vie avant que vieillesse ne s'installe. Moi, j'aurais tant aimé voyager étant plus jeune. Hélas ! la vie a fait en sorte que j'ai lutté jour après jour pour nourrir ma famille. Au bout du mois, la bourse était vide, débita le monsieur avec des trémolos dans la voix.

Je remerciai le monsieur pour ses bons mots. Il venait de me rappeler combien la chance m'avait souri. Il avait raison de me conseiller de penser à moi. L'idée d'aller réfléchir et par conséquent de me ressourcer dans un environnement s'y prêtant s'imposait.

La fin du repas fut marquée par de petits boniments des organisatrices, dont ma mère. L'humour tenait le haut du pavé. On aimait rire et s'envoyer des flèches dans ce milieu. Je constatai que ma mère avait cultivé son jardin rempli de sous-entendus et de blagues rigolotes.

Le contact avec ces vieilles gens m'avait rasséréné. J'avais pris une leçon de sagesse. Ce qui me confortait dans ma décision d'aller m'isoler du monde extérieur pour mieux réfléchir sur la vie.

Je revins chez moi, détendu. Je m'isolai dans mon bureau, ouvris mon ordinateur et consultai les sites de voyage qui m'informeraient sur les endroits dans le monde où je pourrais aller retrouver une nouvelle énergie mentale et physique. Plusieurs conseillaient d'aller au Népal. Une randonnée pédestre avec guide m'intéressait : le sanctuaire des Annapurnas. J'appellerais l'agence de voyages dans les prochains jours.

Le lendemain du jour de l'An, j'allai skier au Club Castor, mon endroit privilégié. Je bouffai quelque douze kilomètres. Je contournai le bas de la montagne et grimpai le mur. Au sommet, j'admirai le panorama grandiose. Le soleil baignait les environs de ses chauds rayons. Je voyais même au loin la grande ville et les contreforts des Adirondacks. Chaque fois que je grimpais en cet endroit, je respirais l'air pur qui me revivifiait. Et, impatient, je descendais la piste en coup de vent. J'arrivais au centre, libéré de toute pensée obsessive. Le lendemain, je recommençai.

Tout le mois de janvier, j'alternai entre le ski et l'obsédante routine des présences au bureau et des visites à la serre. À certains moments, je me demandais comment les hommes d'affaires pouvaient des semaines et des mois durant travailler des heures et des heures sans souffrir de la fatigue mentale. Ils avaient probablement une force de caractère qui me faisait défaut.

Un bel après-midi, de retour d'une randonnée de ski, je me terrai dans mon bureau, revisitai les sites de voyages. Après quelques recherches, je m'arrêtai à celui du Népal. Ma décision était prise : j'allais effectuer la randonnée pédestre Les Annapurnas version confort. Tout de suite, j'appelai l'agence qui organisait le voyage, pris rendez-vous pour le lendemain afin d'aller faire le plein d'informations.

Au souper, je ne dis mot de mon projet. Lise avait préparé un délicieux poulet au beurre que je dévorai avec plaisir. Comme dessert, elle cuisina un savoureux clafoutis aux framboises. Puis, nous reprîmes notre habitude de siroter un digestif choisi pas Élise, soit un Amaretto.

Ce soir-là, les filles demeurèrent à la maison. J'en profitai pour leur annoncer que, le lendemain, j'irais à une agence de voyage pour planifier un séjour au Népal. Leurs réactions ne se firent point attendre. Lise fut la première à éclater :

— Papa, tu t'en vas comme ça. Tu me prends par surprise. Je m'ennuie à mourir de maman. Maintenant, tu nous annonces que tu pars toi aussi. J'ai bien sûr mes amies pour me distraire mais, comme je commençais à m'habituer à l'absence de maman, tu t'en vas à l'autre bout du monde.

Je ne sus quoi lui répondre. Je ne m'attendais point à cette réaction de sa part. Élise l'enlaça et tenta de la consoler :

— Lise, je suis là, moi. À l'avenir, je me soucierai davantage de toi. Excuse-moi si je t'ai négligée ces temps-ci, ce n'est pas par mauvaise volonté. La gestion de la Fondation exige beaucoup de moi ; mon ami de cœur prend de plus en plus de place dans ma vie. Je te promets que, quand papa sera absent, nous nous côtoierons plus souvent. Je vais te cajoler de ma présence, petite sœur. Je te promets de laver la vaisselle avec toi et de cuisiner tes petits plats favoris, bien que je sache que je ne serai jamais à ta hauteur en tant que cordon bleu.

Lise sécha ses larmes, sourit et embrassa sa sœur. Moi, j'avais l'âme à la tristesse. Depuis la mort d'Hélène, je voyais bien que Lise se refermait sur elle. Jamais je n'aurais pensé qu'une jeune fille de 20 ans pût être aussi fragile. Je me levai et allai la serrer fermement dans mes bras.

Cet incident imprévu me bouleversa. L'être humain est d'une telle fragilité qu'on ne saurait l'évaluer quand un drame venait chambouler sa vie. Quand mon père était parti, j'étais un adulte accompli. Je fus peiné de son départ, mais je pouvais toujours me réfugier auprès de ma femme et de mes enfants. Lise commençait sa vie : je devrais toujours la supporter et la sécuriser. Elle avait encore besoin de la chaleur du cocon familial. Qui pourrait la sécuriser à ce point quand j'allais quitter pour le Népal ? Ma mère. Décidément, la vie de père sans la présence de la mère pesait lourd !

Comme d'habitude, quand un malaise m'étranglait, je me réfugiais dans mon bureau. J'écoutai de la musique classique jusqu'à ce que mes yeux s'affaissassent.

Je montai me coucher. Le sommeil ne tarda pas à me surprendre. Il fut si profond que je me réveillai en sursaut. Je refoulai ma couette jusqu'au pied du lit, allai me doucher et rejoignis les filles qui déjeunaient. Élise avait cuisiné des œufs brouillés que je mangeai avec deux belles tranches de pain grillées. Lise avait retrouvé son beau teint : elle était resplendissante !

Avant de me rendre au bureau, je décidai de faire une surprise à ma mère. Quand je l'aperçus dans la grande salle de séjour, elle était en compagnie d'un monsieur aux cheveux blancs qui lui faisait les beaux yeux. Ma mère me vit et m'interpella :

— Pierre, je te présente monsieur Honoré Legendre, mon comparse et compagnon de sortie. Que me vaut ta visite inattendue ? Ce n'est pas dans tes habitudes d'arriver comme ça à l'improviste.

— Maman, je vais peut-être te surprendre : j'ai décidé d'aller visiter le Népal. Je n'ai pas encore fixé la date de mon départ. J'ai l'intention de partir à la mi-février. Cependant, je ne veux pas laisser les filles seules. Lise est encore fragile et a besoin qu'on l'entoure. La vie d'Élise est toute planifiée. Pourrais-tu venir passer deux semaines à la maison quand je serai parti ? Là-bas, je ne veux pas vivre dans l'inquiétude. Les filles ont encore besoin qu'on veille sur elles. La seule qui peut les bichonner, c'est toi.

Le compagnon de ma mère **se dérhuma**. Ma mère lui jeta un regard désapprobateur. Elle enchaîna :

— Certainement, Pierre, je ne laisserai pas mes petites-filles seules, leur père parti au bout du monde. Quand tu connaîtras la date de ton départ, je me joindrai à elles. Mais je refuserai de faire le chaperon. J'ai tellement souffert de me faire surveiller chaque fois qu'un beau garçon s'approchait de moi.

Là-dessus, je quittai ma mère et fis un clin d'œil au beau monsieur aux cheveux blancs. Maman s'en rendit compte et ses yeux me grondèrent !

Ma mère quittée, je me rendis au bureau. Je saluai tout le monde. J'approchai Saka et lui demandai de me remettre le dernier bilan financier. Je feuilletai chaque page. Les ventes étaient en progression constante. Je félicitai Saka pour cette réussite.

— Monsieur, ce sont les employés de la serre qu'il faut féliciter. Sans eux, nous fermerions nos portes. Je compte même leur offrir un bonus au mois de septembre prochain si nos ventes continuent de croître lentement mais sûrement. Je vous conseille d'aller visiter la serre régulièrement. On dirait que les employés ont besoin que vous les côtoyiez régulièrement. Derrière un bon employé, il y a généralement un bon patron.

— Mais je ne suis pas le seul patron, Saka. Tu as eu un grand rôle à jouer dans notre réussite. Derrière un bon gestionnaire, il y a un homme compétent. Tantôt, je file à la serre. Viens-tu avec moi ? Je suis quelque peu mal à l'aise quand je me retrouve là-bas fin seul !

Saka me renvoya un sourire espiègle. De plus en plus, le monsieur acceptait mon humour.

Nous nous rendîmes sur les lieux. Nous fûmes bien reçus, fort bien reçus. La serre ressemblait à une ruche : ça grouillait partout, ça cueillait partout, et ce, tout en chantonnant par endroit. Cette atmosphère me faisait grand bien et me permettait d'oublier les journées sombres de la vie. Je remarquai que l'agronome avait ajouté quelques cueilleuses et cueilleurs à son équipe. Il me vit et me héla :

— Monsieur Lachance, il faudra ajouter encore du personnel : l'équipe fournit de peine et de misère à répondre à la demande.

— Monsieur, faites votre demande à Saka, c'est lui gère cette entreprise ; c'est lui qui vous fait confiance. Moi, je suis le propriétaire et non le gestionnaire.

Sur ce, j'allai saluer les emballeurs. La plupart ne me connaissaient pas. Une franche poignée de main détendit l'atmosphère. Je me rendis compte que la ruche grossissait sans cesse !

J'attendis Saka à la sortie. Nous reprîmes le chemin du retour au bureau. En cours de route, je lui appris que je planifiais un voyage au Népal. Il ne fut pas surpris de mon annonce. Il m'encouragea fortement à partir.

— Monsieur, la vie est courte. Vous êtes en pleine santé. Si vous sentez le besoin de prendre le large, faites-le. Moi, je continue de gérer la boîte. Quand vous reviendrez, je vous ferai un compte rendu. Le Népal, c'est le pays des grands espaces et des montagnes de l'Himalaya. Vous allez vous gaver de grand air, de ciel pur, de grandes randonnées et de méditation. Je rêve pour vous !

— Saka, quand je serai revenu, plus zen que jamais, je te céderai la moitié de mes parts. Tu n'auras pas à débourser une **cenne**. Des hommes comme toi, ça ne court pas les rues. Quand ils viennent à vous, acceptez-les dans votre cœur, dans votre vie et dans vos projets. Après que le notaire aura pris quelques jours pour préparer le contrat, nous serons actionnaires paritaires. Si la boîte fait des profits, nous les partagerons moitié moitié. Et, un jour, si tu ambitionnes de lancer une autre serre, ce sera libre à toi.

Je laissai Saka au bureau et filai à la maison. Le temps était froid mais propice à une bonne glisse. J'endossai mon costume de ski et roulai jusqu'au camp Mercier. Je me restaurai quelque peu et entrepris la randonnée lentement. Je me rendis sans arrêt jusqu'au camp La Gélinotte. J'avais apporté avec moi des graines de tournesol et de pavot. J'en déposai une poignée dans ma main et les mésangeais vinrent picorer les graines. Il me fallut assouvir ces gourmands une deuxième fois. Je repris la glisse et revins au camp, fatigué, voire exténué. Mais l'air froid m'avait redonné des couleurs. J'aurais dormi sur place, mais retourner à la maison s'imposait.

Aussitôt arrivé chez moi, j'enlevai mon costume, me douchai et m'endormis presque au pied de mon lit. Ce fut Lise qui vint me secouer, sinon j'aurais filé jusqu'au lendemain matin. Je descendis rejoindre les filles qui avaient préparé un copieux souper, selon leur dire. Je mangeai avec appétit : tout fut délicieux, du plat de résistance jusqu'au dessert. Un bon café vint mettre fin à ce savoureux repas.

Je consacrai une partie de la soirée à la lecture de Proust tout en écoutant **Les chefs d'œuvre de la musique classique.** Vers 22h, je m'habillai chaudement et sortis marcher dans la rue. La blancheur de la neige atténuait la noirceur ; la lune inondait les congères de sa brillance ; mes pas dans la neige durcie brisaient le silence. Je marchai pendant au moins une heure, perdu dans mes pensées. Je me voyais déjà dans les sentiers des Annapurnas. Soudain, je fixai le firmament et pointai une étoile plus étincelante que les autres. Je sentis mon être envahi par des ondes qui taraudèrent mon âme. C'était sans doute Hélène qui tentait de me rejoindre de son ciel stellaire. Je m'arrêtai, fixai l'étoile qui me darda de ses scintillements. Une douce chaleur irrigua tout mon être. Toute cette énergie venant du ciel me replongea dans une profonde réflexion. Fallait-il accepter ces messages célestes ou les repousser ? L'esprit de nos êtres chers décédés pouvait-il communiquer avec le nôtre d'où il vivait ? Moi, je concevais l'univers comme un grand cercle où les vivants et les morts se croisaient à l'occasion. Les disparus et les vivants tournaient sans cesse autour de cette grande roue. Ce qui faisait qu'à certains moments de notre vie nos chers disparus nous rejoignaient en nous envoyant des messages que nous peinions à déchiffrer ou à percevoir. L'autre ailleurs rejoignait parfois notre ailleurs, ou vice versa. La nuit, quand je me réveillais en sursaut et que je voyais le visage d'Hélène bien défini, j'étais convaincu qu'elle m'envoyait un message de paix et de spiritualité. Je me rendormais alors dans le calme et la tranquillité : mon ange gardien me protégeait.

J'entrai à la maison. au moment où l'horloge grand-père sonnait 23h. Je montai me coucher, me pelotonnai dans ma couette et dormis jusqu'aux aurores. La levée du corps fut aisée : il avait récupéré toutes ses forces. J'écourtai mon séjour à la salle de bains, m'habillai et dévalai l'escalier tout en douceur pour ne point réveiller les filles. Je préparai le café. Une fois prêt, j'en siroté toute une tasse. Une heure plus tard, Lise apparut, suivie d'Élise. Je leur avais réservé une surprise : je m'étais donné la peine de préparer le déjeuner. Crêpes françaises et rôties dorées agrémentèrent le menu. Ce qui rendit les filles de très bonne humeur !

Pour occuper l'avant-midi, je m'obligeai à me rendre à la serre. Ce genre de petite visite montrait aux employés que je les avais en haute estime et que j'appréciais leur travail au plus haut point. À l'invitation d'une employée, je cueillis un casseau que je mis dans sa boîte. Je traversai la rue et, pour la première fois, je vis les éoliennes dans toute leur ampleur. Comme il ventait fort, les pâles tournaient à plein régime. Je fis quelques pas et entrai dans la garderie. Les enfants étaient tous occupés à dessiner, à peindre ou à construire des petites maisons avec des blocs lego. La responsable vint me saluer.

— Monsieur Lachance, à la fin du mois de janvier, la garderie comptera 18 bambins et enfants âgés de quatre ans ou moins. Il faudra bien engager une technicienne supplémentaire.

— Jeune fille, ce n'est pas de mon ressort de voir à l'administration de la garderie. Demandez à monsieur Saka Aminou de vous accorder les pleins pouvoirs de gérer. C'est vous qui savez quels sont ou seront vos besoins dans l'avenir. D'après ce que je constate, la garderie attire de plus en plus de bambins. Donc, entendez-vous avec le gestionnaire de la serre Lachance pour assurer les services en temps et lieu.

Je lui souhaitai bonne chance et l'encourageai à contacter Saka dans les plus brefs délais.

Je repris le chemin de retour et passai au bureau. J'osai me présenter à celui de la Fondation. Je fus accueilli chaleureusement. Francine me fit un clin d'œil. Elle s'approcha de moi et me fit la bise sur les joues. Son parfum m'enflamma, et je me retins de la serrer dans mes bras. Élise était très occupée au téléphone. Je vis que les tables étaient encombrées : des piles de dossiers les tapissaient dans leur entièreté.

Il était 11h. Je revins à la maison et grignotai deux petits pâtés à la viande. Je me détendis quelque peu. Arrivé au club Castor, je bichonnai mes skis. À 13h30, je défiais la piste 12 et poussai la machine. Cet après-midi-là, je n'eus pas le goût de monter le mur : je me contentai de faire le tour de la montagne. De petits écureuils et une perdrix se sont agités sur mon passage. La glisse était à point et je bouffai la 12 en un rien de temps. J'avais soif, je montai à la cafétéria et bus un café chaud pour me désaltérer.

Je revins à la maison, grimpai à ma chambre, me déshabillai et me douchai. Cette fois-là, j'étais détendu et reposé. Je descendis au salon, m'écrasai dans ma chaise et feuilletai le journal. Je ne lus que de mauvaises nouvelles, signe manifeste que les affaires, qu'elles fussent politiques ou économiques, n'évoluaient guère. Le pays souffrait de stagnation et de paralysie. Depuis trop longtemps d'ailleurs. Les citoyens votaient avec leurs pieds plus souvent qu'autrement. La démocratie en prenait pour son rhume. « Que voulez-vous ? » disait un ancien premier ministre. Pendant ce temps, les institutions démocratiques craquaient de toute part.

Mon cellulaire bipa. Élise m'informait qu'elle ne viendrait pas souper. Quant à Lise, elle ne me donna pas signe de vie. Eh bien, j'allais souper seul ! Je me suis dit : « Pourquoi ne pas appeler Francine et lui demander si elle accepterait de manger en ma compagnie ? » Je la contactai.

— Pierre Lachance, que me vaut cet appel très très inattendu ? Tu t'ennuies ou tu veux badiner ?

— Non, ma chère, je t'invite à souper dans un bon restaurant, si tu acceptes bien sûr.

Sa réponse ne se fit pas attendre : elle accepta mon invitation avec enthousiasme. Je lui annonçai que j'irais la chercher chez elle.

Je me montrai homme galant et l'amenai souper au restaurant **L'Initiale**. J'ignore ce qui m'avait poussé à agir ainsi, mais je sentais le besoin de m'évader du quotidien. Accompagné de Francine, la soirée serait agréable et pleine de sous-entendus auxquels je ne mordrais pas du tout.

Le repas fut digne de la maison ; le vin aussi. Et le digestif alluma le désir dans les yeux de Francine. Ce fut l'occasion de m'expliquer.

— Francine, tu peux séduire n'importe quel homme. Cependant, en ce qui me concerne, je n'ai aucune attirance envers toi. Tu es belle, tu as de belles manières, tu sais te faire remarquer, mais je te considère comme une ami, une grande amie à qui je demanderai conseil en tout temps. Mais ne me demande pas de devenir ton amant. Je suis toujours attaché à Hélène. Elle habite mon cœur.

Francine me servit son plus beau sourire et enchaîna :

— Pierre, si tu pensais que je voulais te séduire, j'aurais commencé ma cour bien avant aujourd'hui. Mes expériences de la vie m'ont appris à me méfier. Des flirts, j'en ai vécu qui m'ont fait mal. Alors, sois bien à l'aise : tu es quelqu'un de bien, tu as une belle personnalité et tu es beau comme un cœur, mais les circonstances de la vie nous éloignent. Je te laisse à ton amour.

— Bon, les choses étant tirées au clair, je t'annonce que je planifie un voyage au Népal. J'ai un pressant besoin de m'éloigner de la routine quotidienne. Je vais faire le trek du tour des Annapurnas. Demain, j'ai rendez-vous avec un agent de **Routes du monde**. Je planifie partir à la mi-février, Au Népal, c'est la saison sèche d'octobre à mai. J'y vais pour admirer la beauté des paysages mais surtout pour me recentrer, éveiller l'énergie ou apaiser l'esprit.

Francine m'encouragea à partir en évoquant toutes sortes de raisons aussi plausibles les unes que les autres.

Là-dessus, nous sortîmes de l'**Initiale**, et je reconduisis Francine chez elle. Nous nous quittâmes en bons termes. Ce qui comptait d'abord et avant tout pour moi.

De retour à la maison, je retrouvai les filles en tenue de nuit. Elles m'attendaient. Élise décrivit le climat de travail à la Fondation : tout allait bien. Lise me montra les cotes de ses cours du premier semestre : beaucoup de A. Leur bonheur personnel éliminait bien des préoccupations chez leur paternel. Si Hélène eût été là, elle aurait partagé cette satisfaction avec moi !

Vers 23h, je montai à ma chambre et me couchai. Je m'enroulai dans ma couette et suppliai Morphée de me laisser dormir jusqu'au petit matin. Il acquiesça à mon désir puisque je me réveillai au soleil levant. Je paressai dans mon lit une bonne heure. Je me levai, me lavai, endossai mon pyjama et descendis préparer le déjeuner, devenu une habitude chez moi. Je cuisinai des œufs brouillés et fis infuser le café. Je déposai sur la table des plats de petits fruits.

Quand les filles descendirent à la salle à manger, elles s'empiffrèrent comme si elles avaient jeûné pendant des jours. Je leur demandai :

— À vous voir manger comme des goinfres, vous semblez apprécier au plus haut point ce que je vous ai préparé.

Lise me pointa de son regard coquin et me dit en souriant :

— Non, papa, ce n'est pas que ce s'est bon, c'est que nous sommes affamées. Ta cuisine est bonne, c'est tout.

Je ne dis mot : je savais que Lise était pince-sans-rire et espiègle. Je lui pardonnais tout, à cette petite !

Sur ce, je dis bonjour aux filles. J'avais rendez-vous à l'agence **Routes du monde**. Sur les lieux, je fus accueilli par un homme d'une quarantaine d'années, droit comme un chêne et au sourire accueillant. Pendant une heure, il s'informa de mes intentions. Voulais-je faire de l'ascension ? du trek ? ou de la méditation ? J'eus réponse à toutes ces interrogations. Il me proposa le trekking, activité faite sur mesure pour un homme en bonne condition physique et capable de socialiser. Je repartis de l'agence satisfait. Je partirais le 10 février ; je ferais partie d'un groupe de dix personnes ; le séjour là-bas durerait 15 jours. Il me conseilla quels vêtements me procurer. Il prit bien soin de me dire que j'allais me frotter à quelques défis bien particuliers. Justement, j'avais besoin de me dépasser physiquement et mentalement !

En quittant l'agence, je pensai me rendre au bureau, mais je changeai d'idée : je filai plutôt à la serre. Encore une fois, je fis la cueillette de deux casseaux de fraises que je destinai aux petits de la garderie. Ces derniers, en voyant les fruits tout rouges, se ruèrent vers moi, leurs menottes tendues. De petits gourmands voulurent tricher, mais je les grondai en souriant ! À ce moment-là, la responsable de la garderie m'avoua que, chaque avant-midi, une employée ou un employé venait déposer un ou deux casseaux au pied de la porte d'entrée. Parfois, un petit futé la ouvrait et s'empiffrait à l'insu de tous !

Je retournai chez moi. Je vis que le thermomètre indiquait -12 °C, la température idéale pour une glisse parfaite. Je ne mangeai point, m'habillai et roulai jusqu'au camp Mercier. Je n'étais pas le seul fondeur au camp. Cette fois-là, je skiai la piste qui faisait le tour du lac. Comme c'était la tradition, j'avais fait le plein de graines de tournesol et de pavot. Quand j'arrivai à la halte La Gélinotte, des mésangeais plongeaient des arbres environnants et choisissaient leurs graines préférées. Ma provision eut tôt fait d'être épuisée !

Je repris la piste, grimpai une petite pente abrupte et entrepris le retour au camp. J'accélérai la cadence à tel point que, quelques kilomètres plus loin, j'avais atteint l'aisance du champion. Je glissai à cadence élevée jusqu'à l'arrivée. Le muffin aux asperges et le café m'assouvirent. Tout en mangeant, je dévisageais les skieurs de tout âge et je me disais en moi-même : « Bienheureux ceux qui pratiquent le ski de fond ! »

De retour à la maison, je montai me doucher. Je m'habillai légèrement : j'optai pour une chemise et des pantalons en lin. J'avais l'intention de relaxer, de me détendre en attendant les filles. J'en profitai pour feuilleter le journal. Pour une fois, je portai intérêt à l'éditorial et à quelques articles de fond.

Les filles arrivèrent plus tôt que d'habitude. Élise avait l'air complètement vidée ; Lise, plutôt pimpante. Toutes deux jetèrent un regard vers la cuisinière. Elles firent la moue. Elles avaient sûrement supputé que, lors de leur arrivée, le repas du soir serait prêt. Je leur proposai :

— Eh bien non, les filles, je ne me sentais pas prêt à faire la popote, ce soir ! Que diriez-vous de commander une pizza du bistro du coin ?

Leur réponse positive ne se fit point attendre. Nous nous mîmes d'accord pour choisir une pizza au poulet et bourbon.

La pizza sur la table, je repérai le centre, traçai trois lignes et créai trois parts égales. Élise cria à l'injustice, mais en vain. J'agrémentai la dégustation en proposant une bon vin rouge italien. Je laissai les filles s'occuper du dessert qui se résuma à quelques biscuits secs. Pour une fois, nous nous contentâmes d'un repas bien ordinaire !

La soirée s'écoula dans le calme et souvent dans le silence. Je ne mis même pas les pieds dans mon bureau. Je m'assis dans mon grand fauteuil du salon et relus la documentation que l'agent de **Routes du monde** m'avait remise lors de ma rencontre. La lecture finie, j'en conclus que la Terre recelait des trésors que nous, les Occidentaux, aurions intérêt à découvrir. Il était vrai que j'allais visiter un des pays les plus mystérieux. Selon les feuillets d'information, le Népal charmait par sa faune, sa flore et ses paysages magnifiques. Le peuple népalais était chaleureux et accueillant. Le Népal explosait culturellement et religieusement. J'étais impatient de m'y retrouver !

Sans que je m'en rendisse compte, Élise vint s'asseoir à mes pieds. Quand elle était petite fille, elle se plaçait ainsi devant son paternel. Quelque chose la chagrinait ou elle voulait me demander conseil.

— Papa, avant que tu partes, je voudrais que tu survoles le bilan financier de la fondation Lachance et ensuite que tu viennes avec moi rencontrer monsieur Julien. Demain, je reviendrai à la maison en ayant en main les chiffres. Tu pourras les consulter. Quand j'ai été nommée gestionnaire de la Fondation, je m'étais fixé un budget à ne pas dépasser. Maintenant, je suis certaine que les dépenses sont devenues incontrôlables. Je suis incapable de dire pourquoi. Pourtant, la comptabilité est bien tenue. Je ne crois pas que nous dépensions inutilement. Parfois, des personnes de l'extérieur de la boîte peuvent identifier des anormalités que nous n'identifions pas. C'est pourquoi je demande votre avis, Monsieur !

J'eus envie de répliquer à sa pointe d'humour, mais je me retins.

— Élise, je ne passerai pas par quatre chemins : depuis le début, j'ai refusé de m'immiscer dans l'administration de la Fondation. Tu en es la gestionnaire, à toi de planifier en fonction des objectifs établis au départ. Maintenant, il ne t'est pas interdit de réajuster le tout si cela s'avère nécessaire. Moi, j'ai divisé la fortune en trois parties. J'ai attribué à chacune, soit la Fondation, la Serre et la fortune personnelle, une somme de millions de dollars. Selon les règles définies par la loi fiscale, la somme consacrée à la Fondation doit être entièrement dépensée en bourses d'étude et en dons aux organismes communautaires. Le seul conseil que je puisse te donner : va rencontrer monsieur Julien et mets les choses au clair avec lui. Ce dernier connaît les rouages de la finance et des placements. Il pourra te guider. Moi, je suis en processus de m'éloigner de tout.

Élise me remercia et comprit ma décision. Je commençais à en avoir par-dessus la tête de tout ce méli-mélo financier. Le mécène en moi, je ne le reconnaissais plus !

CHAPITRE 29

Dans une semaine, je quitterais mon pays pour en visiter un autre. Je partirais à la quête d'une certaine forme d'absolu que la fortune ne me procurerait jamais. Puis, la mort d'Hélène m'amenait ailleurs, un ailleurs que j'espérais trouver dans le recueillement, le calme et le renoncement.

Les derniers jours avant mon départ pour le Népal, je m'obligeai à visiter la serre presque chaque jour, et ce, dans l'avant-midi, l'après-midi étant consacré au ski de fond. Je réservais mes soirées à jaser avec les filles ou à lire des textes de réflexion personnelle.

Le 10 février au matin, je fis ma dernière tournée : visites éclair à la serre et au bureau. Tout le monde me souhaita un bon voyage ou une bonne retraite, selon les convictions de chacun.

Le midi fut consacré à un petit goûter avec ma mère et les filles. Lise s'inquiéta pour moi ; Élise me posa mille questions. Le taxi arrivé, j'embrassai les filles et me fis conduire à l'aéroport, direction Montréal. À mon arrivée, j'enregistrai mon vol, consignai mes bagages et rejoignis la porte d'embarquement où j'entendis quelques bribes de conversation au sujet du Népal. Je ne serais donc pas le seul du pays à me rendre là-bas.

À 19h précise, je m'envolai vers le Népal avec escale à Paris de quelques heures. Je ne pus m'empêcher de roupiller durant le trajet. Notre avion atterrit à Katmandou en début de matinée. Un guide attendait notre groupe à la sortie de l'aéroport. Groupe composé de 8 hommes et 4 femmes qui me semblèrent en très grande forme physique. Le guide népalais parlait un français correct, sans plus. Il exigea de chacun de nous une courte présentation. Je fus surpris de la grande expérience de ces voyageurs. Certains étaient déjà venus au Népal ; d'autres avaient visité le Tibet. Je serais donc le seul membre inexpérimenté du groupe !

Je ne saurais décrire ce voyage, mais je vécus un séjour inoubliable. Ce fut une expérience autant bénéfique pour le corps que pour l'âme.

Au début du voyage, nous passâmes deux jours à Katmandou. Nous visitâmes son centre historique, un musée d'architecture en plein air, avec ses temples, ses pagodes, ses pavillons et ses superbes autels anciens. Par la suite, nous entreprîmes le tour des Annapurnas. Nous marchâmes à travers une grande diversité de paysages grandioses. Nous admirâmes des rizières, des forêts de rhododendrons et de conifères. Nous vécûmes des nuits en **lodge**. La randonnée pédestre nous conduisit jusqu'aux hautes vallées tibétaines. Les longues marches revigoraient mon corps. Je découvris qu'il s'habituait à la rareté de l'air et à un effort physique intense et soutenu. Physiquement, je refis le plein.

Pendant la randonnée pédestre, je voulus aussi que mon esprit s'élevât. Chaque soir, on aurait dit que les étoiles me rejoignaient. Il y en avait toujours une qui m'interpellait. La cime des monts m'indiquait le ciel, le vrai, celui auquel on aspire. Je le retrouvais aussi chez les Népalais, femmes et hommes accueillants et bienveillants. Leur regard épanoui révélait une grande paix intérieure. Partout, la vie respirait le calme, le silence et l'apaisement. Partout, la terre et le ciel pur façonnaient en moi une plénitude tranquille. Mes compagnes et compagnons de voyage vivaient une totale métamorphose : leur visage s'illuminait, leur démarche épousait le bien-être environnant. Spirituellement, je refis le plein.

Douze jours plus tard, notre groupe revint à Katmandou. Fait surprenant : je n'avais eu aucune difficulté à maîtriser les hautes altitudes. Notre guide m'avait conseillé de marcher lentement afin de ne pas me fatiguer inutilement. Mes comparses de voyage m'avaient refilé de nombreux conseils fort pratiques. Une nourriture riche et équilibrée m'avait aidé grandement à conserver la forme. Ce que je craignis le plus ne se produisit pas !

Je revins au pays la tête pleine de souvenirs inoubliables. D'ailleurs, pendant mon séjour là-bas, j'avais tenu un journal intime dans lequel j'écrivis un compte rendu de chaque journée. J'avais bien l'intention de le faire lire à mes filles et à ma mère.

J'étais heureux de remettre les pieds dans mon patelin. Quand Élise et Lise vinrent me chercher à l'aéroport, je me sentis chez moi. Ce séjour au Népal me fit grand bien : je pouvais revenir à ma routine habituelle. Du moins, je l'espérais !

Pendant le trajet de retour à la maison, je trouvai que les filles avaient l'âme à la tristesse. Je ne posai aucune question, mais je trouvais quelque peu étrange leur comportement. Une fois de retour au bercail, les filles me firent asseoir à la grande table et déballèrent leur secret. Ce fut Élise qui prit la parole :

— Papa, il y a deux jours, grand-mère a été transportée d'urgence à l'hôpital. Présentement, elle repose aux soins intensifs. Le médecin nous a dit qu'elle avait fait un accident vasculaire cérébral, soit un AVC. Lise et moi avons passé une partie de la journée et de la soirée près d'elle. Elle a souvent cité ton nom. C'était comme si elle te suppliait d'être auprès d'elle. Comme tu revenais du Népal dans deux jours, nous avons cru bon de ne pas te joindre.

Ce fut un choc d'apprendre cette triste nouvelle. Aussitôt, je montai à ma chambre, pris une douche, me rhabillai en tenue légère et filai tout droit à l'hôpital.

Quand je vis ma mère intubée, une boule d'émotion m'étreignit. Ma mère, une vieille dame énergique qui voyait toujours les bons côtés de la vie. Je pris sa main droite dans la mienne. Le contact sembla la réveiller ; ses yeux cillèrent. Je lui susurrai quelques mots doux à l'oreille : elle serra faiblement ma main. Je voulus me retirer et prendre place dans une chaise près du lit, mais elle me retint. Pendant quelques minutes, je restai à ses côtés, puis elle desserra sa main et reprit le sommeil. J'en profitai pour aller m'informer auprès des infirmières. Les réponses qu'elles me fournirent ne me rassurèrent point. Je retournai à la chambre. Je m'assis dans la grande chaise et je m'apprêtais à me détendre quand les appareils de surveillance sonnèrent l'alarme. Les infirmières accoururent. Ce fut le branle-bas de combat : on procéda à une réanimation d'urgence immédiate. On me demanda de me retirer. Dans le corridor, j'entendais toutes les consignes. La tentative de réanimation dura quelques minutes, voire plus.

Quand le médecin de garde vint me retrouver, il arborait un visage triste : il m'annonça qu'il avait été incapable de réanimer ma mère. Voilà, je ne pus voir maman mourir. Je vécus à ce moment une immense tristesse. Soudain me revint à l'esprit que, lors d'une nuit au Népal, une étoile avait brillé d'une façon très spéciale. Était-ce un message prédestiné qu'elle m'envoyait ?

Je retournai à la maison. Le sommeil ne vint pas cette nuit-là. Je me remémorai toutes les fois que maman me chicanait quand je faisais des mauvais coups. Elle me pardonnait toujours. Ce fut elle qui m'encouragea à devenir un enseignant. Elle disait que prendre soin de la jeunesse était le plus beau métier du monde. J'avais répondu à son appel. Papa et maman formaient un couple hors norme. Un lien très particulier que je n'arrivais pas à définir les unissait l'un à l'autre. Jamais je ne perçus qu'ils étaient amoureux comme Hélène et moi l'étions. Ma mère m'avouait parfois que les liens entre un homme et une femme étaient indéfinissables. Quand j'étais jeune, je gobais aveuglément tout ce que ma chère maman avançait !

La nuit sans sommeil s'écoula jusqu'aux aurores. Épuisé, je finis par sombrer dans une léthargie profonde. Puis, je me réveillai en sursaut. Les rayons du soleil baignaient les murs de ma chambre. Je me levai, me lavai, m'habillai et descendis à la salle à manger. Les filles mangeaient leur bol de céréales.

— Les filles, j'ai une mauvaise nouvelle à vous apprendre : votre grand-mère est décédée cette nuit. J'étais à ses côtés quand son cœur a arrêté de battre. L'équipe médicale a tenté de la réanimer, mais ce fut en vain. Je n'ai plus de mère ni d'épouse ; vous ont quittées pour un autre monde maman et grand-maman.

Le constat était cruel : les larmes coulèrent. La fatalité frappait encore une fois ma famille.

En après-midi, je me rendis à la résidence où logeait ma mère. J'eus la permission de visiter son petit studio. Je fouillai dans les tiroirs de son bureau où seyait sa tablette. Je trouvai son testament ; je le parcourus et découvris que ma mère ne voulait pas qu'on célébrât ses funérailles dans un crématorium mais à la chapelle de l'oratoire Saint-Joseph tenue par les sœurs de la Charité. Je me souvins que maman avait tissé des liens très serrés avec certaines religieuses de la communauté. J'allais respecter ses dernières volontés.

Puis, mon cellulaire bipa. C'était le directeur du crématorium qui voulait me rencontrer pour planifier les funérailles de ma mère. Je lui fis part de ses dernières volontés. Il me répondit qu'il appliquerait les directives sur les pompes funèbres, soit remplir les papiers officialisant la mort de ma mère et incinérer son corps. J'irais chercher l'urne dans les prochains jours.

Le lendemain matin, j'appelai une religieuse dont je trouvai le nom dans le testament de ma mère. Elle m'offrit ses condoléances et ne parut pas surprise que ma mère eût choisi l'Oratoire comme lieu sacré de la cérémonie funéraire. De sa voix douce, la religieuse me souligna que ma mère avait été, depuis longtemps et jusqu'à aujourd'hui, l'une des donatrices les plus généreuses à sa communauté et qu'elle venait souvent assister à la messe dominicale.

Ce que je n'aurais jamais cru de ma mère !

La religieuse voulut connaître la date des funérailles, le nombre de personnes qui allaient y assister et le nom du prêtre qui la présiderait.

Je lui répondis que je serais en mesure de lui fournir la réponse dans les prochains jours.

Je retournai à la résidence de ma mère et rencontrai la directrice de la maison qui me fournit toutes les informations. Uno, une trentaine de résidents, ses grands amis, avaient émis leur intention d'assister à la messe. Deuzio, elle me remit le numéro de téléphone du prêtre qui assurait les besoins religieux de ses résidents. Tertio, la chorale de la maison chanterait les chants religieux que ma mère avait choisis.

La-dessus, je retournai chez moi. J'appelai le prêtre qui me remercia et qui accepta avec empressement de présider la cérémonie funéraire de ma mère à l'oratoire Saint-Joseph.

Dans l'après-midi, je retournai à l'Oratoire pour fournir toutes les informations. Il fut entendu que la cérémonie aurait lieu dans deux jours. La religieuse me fit remarquer que le tout entraînait des frais. Le jour des funérailles, je l'assurai que je payerais le montant encouru. Je lui fis part aussi de mon intention de faire un don à la communauté dans le but de perpétuer l'œuvre de ma mère.

Sur ce, je quittai les lieux et me rendis au bureau. Tout le monde m'offrit ses condoléances. Comme je n'avais pas le goût de faire quoi que ce fût, j'allai me réfugier chez moi.

Le lendemain, j'appelai tout le monde qui devait assister à la cérémonie funéraire pour être certain de n'avoir oublié personne. J'étais épuisé. Je supposai que le décalage horaire faisait effet. Dans l'après-midi, je tombai de sommeil. Les filles me réveillèrent à leur arrivée. Je mangeai peu au souper. À peine grignotai-je un petit pain fourré au foie gras.

Le samedi 5 mars, je dis adieu à ma mère. La cérémonie funéraire fut sobre, à l'empreinte de ce qu'elle avait été durant toute sa vie. La chorale de l'Oratoire interpréta des chants religieux qui me firent frissonner. Pour la première fois, je remarquai que Lise était tout de blanc vêtue alors qu'Élise portait du noir. Lise se recueillait avec ferveur.

Décidément, elle exhibait une autre facette de sa personnalité. Je me souvins aussi qu'elle s'était habillée de blanc aux funérailles d'Hélène. La cérémonie terminée, nous nous rendîmes à la résidence de ma mère où un petit goûter nous fut servi.

Je revins à la maison, l'urne à mes côtés sur le siège des passagers. En entrant, je la déposai sur le buffet. Les filles l'entourèrent de cartes et de fleurs. Le temps venu, j'irais la déposer au columbarium de la famille Lachance.

En cette journée, je disais aussi adieu à mon passé. Mes parents partis pour l'au-delà, j'essaierais de sauvegarder les plus beaux souvenirs autant que les plus douloureux. La vie était ainsi faite !

CHAPITRE 30

Le 7 mars en avant-midi, je m'efforçai de retourner au bureau. Je le fis de reculons, mais je le fis. Saka me salua ; madame Salamatou me sourit discrètement, sans doute par respect. Je demandai à Saka de me rejoindre dans la salle de réunion.

— Saka, à partir de maintenant, ne te surprends pas de me voir de moins en moins au bureau. Je veux m'éloigner de la routine. J'ai aussi grand besoin de prendre l'air. Donc, la prochaine semaine, je la consacre au ski de fond. Quand je reviendrai au bureau, ce sera pour signer les papiers qui feront de toi un actionnaire de la serre Lachance à parts égales avec moi. Je vais demander au notaire de préparer le dossier le plus vite possible. Un évaluateur financier va comptabiliser le total des actions selon leur valeur nominale et je t'en lègue la moitié sans que tu aies à les payer.

— Monsieur Lachance, je ne sais comment vous remercier pour ce que vous avez fait pour moi et pour ce que vous projetez de faire dans quelques jours. Quand vous quitterez la boîte, je peux vous assurer que j'en prendrez un soin jaloux.

La dernière remarque de Saka me figea. J'y vis le signe d'une prémonition.

— Saka, qui te dit que je vais quitter la serre Lachance ? Tu me prêtes des intentions ou bien c'est une phrase lancée en l'air comme ça.

— Les Africains savent lire le destin des gens qui les entourent. Je soupçonne que votre attachement aux biens terrestres s'étiole. Je vous sens vous éloigner petit à petit de tout ce que vous avez bâti. Vous connaissez ce proverbe universel : « La richesse ne fait pas le bonheur. » Eh bien, je le lis dans vos yeux certains jours !

Ces remarques m'ébranlèrent. Cet homme fouillait mon subconscient à la recherche d'un état d'âme qui m'habitait. Il le savait. Était-il un devin ? Toujours fut-il que je n'abordai plus Saka comme d'habitude !

En après-midi, je roulai jusqu'au camp Mercier. La température se prêtait encore à la glisse d'hiver. Cette fois-là, je montai jusqu'au pic. J'étais essoufflé et j'en profitai pour faire un arrêt. Le ciel pur permettait d'admirer les contreforts du mont Sainte-Anne et les ondulations de la rivière Montmorency. Quelques fondeurs se joignirent à moi pour se pâmer devant ce panorama noyé de soleil. Je revins au camp en skiant à un rythme normal. Cette randonnée me permit de me détendre physiquement. Comme il faisait bon skier dans mes Laurentides !

De retour à la maison, je suivis la routine habituelle : douche et roupillon, juste au moment où les filles arrivèrent en tapageuses. Je descendis les rejoindre. Tout de suite, elles jetèrent un coup d'œil à la cuisinière. Je vis dans leur visage une grande déception ! Lise bougonna :

— Évidemment, je vais devoir inventer une recette sur le tas. Que diriez-vous d'une omelette au fromage et fines herbes, servie avec des pommes de terre rissolées ? Cela ferait changement de toujours manger de la viande.

J'acquiesçai du bonnet ; Élise aussi.

L'omelette cuisinée par Lise fut on ne peut plus délicieuse. Nous fut servie comme dessert une crème brûlée au caramel, suivie d'un café. Si un jour Lise décidait de partir, les bons plats se feraient rares. Élise ne se coiffait pas du tout de la toque d'un grand chef. Moi non plus !

Quand nous eûmes fini de siroter le café, Lise demanda à me voir dans mon bureau. Je sourcillai. Elle entra dans le vif du sujet :

— Papa, dans deux mois, j'aurai terminé mon baccalauréat en design. Je n'ai pas l'intention de commencer à travailler tout de suite et je me demande si je le ferai un jour. Depuis la mort de maman et celle de grand-mère, j'ai grand besoin de m'éloigner et de voyager. J'ai l'intention avec une amie d'aller au Tibet nourrir mon esprit et refaire le plein. Je me sens sèche intérieurement. Une bonne bouffée de spiritualité me rassérénerait. Papa, ne me demande pas pourquoi j'en suis arrivée à prendre cette décision, elle est venue naturellement. Je dois étancher ma grande soif de méditation. D'ailleurs, tu as dû remarquer que je m'étais habillée en blanc aux funérailles de ma mère et celles de grand-mère. Je pars à la recherche d'une pureté si désirée.

Pendant un moment, je fixai le mur, assommé par les propos de ma petite fille qui n'en était plus une. Je lui parlai comme un père :

— Lise, il y a des lunes que je me pose des questions sur certains de tes comportements que je croyais étranges mais qui prennent tout leur sens en ce moment. Que tu sois à la recherche d'un bien-être intérieur ne me surprend pas. J'ai toujours vu en toi une jeune fille qui cherchait sa voie. Ce que tu me dévoiles aujourd'hui va dans le sens de ce que j'ai toujours anticipé. La voie est libre, Lise. Jamais ton père va mettre des entraves à ta recherche d'absolu. Quand vas-tu partir pour le Tibet ?

— Le voyage est prévu pour la fin-mai. Tout de suite après la fin des cours, ce sera destination Tibet. Je reviendrai à la mi-juin. Est-ce qu'Élise t'a informé de la date de son mariage ? Elle prévoit se marier le 25 juin.

— Non, Lise. Te dire que mes filles me dévoilent leur projet de but en blanc serait un euphémise. Eh bien, le temps court plus vite que je le pensais ! Est-ce qu'Élise est au courant de ton projet ?

— Non, je tenais à t'en faire part personnellement. Ces temps-ci, Élise en bave un coup. Uno, juste réviser les dossiers de chaque postulante ou postulant à une bourse monopolise tout le temps de l'équipe. Deuzio, elle doit planifier la soirée de remise des bourses. Tertio, le mariage sera bientôt son unique préoccupation. Se pourrait-il que 24 heures dans une journée ne soient pas suffisantes pour finaliser tous ces projets-là ?

Évidemment, je n'avais pas la réponse. Je conseillai à Lise de choisir le bon moment pour informer Élise de son projet de voyage. Je la savais capable de bien faire les choses en toutes circonstances.

Quand Lise et moi quittâmes mon bureau, Élise nous regarda avec un point d'interrogation dans les yeux. Elle n'osa pas poser de questions. Elle monta se réfugier dans sa chambre. Lise en fit autant. Encore une fois, je me retrouvai seul comme un moine dans une abbaye !

Le lendemain matin, j'appelai Francine. Je voulais savoir si tout allait rondement à la Fondation.

— Pierre, que me vaut cet appel surprise ?

— Francine, dis-le-moi franchement : est-ce que l'équipe arrive à respecter ses échéanciers ces temps-ci ?

— Oui, mais nous travaillons **la broue dans l'toupet**, comme disait mon père. La boîte reçoit chaque jour des dizaines et des dizaines de demandes de bourse. Il faut alors les lire et les analyser avec soin. Il faut aussi exiger la remise d'un bulletin de notes correspondant à nos exigences. Sans compter qu'il faut planifier la cérémonie de la remise des bourses. Si tu m'appelles, c'est pour me demander quelque chose, n'est-ce pas ?

— Oui, je voudrais que tu t'assois avec Élise et que tu lui fasses comprendre qu'elle n'a pas à tout contrôler de A à Z. À agir ainsi, elle va s'épuiser. Une petite réunion du bureau pourrait détendre l'atmosphère et rendre le travail plus agréable. Tu connais Élise. Toi seule es capable de lui faire entendre raison. Je compte sur toi.

— Pierre, tu sais comment t'y prendre pour ne pas qu'Élise sache que tu interviens par la bande dans l'administration de la fondation Lachance. Je tenterai de raisonner Élise ; je vais faire mon possible. Depuis quelque temps, je sens chez elle une certaine lassitude.

Sur ce, je lui souhaitai bonne chance et fermai mon cellulaire.

Je décidai de me rendre à la serre. Quelques jours s'étaient écoulés depuis ma dernière visite. Quelques employés m'offrirent leurs condoléances, surtout celles et ceux que je côtoyais le plus souvent. La ruche bourdonnait comme d'habitude. Encore une fois, je poursuivis la tradition : je cueillis deux casseaux de fraises et les déposai dans la boîte d'une jeune cueilleuse qui me remercia de son plus beau sourire. Je saluai l'agronome et quittai les lieux.

Je retournai au bureau. Saka m'accueillit en me faisant signe de me rendre dans la salle de réunion.

— Monsieur Lachance, madame Salamatou a cumulé un nombre considérable de demandes de dons originant des organismes de partout au pays. On fait quoi avec ça ? Il va bien falloir un jour ou l'autre donner des réponses à tous, mais on ne peut pas répondre par l'affirmative à tout le monde. Un jour ou l'autre, il faudra choisir parmi les organismes ceux dont les besoins sont les plus urgents.

— Saka, je m'engage à venir tous les matins pendant quelques jours pour faire le tri avec madame Salamatou. Elle va sûrement me guider et me conseiller. Est-ce que les profits des ventes de la Serre nous permettent d'aider un certain nombre d'organismes ? Quel montant peut-on distribuer ?

— Nos encaisses nous permettraient de distribuer deux cent mille dollars. À mon avis, il faudrait choisir vingt organismes et remettre dix mille à chacun. En affaires, Monsieur, il faut prévoir pour les mois à venir.

— Saka, madame Salamatou et moi allons passer au peigne fin toutes les demandes, en choisirons vingt et, ensuite, réserverons une journée pour la remise des dons, soit le 30 mars. Ça te va.

Saka opina du bonnet.

Sur ces entrefaites, j'allai informer madame Salamatou de la démarche à suivre. Elle fut tout à fait d'accord. Donc, chaque matin, je devrais me rendre au bureau pour éplucher les nombreuses demandes de dons et faire un choix judicieux. Ce ne serait pas une tâche agréable : quel organisme méritait un don et quel autre, pas ?

Je consacrai mon après-midi au ski de fond. Cette fois, j'allai à Valcartier. Je me contentai de faire la 12, soit le tour de la montagne. Il faisait beau, le soleil plombait la piste, et je glissai à un train rapide. Puis, je m'en retournai chez moi. Après m'être douché, je refusai de roupiller, descendis au salon et feuilletai le journal. Je survolai rapidement la page éditoriale et me concentrer à lire les pages économiques. La Bourse croissait; ma fortune aussi. Ce qui m'incita à prendre un rendez-vous avec Julien pour obtenir un troisième compte rendu des placements. Je voulais aussi qu'il me fît des prévisions pour le quatrième trimestre.

À 17h, Élise se pointa. Elle avait l'air bourru. Elle me dit bonjour, sans plus. Je savais quelle mouche l'avait piquée. Elle enleva son manteau et m'apostropha de belle manière :

— Papa, je sais que tu as parlé à Francine. Ne le nie pas : je le vois dans tes yeux. La belle Francine veut se mêler de ma gestion. Je ne le prends pas.

— Élise, tu avoues toi-même que la tâche est trop lourde pour une seule gestionnaire. Je suis certain que Francine t'a proposé de partager la tâche, mais tu demeureras toujours l'unique gestionnaire de la Fondation. Laisse de côté ton orgueil et accepte de lui donner plus de responsabilités. J'imagine que toute la gestion du dossier des bourses à préparer exige un somme de travail colossale. Cela ne prend pas la tête à Papineau pour comprendre que tu as besoin de te délester d'un dossier en particulier, celui des bourses. Laisse-le à Francine. Toi, occupe-toi de la gestion courante et planifie la cérémonie de remise des bourses et des dons à certains organismes de la région. Les deux prochains mois seront très chargés. Que tu le veuilles ou non, laisse de la place à Francine, surtout que c'est elle qui doit prendre charge de ce dossier.

— Toi, papa, tu as le don de me rassurer et surtout de me convaincre. Je vais parler à Francine. Mais je t'en veux, papa, parce que tu l'as contactée alors que tu aurais dû m'en parler avant. Tu me mets toujours devant le fait accompli, et cela me met en rogne.

— Élise, tu devrais toujours me faire part de tes problèmes chaque fois que la situation se corse. J'ai su à travers les branches que tu en bavais un coup. Alors, j'ai cru bon intervenir auprès de Francine. Si tu manques de personnel, engage quelqu'une ou quelqu'un pour une période temporaire. Est-ce que vous avez terminé la visite des régions ?

— Oui, nous avons décidé de nous en tenir à sept régions : Saguenay-Lac-Saint-Jean, Abitibi, Charlevoix, Côte-Nord, Gatineau, Bas-Saint-Laurent et Gaspésie. Papa, nous ne nous attendions pas à tant de demandes, lesquelles dépassent nos espérances. J'avais établi un budget serré, mais il va falloir délier les cordons de la bourse.

— Élise, la fondation Lachance a des millions à sa disposition. De plus, les placements que tu as faits doivent rapporter beaucoup ces temps-ci parce que les rendements sont positifs. Si tu as besoin d'être rassurée, consulte le planificateur financier de la Fondation.

Sur ce, Lise fit son entrée. Elle était pas mal zen, la petite. Surtout depuis qu'elle m'avait fait part de son projet de voyage au Népal.

— Est-ce que le souper est prêt ? chantonna-t-elle.

— Non, ma fille. Goûter une pizza aux fruits de mer vous plairait-il ? lançai-je aux filles. La déguster en buvant un bon vin blanc aiguiserait-il vos papilles ? ajoutai-je.

Les filles salivaient déjà. La pizza arrivée, Élise la partagea en trois parties égales. Lise ne fut pas d'accord, jugeant que sa grande sœur avait triché mais, comme la pizza était délicieuse, tout fut oublié ! Ce soir-là, nous passâmes outre au dessert, mais nous bûmes un café glacé préparé par Élise.

Je consacrai le reste de la soirée à écouter la musique d'Enya, tout en lisant des extraits des **Confessions**. Une heure plus tard, on cogna à la porte. Élise voulait me parler.

— Papa, Lise vient de m'apprendre une grand nouvelle : elle envisage de partir au Tibet à la fin de ses cours. Étais-tu au courant ?

— Oui, Élise. Lise devait te mettre au courant de ce projet au moment venu. Voilà, c'est fait. Selon ses dires, elle part à la recherche d'une paix intérieure qui lui manque cruellement. Elle est persuadée qu'au Tibet elle s'imprégnera d'une culture basée sur la spiritualité. As-tu remarqué que Lise s'était habillée de blanc aux funérailles d'Hélène et celles de ma mère ? Il y a sûrement une explication à ce comportement. Les carmélites se vêtent de blanc. Je suis convaincu que Lise prépare sa sortie du monde moderne.

Élise ne dit mot. Elle fixa le mur, se leva rapidement et alla se réfugier dans sa chambre. Peut-être alla-t-elle réfléchir sur les comportements étranges, voire inexplicables, des gens de son entourage. Définitivement, il y avait matière à réflexion !

Je repris l'audition de la musique d'Enya. Ce qui me replongea dans ma bulle. Je sortis de ma quiétude quand le silence s'imposa. Je montai à ma chambre, me pelotonnai dans ma couette et basculai dans l'univers de Morphée.

Le lendemain, je me réveillai, la tête libre. Je ne déjeunai pas à la maison mais au petit bistro du coin. L'accueil fut chaleureux comme d'habitude. Je goûtai au nouveau menu que j'appréciai. Par la suite, je filai au bureau et me plongeai dans la lecture des demandes de dons. J'y consacrai une bonne partie de l'avant-midi. Madame Salamatou estima que nous devrions avoir terminé ce travail laborieux vers la mi-mars. Ensuite, il faudrait communiquer avec les organismes communautaires choisis pour les inviter à la remise des dons le 30 mars.

Je traversai au bureau de la fondation Lachance. Là aussi, on besognait dur. On devait respecter un calendrier serré qui ne permettait aucun relâchement. Je remarquai que Francine dirigeait une petite équipe qui bûchait fort. Je lançai un beau bonjour à tout le monde et quittai les lieux.

La journée était encore une fois ensoleillée. L'après-midi serait propice au ski de printemps. Je quittai la maison et me rendis au camp Mercier. Dans les faits, je dus étaler un fart d'hiver : il faisait -8 °C. La glisse étant à point, je parcourus 15 km sans arrêt et fus de retour au camp pour me sustenter quelque peu. Il faisait trop beau : je skiai encore une bonne demi-heure.

De retour à la maison, je me livrai à ma petite routine habituelle : douche, roupillon, jusqu'à l'arrivée des filles. Je m'attendais encore à des reproches au fait que je n'avais pas préparé le souper. Mais surprise : Élise déposa sur la cuisinière un plat déjà préparé qui avait été cuisiné par Francine, soit un gratin aux légumes qu'elle fit réchauffer. Elle nous le servit accompagné de petits pains chauds fourrés au beurre. Ce fut un délice ! Lise, la petite cachottière, avait acheté des pâtisseries françaises et les avait dissimulées dans son sac à dos. J'eus droit à une seulement ! J'étais satisfait : je n'avais pas eu à subir les éternels reproches de mes filles !

Les jours qui suivirent jusqu'au 20 mars furent consacrés à cette routine qui à la longue avait fini pas me rendre las, voire déprimé. Je persistai. Heureusement que la pratique du ski de fond me vidait de ce train-train de plus en plus harassant. Du 20 au 30 mars, tout fut mis en place pour la cérémonie de la remise des dons.

Le 30 mars en fin d'après-midi, quand j'arrivai là-bas, la salle de réunion était pleine de monde. Toutes les filles de la fondation Lachance étaient présentes. Tous les membres du conseil d'administration de la serre Lachance y étaient. Chaque organisme avait délégué un représentant. Les chèques furent remis en présence des journalistes et des reporters de la télévision. Chaque membre du conseil d'administration prononça son petit boniment. Chaque représentant me serra la main et me remercia pour cette aide généreuse. Monsieur Bellehumeur prit la parole et s'adressa à moi en des termes flatteurs. En fait, il me remerciait d'avoir consacré une partie de ma fortune pour aider mes concitoyens. Je lui répondis en peu de mots et fis les louanges de tout ce beau monde qui gravitait autour de la serre Lachance et de la fondation Lachance. Mon boniment fini, tous levèrent leur verre à la santé et à la pérennité de ces deux projets. Le petit goûter plut à tous les invités. S'ensuivirent des jeux de mots et des calembours qui firent bien rire l'assistance. Tous se quittèrent en promettant de respecter la tradition dans les années à venir. Cet après-midi-là, je pris conscience que ma fortune pouvait faire le bonheur autour de moi.

La cérémonie terminée, tout le clan revint à la maison. L'autre jour, j'avais oublié de demander à quelle date Élise avait fixé son mariage avec son promis. Je la questionnai :

— Élise, quand aura lieu ton mariage ?

— Mon fiancé et moi nous unirons par le mariage le 25 juin. Par respect pour ma mère, je ne porterai pas de blanc. Je veux un cérémonie religieuse en l'église où je fus baptisée. La famille de mon fiancé endosse cette décision. Nous ne voulons rien de festif. Tout de suite après la cérémonie, nous quitterons pour une croisière sur le Danube.

J'étais fier de ma grande fille qui agissait en respect de notre deuil familial. J'enviais ces jeunes mariés d'aller vivre leur lune de miel en croisière sur le Danube, ce fleuve mythique. Je lui souhaitai de danser la valse au son de la musique du **Le beau Danube bleu** de Johann Strauss.

J'étais quand même inquiet. Elle se forgeait un calendrier on ne peut plus chargé d'ici là. Je voulais qu'elle me confirmât la date de remise des bourses aux jeunes qui seraient sélectionnés.

— Papa, la remise des bourses aura lieu le 20 mai, soit dans un mois et demi. On n'a pas de temps à perdre. Je suis déjà en train de préparer l'agenda de tout ce qui doit être fait d'ici là. Papa, il se peut fort bien que nous ayons besoin de ton aide. Viendras-tu nous donner un coup de main, à titre de bénévole évidemment ?

— Élise, si tu prévois avoir besoin de mes précieux services, je me ferai un plaisir de te venir en aide. Il faut que tout soit parfait lors de la cérémonie de remise des bourses. Pour moi, la fondation Lachance a plus d'importance à mes yeux que la serre Lachance. Ta réussite m'importe au plus haut point. Souviens-toi que ta mère aurait tout fait pour que la Fondation acquière une solide réputation. Tu as un lourd mandat à remplir.

À la fin de mars, la saison de ski était terminée. Comme le printemps tardait à venir, la pratique du vélo prendrait son élan plus tard que prévu. Je décidai d'aller donner un coup de main à la Fondation. L'avant-midi fut consacré à éplucher les demandes de bourses ; l'après-midi, à réviser celles des dons aux organismes de la grande région de Québec. Cette routine s'étira jusqu'au début de mai. C'était particulièrement long parce que les demandes, quelles qu'elles fussent, fusaient de partout. Presque tous les jours, je retirais une demande de bourses pour la remplacer par une autre plus respectueuse des critères établies. Il en était de même avec celles des dons.

Au début de mai, j'allais aider à la Fondation pour celer définitivement l'ensemble des demandes. Comme il avait été statué qu'elle accordait cinq mille dollars à chaque demandeur de bourse et dix mille dollars à chaque organisme communautaire choisi, le montant avoisinait les huit cent mille dollars.

Élise avait choisi l'endroit où se déroulerait la cérémonie des remises de bouses et de dons. Chaque postulant à une bourse était averti de se présenter à l'endroit choisi. Il en était ainsi pour chaque représentant d'un organisme communautaire.

Ce fut une fête grandiose, je dirais même solennelle. Chaque récipiendaire occupait une table avec sa famille ; il en était de même pour chaque représentant. Élise avait même engagé un animateur, efficace et drôle. Il présenta chaque membre du conseil d'administration, parfois avec sérieux, parfois avec humour. D'abord, il invita monsieur Julien, le président du conseil d'administration, à tenir son petit discours empreint de reconnaissance envers les employés du bureau qui avaient travaillé à cette belle réussite. Ensuite, Élise refit l'historique de la fondation Lachance et demanda à chaque récipiendaire de venir cueillir sa bourse. Chaque fois que quelqu'une ou quelqu'un montait sur la scène, des applaudissements polis fusaient. Une fois la remise des bourses terminée, ce fut la distribution des montants remis à chaque organisme communautaire. Cet exercice dura plus d'une heure. À la fin, tout le monde se leva et des applaudissements nourris emplirent la salle. Le dernier mot me revint, puisque l'animateur m'invita à m'adresser aux méritants. En peu de mots, je leur soulignai que la fondation Lachance avait été créée parce que la fortune m'avait souri. J'ajoutai que les millions investis dans la Fondation ne venaient pas de moi, mais de la chance et, surtout, des milliers de gens qui avaient misé à la loto. Quand j'ai lu et relu plus de cent fois que le numéro gagnant me procurait une fortune, j'étais bien décidé à en faire profiter les jeunes, les organismes et surtout donner du travail à des centaines de travailleuses et travailleurs de mon milieu. Je reçus une salve d'applaudissements qui me fit chaud au cœur. J'eus une pensée particulière pour Hélène qui aurait tellement aimé assister à cette rencontre. Quand je retournai à ma table, les filles vinrent m'embrasser. Par la suite, ce fut une avalanche de poignées de main.

Mon retour à la maison se fit dans le silence. Élise demeura sur place pour s'assurer que tout avait été au goût de son monde. Lise quitta les lieux avec ses amies de toujours. Je ne vis ni l'une ni l'autre revenir à la maison dans l'heure qui suivit. Je me retrouvai encore une fois fin seul.

Quoique je côtoyasse de nombreuses personnes chaque jour, je devenais de plus en plus solitaire, esseulé et rempli d'une angoisse pesante. Ce soir-là, je me sentis étreint par un immense vide.

Je me cloîtrai dans mon bureau. Après le décès de ma mère, j'étais allé récupérer ses effets personnels et ses livres de chevet que je plaçai dans un coin de ma bibliothèque. Je fouillai et trouvai **Histoire d'une âme** écrite pas Sainte-Thérèse de Lisieux. Dès les premières pages, je fus emporté par le lyrisme de cet œuvre. Je m'imprégnai d'un élan du cœur, d'un simple regard jeté vers le Ciel et d'un cri de reconnaissance et d'amour. Je palpais quelque chose de grand, de surnaturel, qui me dilata l'âme. Une heure plus tard, j'arrêtai de lire, l'âme sereine.

Je sortis humer l'air du soir. La noirceur jouait avec les ombres des arbres et des maisons. Je jetai un regard vers le firmament où dansaient des étoiles. Une seule scintillait plus que les autres. Au-dessus de moi, la Grande Ourse agitait son sparage dans la voûte céleste. La lune se fit jalouse et me salua de son halo. Je me surpris moi-même à penser que l'univers m'assimilait. Sur le fait, j'en déduisis que je n'étais qu'un sable microscopique dans ce macrocosme infini.

Je réintégrai ma demeure, montai à ma chambre. Quoiqu'il fût tôt, je me boulonnai dans ma doudou et basculai dans le pays des dieux du sommeil. Je rêvai ; Hélène était revenue ; elle était à côté de moi ; elle m'enlaçait de ses bras chauds ; elle me susurrait des mots doux à l'oreille. Je me réveillai, le sourire aux lèvres, mais mon amoureuse s'était évanouie. Je fixai le ciel par la grande fenêtre et ne vis pas l'étoile que j'avais vue scintiller quand j'avais admiré plus tôt le ciel étoilé. J'essayai de me rendormir, mais mes yeux scrutaient le plafond espérant voir apparaître un beau visage souriant. L'envie de dormir me fuit. Je passai le reste de la nuit en implorant Morphée de m'enrober de douce chaleur. Rien n'y fit. L'aurore irradia ma chambre. J'essayai de retourner dans le petit monde des dormeurs, mais le hamster tournait trop vite dans ma tête !

Ce matin-là, je me levai, me douchai, m'habillai léger et entrepris de concocter un déjeuner surprise. Je cuisinai des crêpes que je fourrai de jambon et de camembert. Je déposai sur la grande table des petits fruits des champs que j'avais fait décongeler et le pot de sirop d'érable pour napper les crêpes. Quand les filles se pointèrent pour le déjeuner, le café fumait et sentait bon. Son odeur me titillait les narines et venait s'infiltrer jusque dans mon cerveau. Les crêpes firent fureur. J'eus droit à des commentaires élogieux.

— Papa, ton déjeuner est digne des grands chefs. Est-ce que tu t'engages à toujours préparer de si bonnes recettes dans l'avenir? s'enthousiasma Lise.

— À la condition qu'Élise apprenne à nous préparer des petits plats avant d'empoisonner son promis.

Élise fit la moue, se leva et lança à brûle pourpoint:

— Mon promis s'est engagé à s'occuper de la bouffe. Alors, inutile de m'asticoter.

Ce déjeuner rendit tout le clan de bonne humeur. Élise quitta pour le bureau; Lise, pour son dernier cours universitaire. Moi, je pris rendez-vous avec Julien pour un compte rendu des placements. La rencontre fut fixée pour 11h.

Je décidai d'aller à la serre. À mon arrivée, je saluai tout le monde, cueillis deux casseaux de fraises pour respecter le rituel. Je traversai à la garderie et les remis à la responsable. Ça bruissait dans la chaumière. Quand j'en sortis, mes oreilles bourdonnaient.

Je fis escale au bureau. La routine avait vite repris. Chacun besognait dans son petit coin. Madame Salamatou déposa sur mon bureau une dizaine de lettres que je décachetai machinalement: chacune contenait une demande de don. Décidément, ma réputation d'homme généreux incitait les organismes à toujours redemander de l'aide.

Je quittai le bureau et me rendis à mon rendez-vous avec Julien. Il me tardait de connaître le rendement des trois derniers mois. Je fus accueilli à bras ouverts. J'eus juste le temps de m'asseoir qu'il déposait devant moi le bilan. Je feuilletai le document rapidement. J'étais plutôt intéressé par la colonne de la dernière page qui faisait état d'un rendement plus que satisfaisant.

Julien attendit ma réaction, mais en vain. Impatient, il déclina son petit boniment habituel en haussant le ton :

— Pierre, tu devrais me féliciter pour t'être enrichi de quelques centaines de milliers de dollars. Si je sais compter, ta fortune a engraissé de tout près de deux millions de dollars en neuf mois. Il faut dire que les taureaux, les **bulls**, sont à la baguette ces temps-ci : la Bourse est en marché haussier. Je ne sais pas quand les ours, les **bears**, vont mener la danse ou quand la Bourse va être en marché baissier. Mais, j'ai l'intention de vendre une partie des actions qui touchent leur sommet. En procédant ainsi, j'accumulerai une bonne réserve, ce qui me permettra de racheter plus tard certaines actions si la Bourse baisse.

Je commençais à connaître par cœur sa prêche de connaisseur. Je lui souris et répliquai :

— Julien, ça va. C'est toi qui mènes la barque. Je suis très très satisfait des rendements obtenus. Ce qui me dérange, c'est que je suis en train de t'enrichir. Vais-je, un jour, voir mon courtier devenir millionnaire à son tour ? Trêve de plaisanterie : à bien y penser, si je m'enrichis, tu t'enrichis.

CHAPITRE 31

Là-dessus, je quittai Julien pour revenir à la maison. Je bouffai un muffin, tout en buvant un jus d'orange. La chaleur de la fin de mai réchauffant le temps, j'enfourchai mon vélo et roulai le long du fleuve. Je me rendis jusqu'aux chutes Montmorency. J'avais faim, je pris l'ascenseur et allai déguster un sandwich au homard sur la terrasse du Manoir. Le soleil me dardait de ses rayons chauds. Quelques mouettes planaient au ras de l'eau à la recherche d'un insecte imprudent. Quelques pêcheurs taquinaient le saumon. Au pied de la chute, l'onde bouillonnait. J'eus peine à me lever. Je redescendis et repris la piste de retour. Une petite brise me caressait le visage et quelques moustiques virevoltaient sur mon passage. Je humai l'air à pleins poumons. Je roulai lentement jusqu'au Vieux Port, puis accélérai la cadence, passé le quai du traversier. Je peinai quelque peu face à un noroît qui roucoulait sous mon casque. Les mollets du cycliste d'expérience que j'étais avaient quelque peu perdu de leur endurance. La fin du parcours se fit en douce.

Revenu à la maison, je me douchai, m'habillai d'un bermuda noir et d'un gilet rouge. Je descendis dans le salon et lus les articles du journal qui piquèrent ma curiosité. Puis, sans que je susse pourquoi, je sommeillai. Je crus bien que je dormis quelques heures puisque le **barda** des filles me tira de ma douce béatitude.

Comme d'habitude, j'eus droit à leur sempiternel reproche :

— Papa, nous comptions sur toi pour préparer le souper. Encore une fois, qui le préparera ?

Je ne bougeai point. Mais Lise ajouta sèchement :

— Eh bien, je vais encore une fois me taper la besogne ! Va pour ce soir mais, les prochaines fois, ne comptez pas sur moi pour assouvir votre bedon. Dès demain, je consacre tout mon temps à préparer mon départ pour le Tibet. Le 30 mai, je vous dis au revoir jusqu'au 15 juin.

Élise et moi reçûmes ce diktat comme une baffe. Je venais de prendre conscience que ma fille cadette prenait ses distances pour la première fois. Que serait ma vie quand Élise serait mariée et que Lise quitterait elle aussi le logis familial ? J'en eus soudain la chair de poule !

Lise cuisina quand même un délicieux souper que nous dégustâmes dans le silence. Que je le voulusse ou non, je devais me résigner à ce qu'un jour je me retrouvasse fin seul dans cette grande demeure. Je me retins de faire part de mon angoisse à mes filles. J'avais presque la larme à l'œil. Élise s'en rendit compte.

— Papa, quand tu es parti de la maison de tes parents, ils ont dû souffrir de ton départ. Je sais que, quand nous quitterons la maison, tu vivras notre envol comme un abandon. Un jour arrive qui trace notre destin : la vie est ainsi faite. Lise et moi ne te quitterons pas à jamais. Nous partons pour aller forger nos vies selon la destinée qui nous est dévolue.

Élise se leva et vint m'embrasser ; Lise en fit autant. Cette marque d'affection filiale rasa mes doutes. Mais quelque chose en moi me répétait que Lise me quitterait pour toujours : je ne savais pas quand ni où !

Le digestif dégusté, je m'enfermai dans mon bureau. J'avais le goût d'écouter les vieilles chansons qui me mettaient l'âme à la tendresse. Je fouillai dans ma pile de cédéroms. Je tombai sur celui d'Alain Barrière qui contenait tous ses grands succès. Je fouillai encore et relevai ceux de Nana Mouskouri et de Demis Roussis. Je passai le reste de la soirée à fredonner les mélodies de mes chanteurs préférés du temps de ma jeunesse dorée. Je me laissais bercer par leurs envolées lyriques. Je me fusionnais à leurs élans d'amour, de tristesse et de mal du pays. Quand je fus rassasié, je montai me coucher. Pendant quelques minutes, les airs de quelques chansons me trottèrent dans la tête. Puis, le sommeil me gagna.

Les jours qui suivirent épousèrent la même routine : bureau, vélo, dodo, agrémentés de quelques visites à la serre. La lecture d'œuvres de réflexion agrémentait mes soirées.

Le 30 mai en avant-midi, j'allai reconduire Lise à l'aéroport. En la quittant, je la serrai très fort dans mes bras. Ma cadette s'envolait pour le Tibet, le pays des neiges et du bouddhisme. Elle voulait s'imprégner de la religion dictant la vie quotidienne du peuple tibétain. Elle voulait être près des monastères, des lacs et des monts sacrés. Elle désirait rejoindre les pèlerins qui se prosternaient autour des temples et des endroits sacrés tels que les lacs ou les monts.

Je revins à la maison, endossai des vêtements légers et filai au mont Sainte-Anne. J'avais le goût de respirer l'air venant à la fois des montagnes et du fleuve. J'arrivai au sommet quelque peu essoufflé. Je m'assis sur une souche et grignotai un sandwich au jambon, tout en humant cet air plein d'un mélange olfactif jouissif. Le temps était si clair que je voyais les Appalaches dessiner leur pics encore enneigés. Des adeptes du parapente planaient en suivant les courants ascensionnels du nord vers le sud. Je craignais pour eux, mais je les enviais. Quelques oies blanches écervelées reprenaient leur vol vers le nord. Un pygargue à tête blanche glissait dans le ciel bleu. Soudain, un frisson me saisit : un courant d'air frais m'ankylosa. Je décidai de descendre la montagne en empruntant un sentier qui m'était inconnu. À ma grande surprise, des cyclistes me frôlèrent à tout moment. Je ne serais jamais un adepte du vélo de montagne !

J'arrivai chez moi au milieu de l'après-midi. Je montai me doucher et redescendis dans le salon feuilleter le journal. Je lus quelques articles plus ou moins intéressants. Je me demandai si je vivais dans la même société que tout le monde : je ne reconnaissais plus mon journal, jadis si critique de la société de consommation dans laquelle la grande majorité d'entre nous s'étaient enfermés. Mon journal quotidien ne déboulonnait plus les absurdes tendances à consommer de façon effrénée. Cette réflexion m'amena à me poser la question : Étais-je moi-même endigué dans ce maelstrom consumériste ? Je ne possédais pas une maison de millionnaire ; je ne m'habillais pas continuellement comme un homme d'affaires ; je conduisais une Audi héritée de mon père. Bref, j'entretenais un train de vie exempt de toute dépense inutile. La fortune ne m'avait pas métamorphosé en vulgaire capitaliste arrogant et imbu de lui-même. Au contraire, elle m'avait incité à devenir un mécène prêt à aider son monde et la société qui m'avait permis de devenir multimillionnaire. Je vivais la conscience tranquille : je n'en demandais pas plus.

Je pliai mon quotidien et le glissai dans le porte-journaux passablement encombré. D'ailleurs, je me rendis compte qu'un bon ménage du salon et de la cuisine ferait grand bien. J'entrepris donc de passer la vadrouille dans tous les recoins et d'épousseter les meubles. Je lavai aussi les planchers, ce qui redonna de l'éclat aux carreaux. Élise me surprit tout juste comme je rangeais vadrouille, serpillière et plumeau. Elle s'esclaffa :

— Papa, devenu homme de ménage, on aura tout vu ! Vu que tu es toujours disponible, pourrais-tu faire le ménage de ma chambre ?

Je ne lui répondis point, mais je l'attendrais au prochain tournant. Quant à Lise, comment pourrais-je lui faire des reproches tellement tout était en ordre chez elle ! Sa chambre ressemblait à celle d'une carmélite et ses vêtements étaient toujours bien rangés dans sa garde-robe. Les filles ignoraient que leur papa allait parfois inspecter leur niche personnelle et secrète. La chambre d'Élise, elle, était en perpétuel désordre. Elle ressemblait à sa mère Hélène qui laissait choir ses vêtements un peu partout !

Je me fis mi-figue mi-raisin et je lançai la question :

— Élise, que mange-t-on pour souper, ce soir ?

Je n'avais pas remarqué qu'elle avait déposé sur la cuisinière un poulet au beurre et un plateau de légumes qu'elle s'était procurés au restaurant indien, sis au rez-de-chaussée de l'édifice des bureaux de la fondation Lachance et de la serre Lachance.

Élise me cria de sa chambre :

— Papa, fais réchauffer les plats que j'ai apportés. Nous mangerons plus tard, car mon promis viendra souper avec nous vers 18h. Pourrais-tu choisir un bon vin pour la circonstance ? Pourrais-tu préparer le café ? Pourrais-tu cuisiner un petit dessert ? Pourrais-tu... ?

Ouf ! comme elle pouvait être étourdissante, cette fille ! Quand je vous disais qu'elle retenait de sa grand-mère, j'en avais une preuve on ne peut plus manifeste. Je me pliais malgré tout à tous ses caprices !

Quand le fiancé d'Élise se pointa, nous nous assîmes tous les trois à la grande table. Chacun se servit du poulet et un monceau de légumes. Le plat de résistance dégusté, je servis une crème brûlée que Lise avait concoctée avant son départ pour le Tibet. Après le café, un Calvados lapé mit fin au repas.

L'ami de cœur d'Élise quitta la maison vers 22h. À ce moment, je demandai à mon aînée de s'asseoir et de m'écouter attentivement.

— Élise, je commence à prendre de l'âge et je n'ai pas l'intention d'attendre d'être souffrant ou handicapé pour léguer ma fortune. J'ai un grand projet qui me trotte dans la tête et je veux le réaliser de mon vivant. Ne me demande pas de quoi il s'agit, tu le sauras en temps et lieu. Élise, un avenir heureux se profile à l'horizon pour toi. Tu vas te marier bientôt, tu désireras avoir des enfants et tu continueras à administrer la fondation Lachance. Moi, je ne nourris aucune ambition pour l'avenir en ce qui concerne la gestion de la serre Lachance. Présentement, mes avoirs totalisent près de vingt-deux millions de dollars plus des milliers d'actions dans la serre Lachance. Dans les prochains jours, je vais rencontrer un notaire qui aura comme mandat de distribuer ma fortune à

Lise et à toi, selon un prorata établi par moi. Quant à la maison, je te la donne, elle est à toi.

— Mais, papa, que va dire Lise ?

— Élise, Lise va nous quitter dans peu de temps. Son voyage au Tibet cache quelque chose. J'ai cru savoir que, depuis un certain temps, elle suivait des cours de yoga et allait souvent méditer à l'oratoire Saint-Joseph chez les sœurs de la Charité. J'ai découvert sur son bureau une documentation sur les carmélites de Stoneham-et-Tewkesbury. J'ai même entendu une conversation avec une de ses amies qui tournait autour de ces deux organisations religieuses. Alors, ne sois pas surprise si Lise quitte le célibat pour l'engagement religieux. Évidemment, je lui léguerai un montant pour qu'elle en fasse don à l'ordre qu'elle choisira.

— Papa, mon fiancé et moi allons élire domicile dans une maison ancestrale, sise près du fleuve. Nous avons déjà fait une promesse d'achat au propriétaire. Je suis désolée, je le suis d'autant plus que, si tu t'en vas je ne sais où, il te faudra vendre notre maison. Grand-père et grand-mère vont se retourner dans leur tombe ! Jamais maman n'aurait accepté de se délester de sa demeure !

Après cette discussion, je me sentais de plus en plus seul. Je me rendis compte que je ployais les épaules. L'avenir était bouché. Lise entrée chez les religieuses et Élise mariée, je marcherais à tâtons dans une vie pour le moins incertaine. Ma décision était prise !

CHAPITRE 32

Les premiers jours de juin ressemblèrent à tous les autres jours précédents. Je faisais quelques haltes au bureau. Je me montrais le bout du nez à la serre. J'y cueillais toujours un ou ou deux casseaux que je remettais de temps en temps dans la boîte d'une cueilleuse ou que je refilais à la garderie. J'allais parfois **fouiner** au bureau de la Fondation pour cueillir un certain sourire de la belle Francine qui n'avait pas lancé la serviette dans sa quête de me séduire. Le personnel **bûchait** comme toujours. Dans les faits, sitôt la dernière cueillette de données terminées, une nouvelle était en marche. La fondation Lachance avait stimulé bien des jeunes des régions éloignées du Québec. Puis, presque chaque après-midi, j'enfourchais ma bécane et roulais du nord au sud ou de l'ouest vers l'est, ou vive versa.

Le cinq juin, j'avais rendez-vous avec le notaire pour établir un contrat de donation notarié. Ce dernier me bombarda de mille et une questions, tout en levant les yeux au ciel. Il s'exclamait :

— Comment un homme si riche peut-il abandonner fortune et tout donner à ses filles, surtout à sa fille aînée et à une communauté religieuse ? Vous êtes généreux ou inconscient de vous départir de tous vos biens. L'être humain se comporte parfois de façon étrange. Dans votre cas, il n'y a rien à comprendre.

Je ne répliquai point. J'avais mûri cette décision il y avait des lunes, mais je la gardais secrète. Ce fut le décès d'Hélène qui avait tout chambardé. Le notaire promit de me remettre le document le plus tôt possible.

Je quittai son bureau et retournai à la maison. J'appelai Julien puis me rendis au sien pour qu'il m'expliquât comment s'effectuait le transfert d'actions d'une entité à une personne, soit de la serre Lachance à ma fille Élise. Ce dernier me jeta une douche d'eau froide : je ne pouvais pas vendre mes actions à Élise. La belle affaire ! Les modalités de la fiscalité en finance représentaient pour moi un méli-mélo indéchiffrable.

— Julien, il me reste alors la solution unique : vendre mes actions à Saka ou à quelqu'un d'autre intéressé à investir dans la serre Lachance.

Julien me regarda :

— Pierre, veux-tu bien me dire ce qui te passe par la tête ces temps-ci ? Tu laisses tout à Élise par testament ; tu veux vendre tes actions pour quitter la serre Lachance. Quel projet es-tu en train d'échafauder ? Si je comprends bien, tu te débarrasses de tous tes biens, pour faire quoi ?

— Julien, la richesse ne fait pas nécessairement le bonheur. J'ai un projet en tête, et tu le connaîtras en temps et lieu. Concernant la fortune que je lègue à Élise, je veux que tu continues à l'administrer. D'ailleurs, quand tout sera conclu dans les règles de l'art, je veux que tu signes une entente avec Élise semblable à celle que tu m'as proposée dans le temps.

Julien acquiesça du bonnet. Il me serra la main et me dit :

— Pierre, j'espère que tu as bien réfléchi. Pour moi, la voie que tu choisiras dans l'avenir demeurera toujours un mystère.

Je quittai son bureau pour la dernière fois. Je n'y remettrais plus les pieds. Je fus certain que Julien me prenait pour un hurluberlu de renoncer à la fortune pour rejoindre un autre monde. Je revins chez moi, obnubilé par toutes ces tracasseries financières dans lesquelles j'étais plongé. Me vint une idée : pourquoi ne pas demander à Élise si son fiancé accepterait d'acheter mes actions.

Pendant une partie de l'après-midi, je roulai en ayant en tête la vente de mes actions. Il faisait très beau, mais j'en profitai à peine. Toutes les fois que j'enfourchais mon vélo pour me détendre, j'étais obsédé par cette idée. Ce soir, au souper, je m'informerais auprès d'Élise : j'en aurais le cœur net. Le retour à la maison fut lent, très lent. Je décidai de profiter de la lumière, de la senteur de la terre, de l'éveil tardif des bourgeons, du chant des oiseaux et du vent léger qui caressait ma peau. Quand j'entreposai mon vélo dans le cabanon, je me rendis compte que je n'avais pas mis la piscine en marche. Encore une tâche ingrate qui m'attendait !

Quand j'entrai, mon cellulaire bipa. C'était monsieur Bellehumeur. Que me voulait-il, celui-là ?

— Pierre, je ne passerai pas par quatre chemins, j'ai su que tu avais l'intention de vendre tes actions de la serre Lachance. Mon cher, je suis preneur. Tu fais ton prix, et je te fais un chèque. Je ne veux pas que des acheteurs de l'extérieur mettent la main sur ce joyau. Quand tu seras prêt, fais-moi signe.

— Monsieur Bellehumeur, je vous rappelle demain. Je dois en parler à ma fille Élise avant de vous faire une promesse.

— Ça va. J'attends ton appel.

Sur ce, j'entendis le tilt de son téléphone. Là, je me posai la question : « Qui avait bien pu informer monsieur Bellumeur du fait que je voulais me départir de mes actions ? »

Je montais me laver quand j'entendis la porte claquer et vis Élise entrer en criant :

— Papa, papa, un tremblement terre a secoué le Tibet il y a quelques heures. Une partie des sentiers ont été ensevelis par des roches et de la boue. Mon dieu ! espérons que Lise n'a pas été emportée par ce cataclysme !

Cette nouvelle me paralysa. Je restai muet quelques secondes. S'il fallait que Lise fût parmi les victimes, j'en mourrais de peine. La mort d'Hélène et de maman m'avait meurtri l'âme et noyé de chagrin. Je me refuserais à accepter ce sort cruel.

— Élise, je suis convaincu que Lise est vivante. Je le sens profondément dans mon subconscient. La fortune est de notre bord. Lise va sûrement communiquer avec nous. Dans ces moments de grande inquiétude, il faut savoir attendre et espérer le meilleur dénouement possible.

Le souper se déroula dans le silence. Je mangeai peu ; une boule me triturait l'estomac, mais je m'accrochais à ma certitude que Lise avait été épargnée.

Élise avait rendez-vous avec son fiancé chez ses parents. Je supposai que ces derniers avaient leur mot à dire dans l'organisation de la cérémonie nuptiale.

Je me retrouvai tout fin seul ! J'allai noyer ma solitude dans mon bureau, tourmenté par cette nouvelle du tremblement de terre au Tibet. Pour tenter de me calmer, je continuai ma lecture de la vie de Sainte-Thérèse de Lisieux, tout en écoutant de la musique classique. Soudain, mon cellulaire bipa. Je vis sur l'écran un numéro de téléphone inconnu. J'ouvris.

— Papa, papa, c'est moi, Lise. Que Dieu soit loué ! Je suis bel et bien vivante. Je suis présentement dans un monastère, sis tout près de Katmandou. Tout va bien. Dieu que la terre à trembler, papa ! Mon amie et moi sommes en sécurité, sois rassuré ! Dans quelques jours, je serai de retour.

J'entendis le tilt de son cellulaire, puis plus rien. J'étais soulagé. Un boule d'anxiété s'effrita en mon for intérieur. Ma petite fille était saine et sauve ! Je tentai de rejoindre Élise, mais son cellulaire était fermé. Je repris ma lecture. Comme les mots évoquaient la détente en ce moment-là !

Élise revint vers 22h. Elle ouvrit tranquillement la porte dans le but de ne pas faire de bruit ou de ne pas me réveiller. Tout de suite, je l'interpellai :

— Élise, Élise, j'ai reçu un appel de Lise tout à l'heure. Elle est saine et sauve. Elle s'est réfugiée dans un monastère et elle sera de retour dans quelques jours. Comme je suis soulagé !

Élise vint me sauter au cou et me serra si fort qu'elle faillit me couper le souffle. Cette fusion père-fille me fit grand bien. Une fois encore le destin me souriait !

Je me couchai l'âme en paix. Cette-nuit-là, je fis un étrange rêve. Pour une raison que j'ignorais, je fus projeté dans un grand vide. Je tournais dans un grand trou noir, dans un maelstrom qui me projetait dans un univers inconnu. Je m'engouffrais dans un long corridor dont la lumière était diffuse. Soudain, je vis ma mère, mon père et Hélène dont leur présence m'apparut éthérée. J'essayai de leur sourire ou de les toucher mais, chaque fois que je faisais un geste dans leur direction, ils disparaissaient. Pourtant, je sentais qu'ils rôdaient autour de moi. Je me réveillai en sursaut : les rayons de la lune pointillaient les murs de ma chambre. Une douce chaleur caressait ma peau comme si quelqu'un y avait posé une main chaude. Je regardai l'heure à mon réveille-matin : il était 4h. Tantôt l'aurore allait se pointer dans la fenêtre panoramique. Il était tôt pour se lever. Mais comme le sommeil ne venait pas, je sautai hors du lit, m'habillai et enfourchai mon vélo : direction rive du fleuve.

Déjà le soleil se pointait le bout du nez. Ses rayons huilaient la surface lisse du fleuve. Je roulai lentement, tout en humant l'air frais. Des huards volaient à fleur de l'eau à la recherche de nourriture. Puis, un cargo se pointa au loin près de l'île d'Orléans. Je pédalai jusqu'au quai de la Traverse et attendit le monstre. Sa coque fendait les eaux qui roulaient en vagues successives et allaient mourir sur les berges. J'eus soudain le goût du café, je ne sus pas pourquoi. Je fis demi-tour et revins à la maison en accélérant le train. J'arrivai à bon port encore frais et dispos. Une douche à l'eau tiède me détendit. Le goût du café me hanta à nouveau. Cette fois-là, je le torréfiai très fort. Sa senteur envahit la salle à manger. J'imaginai qu'Élise n'avait pu résister à un odeur aussi invitante, car je la vis se précipiter et remplir un bol de ce bon café fumant. J'avais cuisiné des crêpes farcies au fromage L'Évanjules. Au dire d'Élise, elles étaient succulentes !

Avant qu'Élise ne quittât pour le bureau, je me hasardai à la questionnai au sujet des actions que j'avais dans le serre Lachance.

— Élise, est-ce que ton fiancé serait intéressé à acheter mes actions de la Serre ?

La réponse ne se fit pas attendre :

— Non, papa, il n'en est pas question. Si je me marie avec lui, c'est par amour et pour fonder une famille. Je ne veux en aucun cas mêler mon futur mari aux finances de la famille. Lui, il a son boulot qui l'accapare de plus en plus. Alors, je veux qu'il demeure un homme libre du point de vue financier. Encore une fois, papa, c'est non.

Sa décision était claire, catégorique et sans appel. Il était entendu que je ne reviendrais jamais plus sur le sujet. Je la rassurai :

— Élise, ton refus clôt la discussion. Je vendrai donc mes actions à quelqu'un que tu connais très bien, monsieur Bellehumeur. Je ne les mets pas sur le marché, car je ne veux pas de surenchère. D'ailleurs, je suis toujours intrigué par le fait qu'il savait que mes actions étaient à vendre. Hier, je suis allé rencontrer le notaire pour préparer un contrat de donation privée dans lequel tu deviens la donataire d'une grande partie de ma fortune. Était-ce lui qui avait vendu la mèche à monsieur Bellehumeur ?

Élise partit pour le bureau sans que je pusse percevoir un soupçon de satisfaction sur ce si beau visage. Décidément, ma fille aînée ne laissait pas voir parfois ses émotions si facilement !

Quelques minutes plus tard, j'appelai monsieur Bellehumeur. À la première sonnerie, j'entendis sa voix de stentor :

— Pierre, content de ton retour d'appel. As-tu une bonne nouvelle à m'apprendre ?

— Monsieur, mes actions sont à vous si vous avez toujours l'intention d'y mettre la main dessus. Pour discuter du prix, je vous invite à dîner au **Bistango** ce midi.

Nous fixâmes notre rendez-vous à 12 h 30.

Monsieur Bellehumeur était réputé pour être un féroce négociateur. Il essaierait assurément de marchander. Mais j'avais pris mes précautions : il y a quelques mois, j'avais fait évaluer mes actions par un fiscaliste expert en la matière. Monsieur ne pourrait donc pas me tordre le bras. S'il s'avisait de le faire, je lui montrerais le document comme preuve à l'appui. Mais je n'avais pas l'intention d'être intransigeant. Je pourrais toujours baisser quelque peu le prix, sans plus.

Avant de rejoindre monsieur Bellehumeur au **Bistango,** je m'arrêtai au bureau de la Serre. Tout le monde filait le parfait bonheur. Madame Salamatou submergea mon bureau de lettres provenant des organismes communautaires de la région. Eh oui ! tous s'étaient donné le mot. Ce qui encore une fois démontrait la très grande générosité de la serre Lachance !

À 12h30, je rejoignis monsieur Bellehumeur au resto. Il analysait le menu. Quand il me vit, il m'invita à sa table. Il commanda l'apéritif. Pendant que nous le buvions à petites lampées, la discussion porta sur la famille. Il s'informa de la santé des filles et de la mienne. Il faisait jouer sur la corde sensible. Aussitôt, je me mis sur mes gardes. Le vieux savait comment manipuler et faire mordre à son appât.

Une terrine de lapin nous fut servie comme entrée, suivie d'un délicieux potage aux carottes. Monsieur choisit un filet mignon comme plat de résistance accompagné de légumes frais du jour. Je lui donnai la réplique en choisissant une bavette de veau. Le garçon nous conseilla un bon vin rouge pour déguster ces viandes. Quant au dessert, nous tombâmes d'accord pour déguster un clafoutis aux fraises. Curieux, je demandai au serveur d'où venaient les fraises.

Il me répondit, sourire en coin :

— Monsieur Lachance, ces petits fruits proviennent de la serre Lachance !

Évidemment, il fallut déguster un digestif. Monsieur Bellehumeur arrêta son choix sur une crème de menthe verte. J'en fis autant.

Puis, nous ne pouvions pas oublier le sujet de notre rencontre : la vente de mes actions. J'avais préparé une fiche sur laquelle j'avais inscrit la valeur nominale de chaque action et le montant demandé pour l'ensemble.

Monsieur Bellehumeur, en voyant le montant, fronça les sourcils et me jeta :

— Pierre, tu n'es pas sérieux. C'est une fortune que tu exiges !

Je restai sur ma position et lui présentai le document du fiscaliste évaluant mes actions. Monsieur y jeta un coup d'œil et fronça encore une fois les sourcils.

— Pierre, si tu baisses un peu ton prix, je suis preneur.

J'écrivis un montant sur le document. Le vieux évalua le tout, se tortilla la moustache, me regarda un moment, puis lâcha le morceau. Il se leva, me serra la main et dit :

— Marché conclu, mon Pierre. Demain, je rencontre mon comptable et te fais suivre le chèque dûment certifié. Disons que les gouvernements vont encore s'enrichir aux dépens des hommes d'affaires !

— Monsieur Bellehumeur, je n'ai pas l'étoffe d'un homme d'affaires. Je suis quelqu'un qui a fait fortune grâce à la loto. Je n'ai plus le goût de passer le reste de ma vie à surveiller mes investissements et mes placements. Je fais don de tout à Élise et Lise par donation notariée. Je voulais que cette démarche soit faite selon les normes légales. Moi, je me retire et vais réaliser un projet qui me trotte dans la tête et dans l'âme depuis un certain temps.

— Ça, Pierre, je n'y comprends rien, en levant les bras au ciel. Moi, si j'avais gagné soixante millions de dollars, j'aurais travaillé vingt-quatre heures par jour pour les faire fructifier. Toi, c'est comme si l'argent te brûlait les doigts. L'humain est parfois aussi bête que l'animal !

Malgré ces derniers commentaires, je me levai, saluai le vieux et sortis prendre l'air. Je présumai qu'il allait payer l'addition. J'avais fait une bonne affaire ; monsieur Bellehumeur aussi. Comme on le dit si bien en en jargon de négociation, ce fut donnant donnant.

Je retournai chez moi. En débarquant de mon auto, je me rappelai que la piscine devait être nettoyée et remplie. Mais je n'avais pas du tout l'intention de m'astreindre à cette besogne. Je ferais appel à un spécialiste en ce domaine, et ce, pour la première fois.

J'allai m'écraser dans mon fauteuil dans le salon. Je feuilletai mon quotidien et y lus l'éditorial qui s'en prenait comme toujours aux syndicats du secteur public. J'avais oublié qu'on était à la veille d'entreprendre les négociations dans ce secteur. Les infirmières, les enseignants, les fonctionnaires gagnaient toujours trop cher. Quand ils prenaient leur retraite, ils profitaient de fonds de pension à prestations déterminées, et ce, à vie. Chaque quatre ans, on radotait la même rengaine. Un texte d'opinion critiquait l'éducation publique ; un autre, le système de santé. Bref, tout allait mal dans supposément **le plus meilleur** pays, comme disait un ancien premier ministre du Canada !

J'attendis Élise qui ne vint pas souper. Je me retrouvai seul pour la millième fois. Je me concoctai un menu à la va vite : sandwich au poulet froid, verre de lait froid et pâtisserie sucrée. Je venais de reculer de 30 ans : il m'arrivait souvent dans ma prime jeunesse de bouffer ce genre de menu sur le coin de la table quand mes parents étaient absents.

Mon cellulaire pipa : c'était Lise qui m'appelait du Tibet, car je reconnus le code d'accès canadien 011 à partir du pays d'origine.

— Papa, je reviens au Québec le 15 juin. Quand j'arriverai à Montréal, je te le ferai savoir. Je fais un voyage de rêve. Tout ce que nous avions planifié à l'horaire fut respecté. Présentement, j'admire les sommets enneigés de ma chambre du monastère. C'est sublime !

Puis, je n'entendis plus rien. Je me déplaçai machinalement à mon bureau. Je me plongeai dans la lecture de **Histoire d'une âme** dans l'objectif d'y mettre fin. Vers 22h, je lus les dernières pages. J'entendis la porte claquer : Élise entrait sans trop se soucier si son paternel dormait ou pas. J'allai la rejoindre dans le salon et l'interpellai :

— Bonsoir, Élise, as-tu passé une belle soirée en compagnie de ton fiancé ?

Je ne reçus aucune réponse. Je n'en fis point de cas, car la belle Élise **bougonnait** souvent sans que j'en susse trop souvent pourquoi. Mais elle me répondit :

— Papa, les parents de mon fiancé commencent à me mettre sur les nerfs. Ils sont en train de tout planifier, même notre voyage de noces. Tout se fait par petites allusions à ceci ou cela. Demain, je vais mettre cartes sur table avec mon fiancé. Je veux bien que tout soit parfait pour la cérémonie, mais je veux que ce mariage corresponde à mes goûts aussi. La belle affaire : la belle-maman qui veut tout contrôler, le beau-papa qui ne dit rien et mon fiancé qui hausse les épaules en me regardant !

Je lui répliquai en souriant :

— Élise, ma mère et ma belle-maman, elles aussi, s'étaient donné le mot pour planifier notre mariage. Il fallut qu'Hélène levât le ton pour imposer ses choix. Tu peux le faire aussi, tout en usant de diplomatie, ma belle !

Je n'avais pas fini ma réplique que la belle Élise était montée dans sa chambre dont j'entendis claquer la porte. Le cavalier devrait s'armer de patience pour dompter cette belle jument fringante. Je montai me coucher. Je piquai tout un somme : je me réveillai le lendemain matin à 8h. Les rayons du soleil dansaient sur les murs de ma chambre ; j'ouvris la porte patio pour humer l'air frais ; de petits oiseaux piaillaient dans les conifères. J'allai me doucher, m'habillai et descendis à la salle à manger. Le café percolait encore. Élise préparait des œufs brouillés. Je déjeunai avec ma fille aînée qui me sembla de bonne humeur !

Pendant les jours qui suivirent, je maintins le même rythme de vie que d'habitude. Par contre, j'allai plus souvent au mont Sainte-Anne faire de la montée abrupte. Un jour pas si lointain, j'aurais grand besoin d'être dans une forme splendide. Le matin, j'alternais entre le bureau et la serre ; l'après-midi, je roulais ou j'escaladais les pistes du mont ; le soir, je me plongeais dans mes lectures philosophiques ou je méditais en écoutant les grands compositeurs de musique classique. Les jours s'égrenaient dans cet ordre des choses.

Puis le 15 juin, tôt le matin, mon cellulaire bipa.

— Papa, c'est moi, Lise. Je suis présentement à Paris. Mon vol partira à midi. Je serai donc à Québec autour de 20h, si l'horaire est respecté.

Je lui souhaitai un bon retour au Québec et fermai mon cellulaire. J'aurais amplement le temps de respecter ma routine. Ce que je fis dans la hâte de revoir ma fille. Je ne prétendais pas être un papa poule, mais je voulais tellement que Lise soit heureuse et épanouie dans sa vie personnelle.

La journée s'écoula heure par heure, minute par minute jusqu'à ce que Lise me rejoignit de Montréal pour me signaler que son avion atterrirait à l'aéroport de Québec à 20h pile. Pour faire plaisir à Élise, j'avais préparé un gratin aux légumes accompagné de cuisses de poulet grillées. Ce fut délicieux, selon ses dires. Quant au dessert, ce fut une autre surprise : nous nous contentâmes chacun d'un profiterole au chocolat qu'Élise avait apporté. Puis, d'un bon café noir. Je demandai à Élise si elle m'accompagnerait pour accueillir Lise à l'aéroport. Elle me signe que oui.

À 19h30, direction aéroport Jean-Lesage. Parmi les passagères, je reconnus ma fille. Quand elle nous vit, Élise et moi, elle accourut vers nous. Elle me sauta au cou et fit de même avec Élise. Je n'avais jamais vu Lise si épanouie, si lumineuse. On aurait dit qu'elle revenait d'un autre monde. Nous sortîmes de l'aéroport. J'allai reconduire son amie chez elle : elle demeurait tout près de notre demeure. Pendant tout le trajet, Lise parlait, parlait ; son amie aussi. C'était une pétarade de mots !

Arrivés à la maison, Lise alla se doucher. Elle voulait effacer quelque peu le décalage horaire. Elle revint s'écraser sur le divan et entreprit de raconter son voyage de long en large. Elle en avait des souvenirs à narrer. Élise, elle, était tout oreilles : elle questionna Lise sans arrêt. Il était 22h quand Lise, n'en pouvant plus, monta se coucher. Elle allait déballer ses valises le lendemain. Moi, j'allai méditer dans mon bureau. Je me questionnai : « Se pourrait-il qu'il y ait des endroits dans le monde où il est possible de vivre l'extase ou la béatitude ? » Je fouillai dans les rayons de ma bibliothèque et trouvai **L'Alchimiste** de Paulo Coelho que j'avais lu lors de sa parution en 1988. Je me plongeai dans sa lecture que je terminai aux petites heures du matin. Paulo Coelho a réussi à me faire voyager, surtout le passage dans le désert. Un jour, je m'organiserais pour faire l'aventure de mes rêves.

Je me couchai à l'aurore et dormis quelques heures. Je me levai, me lavai et descendis rejoindre les filles à la salle à manger, mais elles avaient déjà quitté le logis. Je décidai alors d'aller déjeuner au petit bistro du coin. Ma serveuse préférée m'accueillit avec son beau sourire. Elle me servit les crêpes maison du chef nappées de sirop d'érable. Un délice pour les papilles ! Je ne sus jamais si Hélène avait dérobé la recette, mais les crêpes qu'elle cuisinait avaient la même texture et la même saveur. Je saluai quelques clients au passage et je quittai la place.

Je revins à la maison. Aussitôt entré, on cogna à la porte : c'était un commissionnaire qui venait me remettre une enveloppe. Je dus signer pour officialiser la remise en main propre. Que contenait l'enveloppe : le chèque de monsieur Bellefeuille que je m'empressai d'aller déposer dans mon compte bancaire.

Et je filai au bureau pour le vider et signer les derniers documents en tant que propriétaire d'une moitié de la serre Lachance jusqu'à cette date. Saka ne fut pas surpris de mon geste : monsieur Bellehumeur l'avait mis au courant de la transaction. Il vint me saluer.

— Monsieur Lachance, je vous saurai toujours gré de m'avoir choisi pour être votre bras droit et d'avoir permis que je devienne actionnaire paritaire de la serre Lachance. Grâce à vous, je refais ma vie dans le sud, comme on dit en Abitibi. Madame Aminou, ma femme, vous voue une grande admiration pour tout ce que vous avez fait pour notre famille. Surtout, vous avez basé votre choix sur l'homme, sur l'humain, et non sur la couleur de sa peau. Je vous en serai toujours reconnaissant. Vous savez, le Québec est sûrement le pays le plus accueillant, mais les immigrants ne sont pas toujours évalués en fonction de leur formation et de leur compétence. Cependant, les mentalités évoluent très vite, ici. Je vous souhaite bonne chance dans votre nouvelle vie qui m'apparaîtra bien mystérieuse et parfois incompréhensible du point de vue de l'homme moderne. Renier fortune et bien-être matériel pour se consacrer à une autre vie me dépasse. Sans doute que pour vous le bonheur est ailleurs. Je vous salue bien bas, Monsieur. Que Dieu vous garde !

Je lui serrai la main et me retournai pour ne pas pleurer. Je jetai un dernier coup d'œil au bureau et ne pus m'empêcher d'aller saluer tout le monde. J'allai dire au revoir aux employés de la fondation Lachance. Francine fut la première à me donner l'accolade. J'eus un pincement au cœur. Les autres furent plus discrets, mais je voyais de la peine dans leur visage. Élise n'était pas là, ce qui m'intrigua !

CHAPITRE 33

La dernière année était derrière moi pour de bon. Je venais de fermer la dernière page de ma vie de mécène ou d'homme d'affaires, c'était selon. Je redevenais le petit garçon qui rêvait de faire une vie toute contraire aux diktats de la vie moderne. Je fus un enseignant, je devins un homme fortuné. J'allais partir à la recherche d'un endroit pour me ressourcer et vivre dans l'anonymat le plus complet. J'avais un regret : celui de ne pas avoir signifié à ma mère que j'allais me libérer de tous mes avoirs financiers pour partir à la recherche d'une autre réalité sur la Terre. Certains se réfugiaient dans le désert ; d'autres, dans un monastère. Les uns escaladaient les pics les plus hauts à la conquête d'un ciel ; les autres exploraient les territoires les plus inconnus à la quête d'un vie primitive auprès d'une tribu perdue au fin fond de l'Amazonie. Pourquoi pas ?

À midi, une idée folle me prit. J'appelai à l'auberge Lapointe de Rivière-à-Pierre et réservai une chambre pour la nuit. Je montai mon vélo et me payai une longue randonnée répartie sur deux jours : à savoir de chez moi jusqu'à Rivière-à-Pierre. J'arrivai à la petite auberge vers 16h. La dame propriétaire m'accueillit chaleureusement. Elle me reconnut mais ne passa aucune remarque. Je montai à ma chambre, me douchai et sommeillai. Ce fut le son de mon cellulaire qui me réveilla : il était 18h. Je descendis prendre le lunch. Deux personnes occupaient la salle à manger. La serveuse me présenta la carte des menus. J'optai pour une bavette de sanglier apprêtée aux asperges. Un bon plat tout à fait délicieux. Le dessert le fut tout autant ; le café aussi. Puis, j'allai m'écrasai au salon dans un grand fauteuil en cuir. Je relaxai, fermai les yeux et sommeillai. Sorti de ma rêverie, je vis quelques livres tassés sur une étagère. Je fouillai et découvris **Le petit Prince** de Saint-Exupéry. Je relus l'histoire et j'y vis un parallèle entre le petit prince et moi. Lui avait choisi une rose qu'il alla rejoindre sur sa planète ; moi, je choisirais une oasis de bonheur que je rejoindrais sur ma planète. La nuit, je rêvai que j'étais un petit prince !

Le lendemain matin, après un copieux déjeuner, j'enfourchai mon vélo et direction sud. Le soleil se pointa le bout du nez un peu après 9h. Comme une grande partie de la piste cyclable sinuait en plein bois, je vécus quelques rencontres bizarres. J'oubliai les écureuils : il pullulaient partout. Deux chevreuils sentirent mon odeur et prirent la poudre d'escampette ; un ours noir me barra la piste quelques instants et alla clopin-clopant s'engouffrer dans une touffe très dense ; parfois, j'entendais le tambourinage de quelques gélinottes huppées. Les boisés dégageaient des odeurs qui titillaient mes narines ; un vent léger chatouillait les feuillus. Sans que je m'en rendisse compte, je roulais sur le pont traversant la rivière Jacques-Cartier. À partir de ce moment-là, j'augmentai la cadence et pédalai sur le plus gros plateau : j'avais hâte de revenir à la maison. Arrivé chez moi, j'allai ranger mon vélo dans le cabanon en le suspendant à un crochet comme si j'avais décidé que la saison froide était de retour.

Les autos des filles étaient dans l'entrée. Quand elles me virent, Lise s'avança et me questionna :

— Papa, où étais-tu ? Où étais-tu allé ? Quelle idée de ne pas nous avertir ? Élise et moi étions inquiètes : nous nous faisions de la bile. Tu t'es comporté comme un ado, papa !

— Les filles, hier, une idée folle me prit : je décidai de rouler jusqu'à Rivière-à-Pierre. Ma randonnée a duré deux jours. Ne me demandez pas pourquoi je ne vous ai pas avisées de mon absence, je ne peux me l'expliquer moi-même. Ces temps-ci, mon hamster tourne sans arrêt dans ma tête et me cloisonne dans des idées fixes. À l'avenir, je porterai attention à vous informer de ce que je ferai et où j'irai. Je fus tenté de leur avouer mon secret, mais je m'en abstins. Je le ferais en temps et lieu.

Je mangeai peu au souper. La faim n'était pas au rendez-vous : l'idée de quitter mon environnement dans les prochains jours pour m'enfoncer dans un monde spirituel m'obsédait. Lise reprit la parole :

— Demain, je serai absente pendant deux jours. Je dois visiter une amie qui habite La Malbaie.

Élise ne dit mot pendant tout le souper. Celle-là, elle ne pensait qu'au mariage. Et elle avait raison. La soirée se passa dans le silence comme si, tous les trois, nous nous étions réfugiés dans notre petit monde secret. À 23h, le clan dormait du sommeil du juste. Je supposai.

Le lendemain, j'allai à un rendez-vous que je tenais à garder secret. Je revins en fin d'après-midi. Je jetai un coup d'œil à la piscine : elle était encore vide et elle resterait vide s'il n'en était que de moi. Mon cellulaire bipa.

— Pierre, c'est Francine. Veux-tu bien me dire pourquoi Élise n'a pas mis les pieds au bureau de la Fondation depuis deux jours ? Nous traitons de dossiers prioritaires qu'elle doit approuver en dernier essor. L'équipe se pose des questions. Surtout qu'elle partira en voyage de noces pendant deux semaines, sinon plus. Pourrais-tu lui dire de venir au bureau demain matin, sans faute ?

Je répondis à Francine que j'acheminerais son message et que je suggérerais à Élise de la rendre responsable de la fondation Lachance durant son absence.

Justement, la belle Élise se présenta le bout du nez comme j'éteignais mon cellulaire. Je l'abordai :

— Élise, l'équipe de la Fondation s'inquiète de ton absence. Il paraît que tu dois donner ton accord à des dossiers prioritaires. Tu t'absentes :

donc ces derniers dorment sur les bureaux. Puis-je te faire une suggestion ? Donne la responsabilité à Francine de s'occuper du bureau et d'approuver certains projets quand tu t'absentes. Ce qui assurera de la continuité dans le traitements des dossiers.

— Papa, j'y pense depuis longtemps, mais je n'arrive pas à m'y faire. Faire confiance à Francine, je veux bien, mais je me méfie d'elle. Puisque tu me conseilles de le faire, je vais m'en occuper dès demain matin. La préparation au mariage me gruge presque tout mon temps. D'ailleurs, quand je reviendrai de notre voyage de noces, je ne passerai que trois jours au bureau. S'il le faut, j'embaucherai du nouveau personnel. Je pense qu'il est temps de le faire. Puis, c'est bien le dix-neuf juin, aujourd'hui. Dans six jours, je serai mariée à l'homme que je chéris.

Je répondis franchement à Élise :

— Quand on est en charge d'un organisme, une leadeuse doit plier sur son orgueil et donner des responsabilités aux personnes qui l'entourent. Depuis un an, tu as eu tout le temps de les observer et d'évaluer leur compétence. Laisse de côté ta méfiance et fais confiance à Francine.

Ma répartie mit fin à l'entretien.

Je consacrai la journée du 20 juin à mettre de l'ordre dans mes papiers. Je révisai tous les documents qui me permettaient de tout donner à Élise et un certain montant à Lise. La maison appartenait à Élise qui la vendrait, j'en étais certain puisqu'elle et son mari prendraient possession d'une des plus vieilles maisons ancestrales, sise le long du fleuve. Mon Audi, je la donnerais à Saka ; mes vêtements, à un organisme de charité pour habiller les gens dans le besoin.

Dans l'après-midi, j'allai au cimetière déposer une gerbe de fleurs au pied de l'épitaphe de mon père et de ma mère. Par après, je me rendis au pied du monument funéraire de la famille d'Hélène, y déposai des fleurs et récitai un poème que je lui avais écrit quand j'avais conquis son cœur.

Le 22 juin en après-midi, ce fut le retour de Lise au bercail. Je ne lui posai pas de question : je sentais une véritable transformation de sa personne. Ce n'était plus la petite Lise qui s'inquiétait de tout, mais une jeune femme tout épanouie, pleine de ferveur, en quête de félicité.

Après le souper, je la vis monter dans sa chambre. Quelques minutes plus tard, je décidai de me montrer curieux et l'observai dans l'entrebâillement de la porte. Elle était en train de ranger ses vêtements de ville dans des boîtes. Ce qui me confirma que Lise avait définitivement renoncé à la vie civile pour se consacrer à la vie religieuse. Je retournai au salon.

Quelques minutes plus tard, Lise vint me rejoindre. Elle me demanda comment elle devrait s'habiller pour le mariage de sa sœur.

Je me fis tout sourire :

— Le blanc te va très bien. Cette couleur symbolise la pureté, la paix, la sagesse, l'innocence, la pureté et le divin. Alors, que te dire de plus. Comme Élise a opté pour une couleur autre que le blanc à son mariage, tu as le chemin libre.

Sur le fait, Élise entra, des boîtes plein les bras et accrochée à son épaule droite une housse qui devait contenir sa robe de mariée. Elle monta tout de go à sa chambre et redescendit en soupirant.

— Enfin, je peux souffler. J'ai hâte au 25 juin en fin d'après-midi : je serai en vol pour l'Europe. Je me demande encore si ma mère approuverait tout ce branle-bas.

— Élise, ta cérémonie de mariage versera dans la plus pure des traditions quand le deuil nous afflige. Hélène serait fière de sa fille aînée. Si elle était vivante, elle aurait voulu que tu te maries en blanc, mais la fatalité en a décidé autrement. J'approuve ce choix à cent pour cent, la rassurai-je

Sur ce, je montai à ma chambre et entrepris de ranger tous mes vêtements dans de grandes boîtes que j'irais déposer demain à la porte d'un organisme de charité.

Le lendemain, tout fut fait dans l'ordre des choses. Lise et moi attendîmes qu'Élise fût partie on ne savait où et nous allâmes, d'un commun accord, déposer nos boîtes à la fondation de Lauberivière.

Le 25 juin 2016 tomba un samedi. Comme le hasard faisait bien les choses : ce fut le 25 juin 2015 que je gagnai le gros lot du Lotto Max.

Le mariage d'Élise fut consacré en l'église Saint-Mathieu, sise tout près de notre maison. La cérémonie eut lieu à 11h. Je servis de témoin tandis que Lise fut choisie comme fille d'honneur. Ce fut un beau mariage que celui-là. Il ne se déroula pas comme la tradition le voulait, mais la mariée fit sensation dans sa robe vert tendre. Une heure plus tard, les mariés sortaient de l'église au son de la marche nuptiale de Félix Mendelssohn. Puis, les mariés s'engouffrèrent dans une auto toute blanche en direction pour un petite rencontre privée qui réunirait les deux familles et quelques invités triés sur le volet, comme l'exigea la mère du mari.

Le temps de quitter la fête arriva. Élise avait revêtu un costume bleu ciel, la couleur préférée d'Hélène. Je serrai ma fille dans mes bras, lui souhaitai plein de bonheur. Lise en fit autant. C'était la dernière fois que je voyais Élise et j'ignorais complètement quand je la reverrais, si j'allais la revoir un jour.

Au milieu de l'après-midi, j'allai reconduire Lise chez les carmélites de Stoneham-et-Tewkesbury. Les épanchements qui suivirent me firent mal à l'âme. Mais la vie était ainsi faite ! De retour à la maison, je pleurai : j'avais perdu mes deux filles que la vie m'enlevait pour le meilleur ou pour le pire.

Je ne fis ni un ni deux. Je ramassai le peu de vêtements que j'emportais à l'autre bout du monde. J'appelai un taxi et me fis reconduire à l'aéroport. Je quittais le plus beau pays du monde pour aller **bénévoler** au fin fond de l'Afrique subsaharienne.

J'avais laissé sur le coin de mon bureau une lettre et le journal intime que j'avais écrit lors de mon séjour au Népal. Quand Élise reviendrait de voyage, elle comprendrait mes tiraillements, mes aspirations et mon désir profond de partager les misères et les bonheurs avec les déshérités de ce monde.

TABLE DES MATIÈRES

Imprimé en France
978-2-8231-3240-3
Dépôt légal : 2e trimestre 2021

Imprimé en France
FRHW010704020622
31012FR00007B/45

9 782823 132403

LA FORTUNE derrière LA FORTUNE

Roman

« Ce matin du 25 juin 2015, en vérifiant mes billets de Loto Max, je vis que j'avais un numéro gagnant. En effet, j'avais raflé le gros lot de 60 000 000 de dollars. Je fus quelque peu surpris, mais la réaction épidermique est venue quelques minutes plus tard. Ça bouillonnait dans ma petite cervelle et j'eus une montée de pression. »

L'argent fait-il réellement le bonheur ?

Lorsque Pierre Lachance, le bien nommé, remporte le gros lot du loto, il y voit une opportunité pour aider au mieux-vivre de la société.

Abandonnant son poste d'ensei se consacrer à sa nouvelle vie de bienfaiteur, il s'épuise de jou iraillé et accablé par une suite de malheurs, il décide de trouv e définition du bonheur.

Y parviendra-t-il ?

Une relecture moderne de l'adage « l'argent ne fait pas le bonheur » nous invitant à la réflexion.

Humaniste et mondialiste, Lévis Bouchard est retraité de l'enseignement. Ayant à cœur de promouvoir l'entraide et l'amour des autres, il sublime ces deux thèmes dans son premier roman *La fortune derrière la fortune*.

Premier ROMAN

20,90 €
978-2-8231-3240-3
www.editions-persee.fr

9 782823 132403